भारत के गाँव

भारत के गाँव

भारत के गाँव

संपादक

एम. एन. श्रीनिवास

अनुवाद

मधु बी. जोशी

राजकमल प्रकाशन

ISBN : 978-81-267-0025-7

मूल्य : ₹495

पहला संस्करण : 2000
पाँचवाँ संस्करण : 2021

प्रकाशक : राजकमल प्रकाशन प्रा. लि.
1-बी, नेताजी सुभाष मार्ग, दरियागंज
नई दिल्ली-110 002

शाखाएँ : अशोक राजपथ, साइंस कॉलेज के सामने, पटना-800 006
पहली मंजिल, दरबारी बिल्डिंग, महात्मा गांधी मार्ग, इलाहाबाद-211 001
36 ए, शेक्सपियर सरणी, कोलकाता-700 017

वेबसाइट : www.rajkamalprakashan.com
ई-मेल : info@rajkamalprakashan.com

मुद्रक : बी.के. ऑफसेट
नवीन शाहदरा, दिल्ली-110 032

BHARAT KE GAON
by M.N. Shrinivas

दूसरे अंग्रेजी संस्करण की प्रस्तावना

'इंडियाज़ विलेजेज़' के दूसरे संस्करण की जरूरत इंगित करती है कि इसकी जरूरत महसूस की जा रही थी। इस संस्करण में किए गए परिवर्तन बहुत छोटे-छोटे हैं—छपाई की अशुद्धियाँ ठीक की गई हैं और डॉ. ज्योतिर्मयी शर्मा के लेख और सम्पादक के परिचय में कुछ मामूली परिवर्तन। बस इतना ही।

सम्पादक परिचय में उठाए गए एक बिन्दु पर फिर से जोर देना चाहेंगे : पुस्तक में दिए गए सभी निबन्धों का चरित्र फ़िलवक्ती है, इनमें से कई शोध-कार्य करते-करते ही लिखे गए हैं। कुछ लेखकों ने अपने फ़ील्ड डेटा के सम्बन्ध में बाद में पर्चे, किताबों और पत्रिकाओं में छपवाए हैं। कुछ अन्य अपनी सामग्री को प्रकाशन के लिए अन्तिम रूप दे रहे हैं। साफ है कि ऐसे मामलों में बाद में प्रकाशित सामग्री को इस पुस्तक में दिए गए बयानों को सुधारने और सही करने के रूप में देखा जाना चाहिए।

इस पुस्तक के प्रकाशन के बाद, रतनमाल, पंचमहल, मालवा और मैसूर के गाँवों पर कुछ निबन्ध 'इकॉनॉमिक वीकली' में प्रकाशित हुए हैं। आशा है कि निकट भविष्य में इसी गुणवत्ता के कुछ और निबन्ध सामने आएँगे और एक और खंड का रूप लेंगे। भारत के विभिन्न भागों में ग्रामीण सामाजिक जीवन की सही जानकारी की आज भी उतनी ही सख्त जरूरत है जैसी कि पहले थी। और, यह बहुत सन्तोष का विषय है कि आज भारत में समाजशास्त्रियों और नृतत्त्वविदों के कार्य का पहले से बहुत ज्यादा सम्मान है।

—एम.एन.श्रीनिवास

दिल्ली स्कूल ऑफ़ इकॉनॉमिक्स

8 जुलाई, 1960

अनुक्रम

परिचय

एम.एन. श्रीनिवास

इस पुस्तक में संकलित निबन्ध मूलतः अक्टूबर, 1951 और मई, 1954 के बीच 'द इकॉनॉमिक वीकली' में छपे थे। नृवंशशास्त्रियों, समाजशास्त्रियों, सामाजिक कार्यकर्ताओं, योजनाकारों, आदि के बीच हुए इनके उत्साहपूर्ण स्वागत के कारण ही यह निबन्ध पुस्तक के रूप में प्रकाशित हो पा रहे हैं। इस पुस्तक के पहले संस्करण का प्रकाशन पश्चिम बंगाल की सरकार ने किया था। इस श्रृंखला के सम्पादक और 'द इकॉनॉमिक वीकली' के सम्पादक उसके प्रति आभारी हैं।

यहाँ इस बात पर बल दिया जाना आवश्यक है कि यह निबन्ध आम पाठक के लिए लिखे गए हैं। इन लेखों को पठनीय बनाने का प्रयास करते हुए जहाँ तक हो सका, लेखक तकनीकी शब्दावली के प्रयोग से बचते रहे हैं। कुछ लेख तीन या चार महीने क्षेत्र में काम करने के बाद और क्षेत्र-कार्य चलते हुए ही लिखे गए हैं। क्षेत्र-कार्य पूर्णकालिक और समय लेनेवाली गतिविधि है और इसके दौरान अक्सर लोग किसी तथ्य या सिद्धान्त की पकड़ में होते हैं। और फिर, साधारणतः यह देखने में आया है कि क्षेत्र में शुरुआती प्रवास की तुलना में, बाद के प्रवासकाल में जमा किए गए तथ्य अपेक्षाकृत पूर्ण और ज्यादा सही होते हैं। अक्सर बाद में सामने आए तथ्य, शुरुआती सप्ताहों में सामने आई बातों को सुधारते और कई मामलों में तो उनका विरोध तक करते दिखते हैं। इसके चलते हमारे दो लेखकों डॉ. बेली* और श्री न्यूएल को अपने लेख दोबारा लिखने पड़े हैं। बाकी लेखकों ने अपने लेखों को कमोबेश वैसा ही रहने दिया है जैसे वे 'द इकॉनॉमिक वीकली' में छपे थे। प्रोफेसर डी.जी. मैंडलबॉम ने एक और लेख लिखा है जिसका विषय अखिल भारतीय है और जो योजनाकारों और सामाजिक कार्यकर्ताओं के काम से सीधे सम्बद्ध है।

लेखकों को उनके अध्ययन किए गाँव के सामाजिक जीवन के विषय में लिखने को आमन्त्रित करते हुए उन्हें स्वतन्त्रता दी गई थी कि वह उसके उस पक्ष पर लिखें जिसे वह महत्त्वपूर्ण मानते हों या जो उन्हें रोचक लगा हो। गाँव एक-दूसरे से भिन्न होते हैं, खासतौर पर देश के दूर-दूर के हिस्सों के गाँवों में बहुत अन्तर दिखते हैं। मलाणा

*डॉ. बेली के दोनों निबन्ध इस पुस्तक में शामिल हैं।

का 'संन्यासी' गाँव राजस्थान के दिलवाड़ा या तंजौर के कुम्बपेट्टै या मैसूर के हट्टरहल्ली से बहुत अलग है। मलाणा के भौतिक, सामाजिक और भाषाई पार्थक्य ने इसे लगभग पूरी तरह स्वायत्त बनाया है, इसलिए स्वाभाविक ही है कि डॉ. रॉसर ने अपने अध्ययन को इस पक्ष पर केन्द्रित रखा कि राज्य या केन्द्रीय सरकार की सत्ता के हस्तक्षेप से मुक्त, कानून और व्यवस्था की स्थानीय शक्तियाँ वहाँ कैसे काम करती हैं, जबकि दिलवाड़ा में जो बात तुरन्त ध्यान खींचती है वह है जमींदारी उन्मूलन का अचानक पड़ा प्रभाव, और हट्टरहल्ली में, एक बड़े, औद्योगीकृत शहर से उसकी नजदीकी का प्रभाव। गाँवों में पाए जानेवाले अन्तर का एकमात्र कारण नगरीकरण, औद्योगीकरण और पश्चिमीकरण की शक्तियों से निकटता नहीं कही जा सकती है। हर गाँव की जीवन-पद्धति कुछ हद तक अनूठी होती है। पास-पास बसे गाँवों में भी काफी अन्तर पाए जाते हैं, ग्रामीणजन इस बात को अच्छी तरह जानते हैं। इसके अलावा, हर लेखक की अपनी विशेष रुचियाँ हैं और हर निबन्ध एक विशिष्ट मानस के एक विशिष्ट स्थिति से सम्पर्क का परिणाम है। लेकिन इसका अर्थ यह नहीं लगाया जाना चाहिए कि क्षेत्रीय या अखिल-भारतीय स्तर पर समानताएँ हैं ही नहीं।

इन निबन्धों में वर्णित गाँव एक विस्तृत क्षेत्र में फैले हैं। भौगोलिक मायनों में वे उत्तर में हिमाचल प्रदेश से दक्षिण में तंजौर और पश्चिम में राजस्थान से पूर्व में पश्चिम बंगाल तक चले गए हैं। लेकिन आन्ध्र, महाराष्ट्र, गुजरात और बिहार* को छोड़ दिए जाने से आई कमी खलती है।

इन निबन्धों में ऐसे गाँव शामिल हैं जिनमें सिर्फ हिन्दू या जनजातीय लोग रहते हैं, और ऐसे गाँव भी शामिल हैं जिनमें हिन्दू और जनजातीय लोग साथ-साथ रहते हैं। कुछ गाँवों में एक से अधिक धर्मों के अनुयायी रहते हैं, या तो हिन्दू और मुस्लिम या फिर हिन्दू और ईसाई। कुछ गाँव द्विभाषी या त्रिभाषी हैं। दखन के जिस गाँव का अध्ययन डॉ. दुबे ने किया, वह सबसे जटिल गाँवों में से है, वहाँ मराठी और तेलुगु-भाषी हिन्दू, मुसलमान और तीन अलग-अलग जनजातीय समूह रहते हैं। फिर हर समूह के अन्तर्गत कई जाति-समूह हैं।

किसी गाँव में रहनेवाली जातियों की संख्या एक महत्त्वपूर्ण घटक होता है। हर जाति की अपनी एक संस्कृति होती है जो दूसरों की संस्कृति से कुछ अलग होती है। जातियों की संख्या बढ़ने के साथ-साथ ढाँचा जटिलतर होता चला जाता है। उदाहरण के लिए डॉ. शर्मा, डॉ. गफ, और डॉ दुबे द्वारा वर्णित गाँवों की तुलना में गोशेन के गद्दी गाँव, या मलाणा या राजस्थान के भील गाँवों का ढाँचा निश्चित ही सरल है। इस सम्बन्ध

*यह कमी दूर तो की जा रही है। देखें—डॉ. वाई.वी.एस. नाथ का निबन्ध 'द भील्स ऑव रतनमाल्स : लिनिएज एंड लोकल कम्यूनिटी', इकॉनॉमिक वीकली, वाल्यूम : VI, अंक 49, दिस. 1954; मि. ए.एम. शाह का निबन्ध 'कास्ट, इकॉनॉमी एंड टैरिटरी इन द सेंट्रल पंचमहाल्स', एम.एस.वि.वि. बड़ौदा का जर्नल, वॉल्यूम VI, अंक 1, मार्च, 1955; और डॉ. एस.सी. मायर का, 'चेंज इन अ मालवा विलेज', इकॉनॉमिक वीकली, वॉल्यूम VII, अंक 39, 24 सितम्बर 1955।

में आकार का भी अपना ही महत्त्व है : इस शृंखला के सबसे छोटे गाँव में करीब 500 लोग रहते हैं, और सबसे बड़े गाँव में करीब 2750 लोग। सबसे बड़े गाँव में, सबसे छोटे गाँव की अपेक्षा, अधिक जातियाँ और जनजातीय समूह हैं। गोशेन, मलाणा और राजस्थान के भील गाँवों जैसा विलगाव और एकान्त बाकी गाँवों को नसीब नहीं है। डॉ. शर्मा और डॉ. बील्स के गाँव बड़े नगरों के निकट हैं और निकट भविष्य में उपनगर बन जाएँगे, हालाँकि फिलहाल उन्होंने कई ग्रामीण लक्षण बचाकर रखे हैं। नगर से निकटता को दूरी नहीं, सम्प्रेषणीयता के मायनों में देखा जाना चाहिए। नगर से पचास किलोमीटर दूर, लेकिन मोटर मार्ग पर स्थित गाँव उस गाँव की तुलना में अधिक नागरिक प्रभावों के सम्पर्क में आता है जो वैसे तो नगर से मात्र पन्द्रह किलोमीटर दूर है लेकिन मोटर मार्ग से परे है। यह बिन्दु स्पष्ट है लेकिन अक्सर ही भुला दिया जाता है।

दक्षिण भारत में केरल के तटीय गाँव, जिनका डॉ. मिलर ने अध्ययन किया है, बिखरे हुए हैं जबकि इस शृंखला में वर्णित ज्यादातर गाँव केन्द्रीकृत हैं। लेकिन बिखरे गाँव भारत के पश्चिमी तट तक ही सीमित नहीं हैं—वे अन्य राज्यों में भी मिल जाते हैं, उदाहरण के लिए गुजरात के पूर्व और उत्तर के भील प्रान्तों में कुर्ग और पश्चिमी मैसूर में। केन्द्रीकरण और बिखराव से और कौन से अन्तर जुड़े हैं, इस प्रश्न का उत्तर देश के विभिन्न भागों के केन्द्रीकृत और बिखरे गाँवों की व्यवस्थित तुलना करके ही दिया जा सकता है। एक महत्त्वपूर्ण अन्तर तो यही दिखता है कि केन्द्रीकृत गाँव के मामले में डाकुओं और जंगली जानवरों से गाँव की रक्षा की जिम्मेदारी सभी घरों और झोंपड़ों के बीच बँटी रहती है जबकि बिखरे गाँवों में हर कुटुम्ब क्षेत्र को अपनी रक्षा खुद करनी होती है। क्षेत्र के स्वामी कुटुम्ब और उनके नौकर-चाकरों को जरूरत पड़ने पर अपनी रक्षा खुद कर पाने लायक जन-बल तैयार रखना होता है। क्षेत्र पर बने मकान या झोंपड़े रक्षा की दृष्टि से बने होने चाहिए—कुर्ग के और नायरों के घर इसके चरम उदाहरण हैं। इस बात का भीतरी पता लगाया जाना चाहिए कि बिखरे गाँव किसानों के एकरेखीय समूहों और युद्धक परम्पराओं से जुड़े हैं या नहीं।

II

इस शृंखला में भारत, अमेरिका और ब्रिटेन के नृवंशशास्त्रियों ने योगदान किया है। थोड़ा सा खेद इस बात को लेकर है कि संसार के अन्य भागों के नृवंशशास्त्री इससे नहीं जुड़े। किसी समाज के अध्ययन में, नृवंशशास्त्री का व्यक्तित्व बहुत ही महत्त्वपूर्ण घटक है। उसकी सांस्कृतिक और सामाजिक पृष्ठभूमि, उसका बौद्धिक प्रशिक्षण, और उसका स्वभाव और रुचियाँ तय करते हैं कि वह अवलोकन के लिए किसका चुनाव करेगा और उसका अर्थान्वय कैसे करेगा। एक ही गाँव या जनजाति के विषय में लिखे हुए

दो नृवंशशास्त्रियों के वर्णन कई मामलों में एक-दूसरे से भिन्न होंगे। अवलोकन के लिए नृवंशशास्त्री क्या चुनेगा, यह कुछ हद तक उस समाज पर निर्भर होगा जिसमें वह जन्मा और पला-बढ़ा। उदाहरण के लिए अमेरिका के नृवंशशास्त्री को हमारे समाज में प्रचलित स्त्रियों और पुरुषों को एक-दूसरे से अलग रखने का चलन विचित्र लग सकता है जबकि किसी दूसरे देश के नृवंशशास्त्री को ऐसा नहीं भी लग सकता। उसे कोई और बात विचित्र लग सकती है। यूँ तो नृवंशशास्त्री को जिस समाज का अध्ययन वह कर रहा है उसके बारे में सभी कुछ दर्ज करने के लिए प्रशिक्षित किया जाता है लेकिन वास्तव में होता यही है कि अपने समाज में उसे जिसकी भी आदत नहीं है, वही उसे बढ़-चढ़कर दिखाई देता है।

एक और तथ्य का भी ध्यान रखा जाना चाहिए। किसी अभारतीय की अपेक्षा, किसी भारतीय के लिए अपने समाज का अवलोकन कहीं कठिन है। यह सच है कि भारत में कई भाषाएँ बोली जाती हैं, और एक ही भाषाई क्षेत्र में जातियों के बीच महत्त्वपूर्ण अन्तर होते हैं, और कई अलग-अलग तरह की जनजातियाँ होती हैं जो एक-दूसरी से भिन्न होती हैं। लेकिन इस सबके बावजूद एक खास किस्म की एकता, और सबसे बढ़कर परिचय की एक भावना होती है जो उत्सुकता को प्रेरित नहीं, कुन्द कर देती है। एक गहरे स्तर पर देखा जाए तो अपने खुद के समाज में व्यक्ति इतने मूलभूत रूप से जकड़ा होता है कि असम्पृक्ति लगभग असम्भव है। अपने समाज का दूसरों की समझ में आ सकने लायक वर्णन प्रस्तुत करने के लिए असम्पृक्ति आवश्यक है। अभारतीय नृवंशशास्त्रियों और साधारण जिज्ञासुओं से भारत के विषय में चर्चा इस तथ्य को साफ उजागर करती है कि लोगों में अपने समाज को चलताऊ नजरिये से देखने की प्रवृत्ति आम है। साधारण और सरल कामों के बारे में तो यह और भी सच है। असल में तो मैं यहाँ तक कहूँगा कि अपने समाज को समझने की पहली शर्त है अपरिचित समाज का अध्ययन।

आज हमारे देश में समाजशास्त्रियों और सामाजिक नृवंशशास्त्रियों की भारी कमी है। समाजशास्त्र और नृवंशशास्त्र के महत्त्व को हमारे विश्वविद्यालय अब समझ रहे हैं। लेकिन आज भी समाजशास्त्र या सामाजिक नृवंशशास्त्र के अध्ययनपीठ सभी विश्वविद्यालयों में नहीं हैं। सामाजिक-आर्थिक विकास के अपने कार्यक्रमों के क्रियान्वयन में समाजशास्त्री और सामाजिक नृवंशशास्त्रीय अध्ययनों की प्रासंगिकता के प्रति भारत सरकार द्वारा दिखाई जा रही चेतना का स्वागत किया जाना चाहिए। लेकिन समाजशास्त्र और सामाजिक नृवंशशास्त्र को गलत दिशा में जाने से रोकने के लिए एक सम्भावित खतरे को इंगित कर देना आवश्यक है। योजना और विकास से प्रत्यक्ष रूप से सम्बद्ध समाजशास्त्रीय शोध पर बल देने की भारत सरकार की प्रवृत्ति समझ में आनेवाली बात है, नागरिक होने के नाते समाजशास्त्रियों का कर्त्तव्य है कि वे ऐसे शोध में भाग लें। लेकिन इसमें गहरा जोखिम यह है कि 'शुद्ध' या 'मूलभूत' शोध की बलि चढ़ा दी जाएगी। हमारा मानव संसाधन कोष इतना समृद्ध नहीं है कि हम अपने गिने-चुने

समाजशास्त्रियों का प्रायोगिक शोध में जुट जाना झेल पाएँ। प्रायोगिक शोध के पक्ष में पड़ रहे दबाव वास्तविक हैं, और फिर 'शुद्ध' शोध के लिए धन उपलब्ध नहीं है। हो सकता है कि 'शुद्ध' समाजशास्त्र जल्दी ही इस देश से लुप्त हो जाए। भारत, जिसकी अतिथिपरायण सीमाओं के अन्दर अपनी-अपनी विशिष्ट सांस्कृतिक और सामाजिक विशिष्टताओंवाले असंख्य समुदाय रहते हैं, स्पष्टतः समाजशास्त्रीय शोध के लिए एक बहुत महत्त्वपूर्ण देश है। तेजी से हो रहे बड़े-बड़े परिवर्तन हमारे अध्ययनों को और भी आवश्यक बनाते हैं। समाजशास्त्रियों के रूप में अध्ययन की अपनी शाखा के प्रति हमारा दायित्व बनता है कि हम कम-से-कम अपना कुछ समय और ऊर्जा उन अध्ययनों को दें जो वैज्ञानिक रूप से बहुत फलप्रद हैं।

III

गाँव की एकता की बात इस शृंखला के कई लेखकों ने की है। एक सीमित क्षेत्र में रहनेवाले, अपने जैसे समूहों से कुछ दूरी पर अवस्थित, और बहुत ही खराब सड़कमार्गों से जुड़े लोगों में जिनमें से अधिकांश कृषिकर्म में लगे हों और आर्थिक और बाकी कारणों से एक-दूसरे पर निर्भर हों और जिनके बहुत से अनुभव साझे हों, एकता की कुछ भावना तो होगी ही। यह इतना सरल और स्पष्ट है कि इसका उल्लेख करने की जरूरत महसूस नहीं होती लेकिन जाति संस्थान के कारण इसकी चर्चा जरूरी हो जाती है। जाति आज भी एक प्रबल संस्थान है, दूसरी जातिवालों से रोटी-बेटी के सम्बन्ध वर्जित होने के कारण किसी गाँव में रहनेवाले एक जाति के लोग कई महत्त्वपूर्ण बन्धनों से, दूसरे गाँवों में रहनेवाले अपने सजातीयों से बँधे होते हैं। यह बन्धन इतने मजबूत हैं कि कुछ नृवंशशास्त्री यह दावा तक करते हैं कि गाँव की एकता मिथक मात्र है और जाति ही सर्वोच्च है। दूसरा यह कि गाँवों के बीच सम्प्रेषण आज भी कम है और अतीत में तो और भी कम रहा है, फिर भी गाँव पूर्णतया आत्मनिर्भर नहीं थे। वे आसपास के गाँवों से आर्थिक, धार्मिक और सामाजिक सम्बन्धों के माध्यम से गहराई से जुड़े थे, तर्क यह दिया जाता है कि गाँवों के बीच जिन बन्धनों का अस्तित्व था, उनमें से कई गाँव की एकता की भावना विकसित होने में बाधक थे। यदि केन्द्रीकृत गाँवों में एकता की भावना को जाति और गाँवों की अन्तर्निर्भरता की भावना कमजोर करती हो तो एकता की यह भावना बिखरे हुए गाँवों में और भी कमजोर होनी चाहिए। इसलिए गाँव की एकता सहज ही स्वयंसिद्ध नहीं है, इसके अस्तित्व का होना प्रदर्शित करना होता है।

यह विचार, कि जाति की एकता इतनी प्रबल है कि यह एक से अधिक जाति वाले गाँवों में समुदाय की एकता को निरस्त कर देती है, इतना विश्वसनीय जान पड़ता है कि इसने बहुतेरों को भ्रमित किया है। लेकिन जरा विचार करते ही इसकी असत्यता

स्पष्ट हो जाती है। यह बिल्कुल सच है कि जाति एक प्रबल और व्यापक संस्थान है। यह बहुत सी गतिविधियों की संचालक है और अक्सर आसपास के गाँवों में रहनेवाले किसी उप-जाति विशेष के लोग जाति से ताल्लुक रखनेवाले किसी मामले पर विचार-विमर्श करने के लिए जमा हो जाते हैं। लेकिन इसी से कोई जाति आत्मनिर्भर नहीं हो जाती, गाँव या किसी क्षेत्र में रहनेवाली जातियाँ आर्थिक और अन्य रूपों में अन्तर्निर्भर होती हैं। आदर्शतः हर जाति का किसी व्यवसाय-विशेष पर एकाधिकार होता है। यह एकाधिकार एकाधिकारियों को जोड़ता भी है और उन्हें विभाजित भी करता है। जाति के सदस्य दूसरी जातियों द्वारा अपनी जाति के पेशे को अपनाया जाना नापसन्द करते हैं (कृषि-कर्म इसका अपवाद है) और पेशे में गुरों को रहस्य बनाए रखा जाता है, लेकिन दूसरी जातियों की यजमानी के लिए सदस्यों के बीच होड़ रहती है और वह उन्हें विभाजित करती है। यह तथ्य भी कि किसी गाँव में एक ही जाति के लोग कौटुम्बिक सम्बन्धों में बँधे होते हैं (कम-से-कम दक्षिण भारत में तो ऐसा है), होड़ को कम नहीं करता। यह सच है कि कोई आसानी से अपने नाई या बढ़ई या धोबी या कुम्हार को नहीं बदलता क्योंकि उन्हें उज़रत वर्ष में एक बार, अन्न के रूप में दी जाती है और पुराने सम्बन्धों का सम्मान किया जाता है, लेकिन इसका यह अर्थ नहीं है कि उज़रत का भुगतान न किए जाने को या अकुशलता को लम्बे समय तक झेला जाता रहेगा। किसी परिवार की यजमानी का एकाधिकार इतना कड़ा नहीं है कि उसे खत्म न किया जा सके।

गैर-खेतिहर या सेवक जातियों के सदस्यों की आपसी होड़ इतनी प्रबल होती है कि वह अक्सर उन्हें अपनी जाति के बाहर मित्र बनाने को बाध्य कर देती है, इसके अलावा अधीनता के अपमान और झंझटों के बाद भी, नीची जातियाँ यह जानती हैं कि जाति-व्यवस्था उन्हें रोजी-रोटी की आश्वस्ति देती है। अलग-अलग जातियों के सदस्य और तरीकों से भी जुड़े होते हैं : भूस्वामी और बँटाईदार, स्वामी और सेवक, साहूकार और कर्जदार, और यजमान और असामी ऐसे सम्बन्ध हैं जो जाति की बाधाओं को नजरन्दाज करके, असमान व्यक्तियों को एक-दूसरे से बाँधते हैं। यह सम्बन्ध गाँव की सीमा से आगे तक भी हो सकते हैं लेकिन अधिकांश सीमा के भीतर ही मिलेंगे।

इस सन्दर्भ में 'प्रभु जाति' की अवधारणा संगत है। गाँव या स्थानीय क्षेत्र में संख्या की दृष्टि से प्रबल और आर्थिक और राजनीतिक रूप में बहुत प्रभावशाली होने पर कोई जाति प्रभु होती है। जातियों के पदक्रम में उसका सबसे ऊँची जाति होना जरूरी नहीं। कुम्बपेट्टै में जिस स्थिति का डॉ. गफ ने वर्णन किया है, वह अब लाक्षणिक नहीं रह गई। किसी भी क्षेत्र में कोई भी जाति प्रभु जाति हो सकती है, हालाँकि अब तक मैंने अछूतों को कहीं भी प्रभु जाति नहीं पाया है। कभी-कभी, मूलतः हिन्दू धर्म से बाहर का कोई समूह, जैसे कुर्ग या राज गोंड, अपने जन-बल, धन और सैन्य कौशल के कारण प्रभुत्व पा लेता है। यहाँ जो बात महत्त्वपूर्ण है वह यह कि प्रभु जाति पूरे तन्त्र को सहारा देती और उसे बनाए रखती है। प्रभु जाति हर जाति की आचार-संहिता का आदर करती

है, भले ही उसके कुछ अंश प्रभु जाति की संहिता से भिन्न हों। अ-प्रभु जातियों के बीच उठनेवाले विवादों को हल करने के लिए कभी-कभी प्रभु जाति के बड़े-बूढ़ों के पास लाया जाता है। जाति पंचायत की स्वायत्तता अपने आप में पूरी कहानी नहीं है—जैसाकि कई लेखकों ने पाया, विवादों को स्थानीय रूप से, ऊपर प्रभु जाति के बड़े-बूढ़ों के समक्ष ले जाए जाने की प्रवृत्ति रहती है। सिर्फ जाति से ही सम्बन्ध रखनेवाले गम्भीर विवादों को सुलझाने के लिए आसपास के गाँवों से जाति के बड़े-बूढ़ों को विरले ही बुलाया जाता है। डॉ. गफ द्वारा वर्णित जाति कहीं आम है। रामपुरा के ओक्कालिगा बड़े-बूढ़ों को अक्सर ही मुस्लिमों सहित दूसरी जातियों के विवाद सुलझाने के लिए बुलवाया जाता था।

जाति की सीमा के परे जानेवाले बन्धन जाति-बन्धनों जितने ही महत्त्वपूर्ण हैं। लम्बवत बन्धनों की कीमत पर क्षैतिज बन्धनों पर बल दिए जाने से सम्भ्रम बहुत बढ़ा। लेकिन गाँव की एकता इन कई बन्धनों की अन्तक्रिया मात्र नहीं है। सामान्यतः यह दिखाई नहीं देती लेकिन किसी घटना का घटना इसे अचानक प्रकट कर देता है। गाँव पर सूखे या बाढ़ या महामारी का प्रकोप मँडराने पर या सरकार द्वारा कोई ऐसा आदेश देने पर जिसे ग्रामीण अन्यायपूर्ण मानते हों, या विशिष्ट धार्मिक अवसरों पर, या पड़ोस के किसी गाँव से झगड़ा हो जाने पर, गाँव की एकता स्पष्ट रूप से प्रकट होती है।

'उत्तरी केरल में गाँवों का ढाँचा' शीर्षक अपने लेख में डॉ. मिलर ने कहा है कि नम्बूदिरी ब्राह्मण, 'कुछ हद तक क्षेत्रीय विभाजनों के ऊपर थे'। यह एक महत्त्वपूर्ण बिन्दु है। ऐसा लगता है कि आनुष्ठानिक स्थिति के कारण ब्राह्मण गाँव का होता भी है और नहीं भी होता। उदाहरणस्वरूप, दो गाँवों के झगड़े में, किसी गाँव के ब्राह्मण पुरोहित से हाथापाई की नौबत सम्भवतः तब तक नहीं आएगी जब तक कि वह खुद झगड़े में शामिल न रहा हो, जबकि झगड़े में खुद न रहने पर भी बाकी जातियों के सदस्यों की पिटाई हो सकती है। लेकिन इसका अर्थ यह नहीं हुआ कि ब्राह्मण मनमानी करने को स्वतन्त्र है। डॉ. बेली ने एक ब्राह्मण को दूसरों द्वारा अनुशासित किए जाने का उदाहरण प्रस्तुत किया है, और मुझे भी रामपुरा के पास के एक गाँव केरे में हुई ऐसी ही घटना बताई गई।

तो स्थिति जटिल है। अपनी आनुष्ठानिक स्थिति के चलते ब्राह्मण का कुछ सम्मान किया जाता है लेकिन इसका फायदा उठाकर उसे मनमानी नहीं करने दी जाती। मर्यादा की लक्ष्मण-रेखा वह पार नहीं कर सकता। इसके ठीक विपरीत अर्थों में अछूत भी गाँव के होते भी हैं, नहीं भी होते। ऐसी ही स्थिति मुसलमानों की भी है क्योंकि वे हिन्दू धर्म से बाहर हैं। गाँव में रहनेवाले कुछ लोग पूर्ण सदस्य कहे जा सकते हैं जबकि बाकी लोग आंशिक सदस्य ही होते हैं। लोगों को पूर्ण सदस्यता इसलिए प्राप्त नहीं होती कि वे अंशतः गाँव से ऊपर (ब्राह्मण) हैं या गाँव से अंशतः नीचे (अछूत) हैं या उससे अंशतः बाहर (मुसलमान) हैं। स्थिति को वर्णित करने का यह ढंग बहुत सन्तोषजनक नहीं है लेकिन सन्तोषजनक ढंग मिल जाने तक इसी से काम चलाना होगा। गाँव की

गतिविधियों में किसी व्यक्ति की भागीदारी पर जाति के प्रभाव की पड़ताल होनी चाहिए। संसार के बाकी भागों के पदक्रमीय तन्त्रों से तुलना करने पर इस पर सम्भवतः कुछ प्रकाश पड़े।

पिछले कुछ दशकों में, कई क्षेत्रों में जाति की शक्ति बढ़ी है। जातियों के बीच कड़वाहट हमारे शहरी जीवन का प्रमुख लक्षण है। लेकिन गाँवों में जातियों की पूरकता अब भी दिखती है। ब्रिटिश शासन का एक प्रभाव है जाति की एकता में वृद्धि। ब्रिटिश युग से पहले के उत्तरी केरल के बारे में डॉ. मिलर का कथन पूरे ही देश के अधिकांश भागों पर लागू होता है : "संगठनात्मक दरारें क्षेत्रीय इकाइयों—गाँवों, रियासतों, राज्यों—के बीच थीं, जातियों के बीच नहीं। इसके विपरीत जातियों के आपसी सम्बन्ध पूरक किस्म के थे जिनमें परम्परा से नियत और साफ-साफ बताए गए अधिकार और कर्त्तव्य, सत्ता और अधीनताएँ थीं।" पूरे देश पर ब्रिटिश शासन के लागू किए जाने से लम्बवत बन्धन कमजोर पड़े और क्षैतिज बन्धन मजबूत हुए, सड़कों और रेलमार्गों के निर्माण और छपी हुई किताबों और अखबारों के आने से जातियों की श्रेणियाँ व्यापक हुईं और उनकी एकता बढ़ी—जाति पत्रिकाओं और समाचार-पत्रों का पल्लवित-पुष्पित होना इसका प्रमाण है। डॉ. बेली का विचार है कि जैसे-जैसे गाँव देश के वृहत्तर अर्थ-तन्त्र से एकात्म होने लगेगा, उसकी एकता कम होगी, ऐसी एकात्मकता दिनोंदिन बढ़ रही है और व्यापक औद्योगीकरण और पिता पालक की राज्य की बढ़ती भूमिका एकता की इस भावना को कम करेगी। डॉ. गफ भविष्यवाणी करती हैं : "पढ़े-लिखे सामन्ती वर्ग का धीरे-धीरे शहरों की ओर जाना, भूमि का कस्बाई मध्यवित्तीय व्यापारी परिवारों के हाथों में चले जाना और मजदूरी के शहरी रूपों द्वारा समर्थित स्वायत्तशासी कामकाजी वर्ग के समूहों ने इस प्रक्रिया की शुरुआत कर दी है और गाँव के अपनी परम्परागत एकात्मकता को खोकर मात्र एक बस्ती बन जाने तक यह चलती ही रहेगी।"

क्या फैले-बिखरे गाँवों में एकता की भावना दिखती है ? केन्द्रीकृत गाँव को आसानी से पहचाना जा सकता है : बीच में एक-दूसरे से सटे मकान और झोंपड़े और चारों ओर खेत। गाँवों को एक-दूसरे से अलग-अलग पहचान पाना भी सरल है। लेकिन उत्तरी केरल, कुर्ग और मैसूर के पश्चिमी भागों में ऐसा नहीं है। डॉ. मिलर बताते हैं : "एक भौतिक, क्षेत्रीय, एकता का अस्तित्व हो सकता है, लेकिन बसावट बिखरी होने के कारण अक्सर यह स्पष्ट नहीं होती...यजमानी को कई गाँवों में फैलाकर या उसे गाँव के एक खंड तक सीमित रखकर आर्थिक एकता को बनाए रखा जाता है।" इस प्रकार, "...सम्भव है कि कानिसन (ज्योतिषी) जाति के किसी परिवार के पास अपने गाँव अ में काफी काम हो लेकिन वह ब गाँव का आधिकारिक ज्योतिषी परिवार हो। ब गाँव के टोकरियाँ बुननेवाले परिवार अपने गाँव के अलावा अ और स गाँवों का काम भी कर सकते हैं। बाल काटने और अन्तिम संस्कार में सहायता करनेवाली एक छोटी उपजाति के यजमान दर्जन-भर गाँवों में फैले हो सकते हैं।"

इस प्रकार केरल में देशम् उन कई अ-कृषक जातियों के मिलने का स्थान है जो

अलग-अलग गाँवों के समूहों के लिए काम करते हैं। ऐसा केन्द्रीकृत गाँवों में भी होता है लेकिन वहाँ यह इतना साफ-साफ नहीं दिखता। डॉ. मिलर ठीक ही इस निष्कर्ष पर पहुँचते हैं, "हालाँकि केरल में कोई भी समाजशास्त्रीय अनुसन्धाता देशम् को अध्ययन की समुचित इकाई के रूप में ले सकता है फिर भी उसे एक बड़े क्षेत्र में फैले सभी तरह के सामाजिक सम्बन्धों का परीक्षण भी करना ही चाहिए। अठारहवीं शताब्दी या उससे पहले के देशमों में जो भी आन्तरिक आत्मनिर्भरता रही हो, आजकल केरल में किसी भी इकाई को एक स्पष्ट रूप से परिसीमित सुसंगत स्वतन्त्र ग्राम समुदाय के रूप में इंगित कर पाना कठिन है।"

केरल में गाँव एक धुँधली अवधारणा हो सकता है लेकिन इसका अर्थ यह नहीं है कि वहाँ स्थानीय समुदाय है ही नहीं। बस बात यह है कि स्थानीय समुदाय किसी प्रशासकीय इकाई के अनुरूप नहीं होता। एक क्षेत्र में रहनेवाली जातियाँ अन्तर्निर्भर होती हैं और एक-दूसरी से मजबूत बन्धनों से जुड़ी रहती हैं। लेकिन ऐसा सिर्फ बिखरे क्षेत्रों में ही नहीं होता, केन्द्रीकृत गाँवों के भी अपने पड़ोसी गाँवों से कई गहरे जुड़ाव होते हैं। पंजाब के गाँव के बारे में कही गई डॉ. मेरियन स्मिथ की बात सम्भवतः और गाँवों पर भी लागू होती है—"आर्थिक और सामाजिक विशेषज्ञता, वैवाहिक बन्धनों, धार्मिक और राजनीतिक संगठन के मायने में ढाँचागत इकाई गाँव से बड़ी होती है। यह सम्पर्क ऐसे नहीं हैं जिनसे ग्रामीण अपनी रुचि से जुड़ता हो, उसके अस्तित्व की शर्तें उन्हें उस पर थोपती हैं। इसलिए, यह ग्राम अध्ययन हालाँकि महत्त्वपूर्ण हैं...मुझे नहीं लगता कि सिर्फ इन्हीं से पंजाब के जीवन की कोई मुकम्मल तस्वीर पाई जा सकती है।"

इस प्रकार ग्रामीण व्यक्ति का सामाजिक क्षेत्र उसके गाँव से कहीं विस्तृत होता है। कुटुम्ब, आर्थिक, धार्मिक और अन्य सामाजिक बन्धन इस क्षेत्र को आसपास के गाँवों तक फैला देते हैं। लेकिन ब्रिटिश राज आने के बाद से लन्दन और मैनचेस्टर में लिए गए फैसले अपने दूरस्थ गाँव में रहनेवाले भारतीय किसान को प्रभावित करते रहे हैं, और स्वतन्त्र भारत में कोई दिन ऐसा नहीं जाता जब ग्रामीण जनों के प्रति सरकार की चिन्ता का कोई प्रमाण न दिखता हो। एक ही गाँव का अध्ययन करनेवाले समाज-नृवंशशास्त्री को याद रखना चाहिए कि उस (गाँव) के महत्त्वपूर्ण सम्बन्ध दूसरे गाँवों से ही नहीं हैं, वृहत्तर समाज में सक्रिय राजनीतिक और आर्थिक बल भी उसे मूलभूत स्तर पर प्रभावित करते हैं।

ऊपर जो कहा गया है, उसका सीधा सम्बन्ध गाँव की आत्मनिर्भरता से है, इस बिन्दु पर डॉ. मेरियन स्मिथ ने बहुत स्पष्ट से अपने विचार रखे हैं—"जब तक हम भारत में आत्मनिर्भर का अर्थ वह पुरानी स्थिति लगाते हैं जिसमें बाहर उत्पादित बहुत कम सामान गाँव में लाए जाते थे, हम काफी सुरक्षित हैं। लेकिन जैसे ही हम यह इंगित करने की कोशिश करते हैं कि औद्योगीकरण की ओर जाने का अर्थ विशेषज्ञता और अन्तर्निर्भरता की ओर जाना है, हम लक्ष्य से चूक जाते हैं। औद्योगीकरण का भारतीय गाँव पर इतना ही प्रभाव पड़ा है कि वह एक किस्म की अन्तर्निर्भरता और विशेषज्ञता

से दूसरे किस्म की विशेषज्ञता और अन्तर्निर्भरता की ओर गया है।" पूर्णतः आत्मनिर्भर ग्राम-गणतन्त्र एक मिथक ही है; वह सदा ही एक व्यापकतर सत्ता का अंश रहा। बस इतना है कि ब्रिटिश शासनकाल से पहले के भारत में गाँव शहर पर आज की अपेक्षा आर्थिक रूप से कम निर्भर थे।

इस सिलसिले में उत्तर भारतीय और दक्षिण भारतीय गाँवों में एक महत्त्वपूर्ण अन्तर है और इस पर डॉ. मेरियॅट और डॉ. स्मिथ, दोनों ने ही टिप्पणी की है। हिमालय और विन्ध्य के बीच के क्षेत्र में पुरुष अपने गाँव के बाहर विवाह करता है, दरअसल पुरुष के गाँव के चारों ओर चार मील त्रिज्या का एक बहिर्गामी वृत्त खींचा जा सकता है। उत्तर भारत में औसतन बारह मील की दूरी पर विवाह होते हैं जबकि पंजाब में दो तिहाई विवाह झाबल से चार से बारह मील की दूरी के गाँवों से हुए हैं, इनमें से भी अधिकांश आठ मील के दायरे में हुए, गाँव से बाहर विवाह करने के अलावा विवाहों की दिशा भी नियत रहती है—अ गाँव ब गाँव से बहुएँ लाएगा लेकिन अपनी बेटियाँ वहाँ नहीं ब्याहेगा। इसका एक परिणाम तो यह हुआ है कि विवाह सम्बन्ध ज्यादा बड़े क्षेत्र में होते हैं। विन्ध्य से नीचे के क्षेत्र में इससे ठीक विपरीत बात देखने में आती है। वहाँ निकट सम्बन्धियों, जैसे कि भानजी से विवाह श्रेयस्कर माना जाता है। इसके कारण किसान का सामाजिक स्थल सीमित होता चला जाता है। ऐसे सम्बन्धों से बने सम्बन्धी या तो उसी गाँव में रहते हैं या आसपास के ही गाँवों में रहते हैं। गाँव बहिर्गामी इकाई नहीं होता। रिश्तेदारों में ही विवाह करने की प्रवृत्ति लोगों के समूह या समूहों से व्यक्ति के बन्धनों को बहुगुणित करती है। दक्षिण भारत में गहनीकरण का सिद्धान्त काम करता दिखता है जबकि उत्तर भारत में विस्तार आदर्श है। सामाजिक जीवन के अन्य लक्षणों पर इस अन्त के प्रभाव का अध्ययन होना अभी बाकी है। भारत में रक्त-सम्बन्धियों से विवाह का अध्ययन अभी तक सिर्फ कौटुम्बिकता के स्तर पर हुआ है, इसके 'राजनीतिक' प्रभावों को नजरअन्दाज किया गया है।

आश्चर्य नहीं कि कई लेखकों ने गाँव में हो रहे परिवर्तनों को छुआ है, जमींदारी और इनाम भूमियों को समाप्त करनेवाले कानूनों, बँटाईदारी की शर्तों, पंचायतों की शक्ति बढ़ाने और उनके सदस्यों के चुनाव के नए ढंग, और भारत के कई भागों में कृषि विस्तार सेवाओं और समुदाय परियोजनाओं के उद्घाटन जैसे घटक ग्रामीण भारत का चेहरा बदले दे रहे हैं। इसके साथ ही, नई सड़कें बन रही हैं, पुरानी सड़कों को सुधारा जा रहा है, बस यातायात बढ़ रहा है, दाल, आटा और तेल मिलों की बहुतायत है, शहरीकरण और औद्योगीकरण तेजी से चल रहे हैं। लोगों की जीवन-शैली पर इसके परिणाम अवश्यम्भावी हैं। दूसरी जातियों के साथ खाने-पीने के नियम डॉ. बील्स के हट्टरहल्ली में, उसी भाषाई क्षेत्र के रामपुरा की तुलना में कहीं कम कट्टर हैं, इसके अलावा कई पुरुष अध्यापकों और फैक्टरी कामगारों के तौर पर काम कर रहे हैं। व्यावसायिक नमूना बदलना जरूरी हो गया है। शहरीकृत और पश्चिमपरस्त युवाओं का मूल्यबोध बड़े-बूढ़ों से अलग है। प्रजातन्त्र उन्हें अपने बड़े-बूढ़ों के विरोध में खड़े होने का अवसर देता है। इन दो समूहों

के बीच सत्ता के लिए संघर्ष आम होता जा रहा है।

अब तक की दो पंचवर्षीय योजनाओं का उद्देश्य अन्य बातों के साथ-साथ कृषि उत्पादन बढ़ाना और हमारे किसानों के सामाजिक जीवन को बदलना भी है। ऐसी जानकारी प्राप्त करने को प्रशिक्षित लोगों द्वारा प्राप्त की गई देश के विभिन्न भागों में हमारे कृषक वर्ग के जीवन की अन्तरंग जानकारी को योजनाओं के क्रियान्वयन तथा जिनसे बचा जा सकता है ऐसे मानवीय दुःखों से बच पाने और दक्षता बढ़ाने में सहायक सिद्ध होना चाहिए था। यहाँ मैं यह बता दूँ कि मैं उन समाजशास्त्रियों में से नहीं हूँ जो मानते हैं कि योजनाओं की सफलता की कुंजी समाजशास्त्रियों के हाथ में है। समाजशास्त्री की ओर से किए जा रहे दावे न्यायसंगत नहीं हैं और आगे चलकर समाजशास्त्रीय अध्ययन को नुकसान ही पहुँचाएँगे।

उदाहरण के लिए, नृवंशशास्त्री को एक या दो समाजों की अन्तरंग और अनुभूत जानकारी होती है, इसके अलावा बाकी क्षेत्रों के लोगों के कई विवरण उसने पढ़े होते हैं। किसी गाँव या जनजाति के बारे में अपनी समझदारी वह योजनाकार को दे सकता है। वह अपने (गाँव के) किसान या आदिवासी की समस्याएँ समझते हुए उससे सहानुभूति रख सकता है। कई मामलों में वह किसी प्रशासकीय कदम पर (गाँव में) होनेवाली प्रतिक्रिया का अनुमान भी लगा सकता है। लेकिन वह नीति निर्धारित नहीं कर सकता क्योंकि यह सही और गलत के बारे में कई निर्णयों का परिणाम है। नीति निर्धारित करते हैं सुधारक और राजनीतिज्ञ, नृवंशशास्त्री तो ज्यादा-से-ज्यादा किसी नीति-विशेष के फलितार्थ स्पष्ट कर देगा। सामाजिक नृवंशशास्त्र के विकास की दृष्टि से देखें तो सिर्फ उपयोगी या प्रायोगिक तत्त्वों पर ही केन्द्रित रहना बहुत स्वस्थ (प्रवृत्ति) नहीं है। विषय का सैद्धान्तिक विकास नजरन्दाज हो जाएगा क्योंकि सबसे प्रतिभाशाली लोग प्रायोगिक कार्य की ओर खिंच जाएँगे, इससे बच पाने का एकमात्र उपाय है सामाजिक नृवंशशास्त्र के शोध विभागों की स्थापना और विश्वविद्यालयों में इसकी शिक्षा का प्रबन्ध, या आधारभूत शोध के लिए एक संस्थान का सृजन।

यहाँ यह बता देना आवश्यक है कि इस परिचय में अभिव्यक्त विचार पूरी तरह से मेरे हैं और उनके लिए किसी भी लेखक की कैसी भी जिम्मेदारी नहीं बनती। और यही बात बाकी लेखकों के विचारों पर भी लागू होती है। जिस एकमात्र विचार पर हम सभी सहमत हैं, वह यह है कि हमारे गाँवों की अन्तरंग जानकारी प्राप्त करने का एकमात्र, सर्वोत्तम और सबसे सस्ता उपाय है—प्रशिक्षित लोगों द्वारा गहन क्षेत्र-कार्य; और इस तरह के अध्ययन करना एक अनिवार्य और महत्त्वपूर्ण कार्य है।

भारत में सामाजिक संगठन और नियोजित सांस्कृतिक परिवर्तन

डेविड जी. मैंडलबॉम

भारत में अब चल रही बड़े पैमाने की विकास योजनाएँ मुख्यतः तकनीकी और आर्थिक परिवर्तन की योजनाएँ हैं। जैसे-जैसे ये योजनाएँ वास्तविकता में बदलेंगी वैसे-वैसे ये सामाजिक संगठन को प्रभावित करेंगी और उससे प्रभावित होंगी।

ऐसा पारस्परिक प्रभाव भारतीय समाज के कई पक्षों में अब अनुभव किया जा रहा है। इस लेन-देन के कई मोटे-मोटे चलन जैसे कि संयुक्त परिवार, जातिगत ढाँचे, गाँव के संगठन और गाँववालों और सरकार के बीच सम्बन्धों में वे दिखाई देते हैं—इंगित किए जा सकते हैं। इन चलनों का सूत्रीकरण निश्चित ही आजमायशी है क्योंकि ये अपेक्षाकृत कम और काफी बिखरे परिवीक्षणों पर आधारित हैं। लेकिन देखे गए गाँवों और पर्यवेक्षकों की पृष्ठभूमि के वैविध्य के बावजूद इन परिवीक्षणों में काफी तारतम्य हैं। इसलिए इन बयानों को प्रारम्भिक सूत्रीकरण के रूप में प्रस्तुत किया जा सकता है जिसे अतिरिक्त साक्ष्य उपलब्ध होने पर सुधारा और विस्तृत किया जा सकता है।

बहुत लम्बे समय से संयुक्त परिवार भारत में पारिवारिक संगठन का सामान्य रूप रहा है, धर्म-ग्रन्थों ने उसे महिमामंडित किया है और लौकिक नियमावली ने स्वीकृत किया है। इसमें पुरुषों का एक समूह, जो आपस में पिता-पुत्र और भाई होते हैं, उनकी पत्नियाँ और बच्चे होते हैं, कई केन्द्रक परिवार इस तरह के संगठन में बँधकर उपभोक्ताओं की एक इकाई और अक्सर एक उत्पादक इकाई भी बनते हैं। एक वरिष्ठ पुरुष की निगरानी में सबकी सम्पत्ति साझी रहती है; हर बेटा परिवार की संयुक्त सम्पत्ति में एक भाग पाने का अधिकारी होता है। संयुक्त परिवार के सभी सदस्यों का भोजन एक ही रसोई में बनता है और परिवार के कोष से उन्हें पैसा मिलता है। किसानों के यहाँ, संयुक्त परिवार के सभी लोग मिलकर परिवार की फसलें उगाते हैं।

लम्बे समय से संयुक्त परिवार संयोजन और विखंडन की एक निरन्तर चलती प्रक्रिया में रहे हैं। जब किसी संयुक्त परिवार में बहुत से केन्द्रक परिवार हो जाते हैं और उसके पुरुष बजाय भाइयों के, भाइयों के बेटे और पोते हो जाते हैं, दबाव उभरने लगते हैं, जिनके कारण ऐसे संयुक्त परिवार साझी सम्पत्ति बाँटकर विखंडित हो जाते

हैं। आमतौर पर ऐसे बँटवारों का कारण यह बताया जाता है कि औरतों की आपस में निभ नहीं पा रही थी। इस तरह अलग होकर एक पुरुष या कुछ भाई मिलकर एक नया संयुक्त परिवार स्थापित करते। जैसे-जैसे उनके बच्चे बड़े होते, बेटों के विवाह होकर बच्चे होते, वह संयुक्त परिवार इतना बढ़ जाता कि बँटवारे के लिए प्रेरक स्थितियाँ पैदा हो जातीं और प्रक्रम फिर दोहराया जाता।

संयोजन और विखंडन आज भी उसी तरह चलते हैं जैसे पहले चलते थे लेकिन अब झुकाव लगातार अपेक्षाकृत छोटे संयुक्त परिवारों की तरफ है। इसमें कई घटक शामिल हैं, एक तो यह कि एक पुरुष के लिए संयुक्त परिवार के दल के सदस्य के बजाय व्यक्ति के रूप में जीविका कमाने के मौके बढ़े हैं; दूसरा परिवार के मुखिया की अधीनता या प्रयास और आय दोनों को साझा करने की बढ़ती अनिच्छा। जिन क्षेत्रों में भूमि-सुधार का काम हुआ है वहाँ बड़े संयुक्त परिवारों के बिखरने की गति और बढ़ी है। जमीन को जोतनेवालों को उसका स्वामित्व देना कृषि उत्पादन बढ़ाने की योजनाओं का महत्त्वपूर्ण अंग है।

भूमि-सुधार के उपायों में एक सामान्य उपाय है—हर परिवार की भू-सम्पत्ति की सीमा बाँधना। ऐसी स्थिति में बड़े संयुक्त परिवार के पुरुष बँटवारा करने में फुर्ती दिखाते हैं ताकि उनकी जमीनें न छिन जाएँ। औपचारिक बँटवारे के साथ ही वास्तविक बँटवारा भी हो जाता है, कम-से-कम संयुक्त परिवार के एक उत्पादक इकाई होने के मामले में। लेकिन कई मामलों में बड़ा परिवार समूह छोटे परिवार समूह से कहीं दक्ष उत्पादक इकाई सिद्ध होता है। खासकर वहाँ—जहाँ लगातार काम करने की जरूरत होती है, जैसे कि फसल पकते समय जब उसकी पशुओं और चोरों से रखवाली जरूरी होती है या फसल की कटाई के दिनों में जब मजदूर जुटाकर उनसे तेजी से काम करवाना होता है। छोटे संयुक्त परिवार की तुलना में बड़ा संयुक्त परिवार औजारों और पशुओं के लिए पूँजी सुविधा से जुटा पाता है। इस प्रकार भूमि-सुधार का एक अनदेखा लेकिन अवश्यम्भावी पक्ष अपेक्षाकृत छोटे परिवारों की तरफ धकेलना और परिणामस्वरूप कृषि दक्षता में कुछ कमी है। यह प्रभाव हो सकता है एक छोटी समयावधि के लिए ही हो और अन्ततः छोटा परिवार अधिक दक्ष उत्पादक इकाई साबित हो; लेकिन विस्तृत सांख्यिकीय सूचना के आधार पर इस समस्या का गहराई से अध्ययन होना ही चाहिए।

जाति-व्यवस्था का गहरा सम्बन्ध गाँव के आर्थिक तन्त्र से है। गाँवों में जातियों के सम्बन्धों की शास्त्रीय व्यवस्था, जजमानी प्रथा में गैर-खेतिहर जातियाँ खेतिहरों को विशिष्ट सेवाएँ उपलब्ध करवातीं और बदले में अनाज पातीं। आर्थिक अन्तर्निर्भरता सामाजिक और धार्मिक—प्रारूपों द्वारा कड़ाई से नियन्त्रित रहती है, यह प्रारूप कई मामलों में जाति समूहों को अलग-अलग रखते हैं और कई अन्य मामलों में संवाद और लेन-देन को जरूरी बनाते हैं। कई गाँवों में जाति वरीयताक्रम और आर्थिक स्तर गहरे जुड़े थे और अब भी जुड़े हैं। ब्राह्मण मजदूरों यहाँ तक कि भिखारियों और नीची जाति के महाराजाओं के अनेक उदाहरणों के बावजूद सच्चाई यह है कि गाँव में ऊँची जातियों

के परिवारों के रहन-सहन और खान-पान का स्तर साधारण रूप से ऊँचा ही रहता है। जाति वरीयताक्रम आनुष्ठानिक प्रतीकों में विशेष रूप से झलकता है : आर्थिक रूप से मजबूत समूह क्रम-परम्परा में अपनी वरीयता बढ़ाने के लिए आनुष्ठानिक प्रमाण-चिह्न प्राप्त कर सकता है। करीब दो हजार साल से चली आ रही जाति-व्यवस्था वैसी कड़ी नहीं थी जैसी वह कही जाती है।

यातायात और संचार के क्षेत्रों में, पाश्चात्य शिक्षा के प्रसार में पेट भरने के लिए खेती की जगह नकदी फसलों की खेती के रूप में सामने आए पिछली सदी के विकास कार्यक्रमों के परिणामों का प्रभाव गाँवों में जाति-सम्बन्धों पर पड़ा है। लेकिन आनुष्ठानिक वरीयता-क्रम के मापदंड बहुत नहीं बदले—मांसाहार और नीचे गिने जानेवाले काम आज भी निचले वर्गों की लज्जा हैं—और आनुष्ठानिक वरीयता-क्रम आज भी गाँव का महत्त्वपूर्ण सरोकार है। दूसरी जातियों के साथ खाने-पीने पर प्रतिबन्ध ढीले हुए हैं लेकिन रोटी-बेटी के सम्बन्ध पर प्रतिबन्ध बरकरार है।

नए आर्थिक कार्यक्रमों के प्रभावी होने के साथ-साथ अक्सर ग्रामीणों के बीच आर्थिक विषमताएँ कुछ समतल होती दिखती हैं। हाल ही में सुविधा पाई कम ऊँची जातियाँ ऊँचे आनुष्ठानिक क्रम प्राप्त करने के प्रयास करती हैं और अपनी जाति के लिए आर्थिक और आनुष्ठानिक विशेषाधिकार प्राप्त करने के लिए अपने नए राजनीतिक अधिकारों का प्रयोग तक कर सकती हैं। कुछ क्षेत्र, जैसेकि मलाबार, में किसी जाति-विशेष का सामाजिक क्षितिज कल तक आसपास के गाँवों के अपने जाति-भाइयों तक ही सीमित था। अब वे जातियाँ व्यापार संघों की तरह संगठित हैं—उनके घोषित उद्देश्य हैं और औपचारिक पदाधिकारी भी।

अपेक्षाकृत नए विकास कार्यक्रमों के समताकारी प्रभावों के एक अपवाद की तरफ ध्यान दिया जाना जरूरी है। अन्त्यजों को, जो मुख्यतः भूमिहीन मजदूर होते हैं, अक्सर सिंचाई परियोजनाओं और चकबन्दी से कुछ नहीं मिल पाता। उनके पास कुछ नहीं होता, कुछ भी नहीं, जिसे सुधारा जा सके, आर्थिक शुरुआत कर पाने का कोई साधन नहीं ! और इसलिए वे आर्थिक और सामाजिक रूप से पिछड़े रह जाते हैं। अक्सर होता यह है कि विकास योजनाओं के कारण उनके और बाकी ग्रामीणों के बीच खाई कम होने की जगह चौड़ी होती चली जाती है।

जाति के बदलते रूप का प्रभाव गाँव के सामाजिक संगठन और कृषि उत्पादन पर पड़ता है। सामाजिक और आर्थिक तन्त्र कई सदियों तक अपेक्षाकृत स्थिर रहे तो कुछ हद तक इसलिए कि दोनों एक-दूसरे को मजबूत बनाते थे। अब जबकि दोनों में सुधार आ रहे हैं, एक-दूसरे से गहरे गुँथे होने के कारण एक में आए परिवर्तन दूसरे में परिवर्तनों के आने के क्रम को गति प्रदान करेंगे। इस तरह जजमानी के व्यक्तिगत, परम्परागत, आदान-प्रदान सम्बन्धों की जगह करार के, अवैयक्तिक, आर्थिक सम्बन्ध ले रहे हैं। कई काश्तकार जो आकस्मिक जरूरत आ पड़ने पर दूसरी जाति के अपने परम्परागत सहयोगियों से सहायता ले पाते थे अब नकद पैसा हाथ में होने पर ही मजदूर रख सकते

हैं। यह प्रक्रम सुपरिचित है और भारत में एक सदी से चल रहा है। लेकिन हाल के सालों में इस परिवर्तन का पूरा प्रभाव व्यापक रूप से अनुभव किया जा रहा है।

अन्त्यजों पर एक प्रभाव यह पड़ा है कि वे ऊँची जाति के सम्पन्न ग्रामीणों से, जिन पर वे संकट की घड़ी में निर्भर हो सकते थे, कट गए हैं। उनके 'अन्नदाता' भले ही उन्हें जिन्दा रखने से ज्यादा कुछ न करते रहे हों लेकिन वे अक्सर उन्हें भूखों भी नहीं मरने देते थे और ऊँची जातियों के उत्सवों-समारोहों में उनका भी भाग रहता था। अब अन्त्यजों को ऐसा कोई सहारा नहीं रह गया और सामूहिक शक्ति के लिए वे एक-दूसरे का ही सहारा ले सकते हैं। इस शक्ति का गठन शुरू होने लगा है, अकिंचनों और दूर-दराज के लोगों द्वारा नहीं, उनके द्वारा जिन्होंने गाँव के बाहर की दुनिया देख ली है और उस अनुभव से प्रेरणा और भौतिक सुविधाएँ पाई हैं।

जब गाँव की जातियों के अधिकार और दायित्व छूटने लगते हैं तो पूरा गाँव उस आनुष्ठानिक व्यवस्था से दूर जाने लगता है जिसके अन्तर्गत यह पारस्परिक प्रारूप संगठित और मजबूत होते हैं। परम्परागत जाति-व्यवस्था में श्रम विभाजन का प्रावधान है, परम्परागत जाति-व्यवस्था तय करती है कि विभिन्न विभाग कब और कैसे सहयोग करेंगे और पुरस्कृत होंगे। धार्मिक तत्त्वावधान में आर्थिक सहयोग की व्यवस्था के ढीले पड़ने से अक्सर शुद्ध आर्थिक या राजनीतिक तत्त्वावधान में गाँव में सहयोग की उतनी ही प्रभावी योजना उपलब्ध नहीं हो पाती, और इसके कारण कृषि उत्पादन घट सकता है। इसका अर्थ यह नहीं कि वे गाँव जहाँ पुरानी आनुष्ठानिक व्यवस्था का अक्षरशः पालन किया जाता है वह आर्थिक रूप से बहुत दक्ष हैं। वहाँ संक्रान्तिकाल की कठिनाइयाँ शायद कुछ देर से आएँगी, वे टली नहीं हैं। यह सब यह इंगित करने के लिए है कि सामाजिक और आनुष्ठानिक शक्तियाँ विकास योजनाओं के खाके में न भी दिखें तो भी योजना के परिपक्व होने पर वे फूटकर सामने आ सकती हैं।

केन्द्रीय और राज्य प्रशासनों की सरकारी एजेंसियों ने गाँव में एक ऐसे नए सामाजिक संगठन के विकास को प्रोत्साहित करने का प्रयास किया है जो आधुनिक समस्याओं का सामना कर सके और पुरानी व्यवस्था से किसी नए प्रक्रम में पहुँच पाए। कुछ प्रान्तों में कानून पास किए गए हैं और गाँव की पंचायतों के गठन और संचालन के लिए धन उपलब्ध कराया गया है। ये पंचायतें नाम भर के लिए ही पंचायत हैं जो सदियों से गाँवों में विवादों का निपटारा करती आ रही हैं। संरचना और कार्यकलाप की दृष्टि से ये पंचायतों से खासी भिन्न हैं। नई पंचायत के सदस्यों को चुनाव लड़ना होता है, उन्हें चुना जाना होता है; पुरानी पंचायत में सदस्य सर्वमान्य होने के कारण स्थान पाते थे और दावे पेश करने पर सम्मान खो बैठते थे। पुरानी पंचायतें एकतरफा संरक्षणकारी संस्थाएँ थीं जिनका प्रमुख कार्य गाँव में विवाद की स्थिति को सुलटाना था। नई पंचायतों से एकता के संरक्षण की जगह परिवर्तनकामी संगठक संस्था बनने की आशा की जाती है।

जहाँ भी उन्हें स्थापित किया गया है, नई पंचायतों की शुरुआत डगमगाती सी हुई

है, उनमें गाँव को धड़ेबन्दी का अखाड़ा बनने की प्रवृत्ति है, धड़ेबन्दी बहुत समय से गाँवों में संयुक्त कार्यवाही के रास्ते का रोड़ा रही है। परम्परागत आनुष्ठानिक व्यवस्था, साझे आनुष्ठानिक उद्देश्यों की प्राप्ति के लिए आवश्यक सहयोग के माध्यम से धड़ेबन्दियों से उबरने के अवसर उपलब्ध कराती है, पुरानी आनुष्ठानिक व्यवस्था के बीत जाने के बाद, धड़ेबन्दी के कारण अलग हो गए लोगों के फिर से मिलने के अवसर कम हुए हैं। और गाँव के चुनाव हर विरोधी और असहयोगी धड़े को पुख्ता करने के अवसर मात्र बन सकते हैं। कुछ गाँवों में पंचायत धड़ेबन्दी का मंच कम और आनेवाले अधिकारियों को सन्तुष्ट करने के लिए खड़ा किया गया ढाँचा ज्यादा है। ऐसे गाँवों में पुरानी पंचायत पहले की ही तरह काम करती रहती है।

लेकिन एक सामाजिक स्वरूप के रूप में, कई ग्रामीण इसे नए आर्थिक और तकनीकी प्रभावों—जैसे सिंचाई का पानी और उर्वरक हासिल करना—से निपट पाने के लिए नाकाफी मानते हैं; और यह प्रभाव सुदूर गाँवों तक पहुँचते हैं। इसलिए आज भारतीय गाँवों में परम्परागत स्वरूपों और व्यवस्थाओं के बदलने का व्यापक प्रक्रम चल रहा है। नए स्वरूप भले ही वे न हों जो संविधान निर्माताओं और योजनाकारों ने प्रस्तावित किए हैं लेकिन, वे पुरानी सामाजिक व्यवस्था का नया संस्करण मात्र भी नहीं हैं। तकनीकी परिवर्तनों ने सामाजिक परिवर्तन का चक्का चला दिया है और लगता है कि सामाजिक संक्रान्ति के दौरान होनेवाले आर्थिक हानि, इस मोड़ पर, तकनीकी बदलाव से आनेवाले आर्थिक लाभों के लिए खतरा बन सकती है।

जैसे-जैसे भारतीय गाँवों की नृतत्वशास्त्रीय रपटें सामने आएँगी, हम नियोजित तकनीकी परिवर्तनों के सामाजिक परिणामों के प्रमुख विचरणों, ग्रामीणों को उपलब्ध सामाजिक विकल्प और उन्हें किसी विशेष सामाजिक स्वरूप को अपनाने को बाध्य करने वाले आन्तरिक और बाह्य दबावों को और स्पष्टता से बता पाएँगे।

मैसूर के एक गाँव का सामाजिक ढाँचा*

एम.एन. श्रीनिवास

भारत में करीब 5,60,000 गाँव हैं, और इसकी 35.7 करोड़ जनसंख्या का बहुत बड़ा हिस्सा इन्हीं गाँवों में रहता है जहाँ परम्परागत जीवनशैली अब भी बनी रही है। लेकिन गाँव तेजी से बदलने लगे हैं और बदलाव की यह रफ्तार कम होने के बजाय बढ़ेगी ही, इस वजह से हमारे देश के अलग-अलग भाषाई इलाकों के लाक्षणिक गाँवों का अध्ययन एक तात्कालिक आवश्यकता बन गया है। अगर हम तथ्यों को अभी जमा न कर लें तो वह सदा के लिए खो जाएँगे।

शुरू के समाजशास्त्रीय साहित्य में भारतीय ग्राम समुदाय प्रमुखता से उभरा है। सर हेनरी मेन ने सम्पत्ति के आदिम साम्यवाद के सिद्धान्त को आधार बनाकर भारतीय ग्राम समुदाय को बहुत प्रमुखता दी। उत्तर भारत के कुछ हिस्सों में पाए जानेवाले एक विशिष्ट किस्म के ग्राम समुदाय पर अपने सिद्धान्त आधारित करके उन्होंने तर्क दिया कि मूलतः भूमि यानी सम्पत्ति कुटुम्ब समूहों की साझी होती थी और मानव समाजों के इतिहास में भूमि का व्यक्तिगत स्वामित्व काफी बाद की घटना है। उन्नीसवीं सदी के उत्तरार्द्ध में सामाजिक संस्थानों के इतिहास की पुनर्रचना का फैशन था। सामाजिक नृवंशशास्त्र या तुलनात्मक समाजशास्त्र आज एक अधिक प्रौढ़ विषय है और इसका परिणाम यह है कि आज सामाजिक नृवंशशास्त्री अपने विक्टोरियन पूर्वगामियों से कहीं कम बड़बोले हैं। वे या तो किसी ऐसे छोटे से समाज के संरचनात्मक लक्षणों का वर्णन करने का प्रयास करते हैं जिनका उन्होंने दो या तीन वर्ष तक गहन अध्ययन किया होता है या पड़ोसी समाजों के एक से संस्थानों की तुलना करते हैं।

मैसूर के ग्राम समुदाय रामपुरा का वर्णन शुरू करने से पहले हम भारत भर के ग्राम समुदायों के बारे में एक-दो सामान्य बातें जान लें। मेन जैसे पहले के लेखकों ने भारत में दो प्रकार के गाँवों के बीच अन्तर स्पष्ट किया है—संयुक्त और व्यक्तिगत। पहले किस्म का गाँव उत्तर-पश्चिमी सीमान्त प्रान्त, पंजाब और संयुक्त प्रान्त में पाया जाता है, दूसरे किस्म का मध्य और दक्षिणी भारत में, 1793 के स्थायी बन्दोबस्त से

* मैकृकिम मैरियट द्वारा सम्पादित 'विलेज इंडिया' (शिकागो, 1955) में लेखक का बाद का लेख 'द सोशल सिस्टम ऑफ ए मैसूर विलेज, देखें।

पहले बंगाल और बिहार में भी इस किस्म के गाँव होते थे। 'संयुक्त' गाँव को भी पट्टीदारी और जमींदारी किस्म के गाँवों में बाँटा जा सकता है, इन दोनों ही पद्धतियों में गाँव की भूमि एक संगठित स्वामित्व समूह की संयुक्त सम्पत्ति होती है। लेकिन पट्टीदारी पद्धति में जहाँ कृषि भूमि में स्वामित्व समूह के घटक संयुक्त परिवारों के अलग-अलग हिस्से होते हैं और गोचर और बंजर भूमि साझी होती हैं, वहाँ जमींदारी पद्धति में सारी भूमि का स्वामित्व और प्रबन्धन साझा रहता है। जमींदारी पद्धति में, किराएदार, पूरे स्वामित्व समूह के किराएदार होते हैं, किराया और बाकी उगाहियाँ एक साझे कोष में जमा होती हैं जिसमें से साझे खर्चे किए जाते हैं; वार्षिक लाभ हिस्सेदारी के अनुपात में, हिस्सेदारों के बीच बँट जाता है। 'संयुक्त' गाँव में दो तरह के लोग होते हैं, एक स्वामित्व के अधिकारवाले, जिनके पास पूरी सत्ता रहती है; और दूसरे बिना स्वामित्व के अधिकारवाले।

'व्यक्तिगत' या रैय्यतवारी गाँव में (जिस भारत के अधिकांश भागों में बाहुल्य है) भूराजस्व की इकाई गाँव नहीं, हर भूस्वामी की भूमि है जिसको अलग-अलग आँका जाता है और अपना-अपना राजस्व चुकाना हर भूस्वामी की व्यक्तिगत जिम्मेदारी है। साझी बंजर भूमि नहीं होती जिसे जरूरत पड़ने पर खेती के लिए बाँट लिया जाए, हालाँकि बंजर भूमि पर चराई और ईंधन जमा करने के साझे अधिकार हो सकते हैं।

पूरे भारत के ग्राम समुदाय का एक लक्षण पंचायत है जो गाँव के लोगों के बीच विवाद सुलझाने और साझा हितों के मामले जैसे उत्सव मनाना या मन्दिर या सड़क बनवाने जैसे मामलों पर विचार-विमर्श करती हैं।

अगर हम पिछले डेढ़ सौ वर्षों में संचार के क्षेत्र में हुए विकासों और प्रशासनिक केन्द्रीकरण में हुई बढ़ोतरी को क्षण-भर के लिए भूल जाएँ तो ग्राम समुदाय की प्रकृति और अच्छी तरह समझी जा सकती है। यह होने से पहले ग्राम समुदाय आज की अपेक्षा कहीं अलग-थलग होते थे। कल्पना की जा सकती है कि किसी व्यक्ति के प्रभावी सम्पर्क और सम्बन्ध उसके अपने गाँव से कुछ ही मील के दायरे तक रहते थे। दूर की तीर्थयात्रा या पशु मेले तक सफर ही शायद वह मौके होते होंगे जब कोई अपने सामान्य सम्पर्कों के दायरे से परे जाता था। और तब भी उसके दोस्त और रिश्तेदार साथ रहते थे। रिश्तेदारों और दोस्तों के समूह खासी दूर अकाल, युद्ध या दूसरे मतावलम्बी शासक द्वारा उत्पीड़न जैसे मजबूर कर देनेवाले कारणों से ही जाते थे।

इन गाँवों के सम्पर्क में आनेवाली सबसे ऊँची राजनीतिक सत्ता राजस्व वसूलनेवाला तन्त्र था। गाँव अपने कर देता रहे और कोई बड़े अपराध न हों तो उसे अपने तरीके से चलने दिया जाता था। गाँव के वंश-परम्परा से चलनेवाले मुखिया और भूलेखाकार, (जो प्राथमिक रूप से ग्राम समुदाय के ऐसे सदस्य होते हैं जो सरकार के लिए कुछ निश्चित काम कर रहे होते हैं) को छोड़ दें तो सरकार के कर्मचारी शायद ही कभी गाँव में आते हों। रामपुरा के बूढ़ों ने मुझे बताया कि पचास साल पहले तक गाँव में किसी पुलिस के सिपाही का दिखना अचम्भे की बात थी, मैसूर राज की राजधानी से सिर्फ

बाईस मील की दूरी पर बसा यह गाँव बस सड़क पर है। पहले हर गाँव के अपने रखवाले-पहरेदार होते थे, कई गाँवों में आज भी यह चल रहा है।

इन ग्राम समुदायों के अलगाव और स्थिरता से कोई भी प्रभावित हुए बिना नहीं रह सकता। ब्रिटिश शासनकाल के कुछ शुरुआती प्रशासकों ने ग्राम समुदाय के बारे में अपने विचार हमारे लिए छोड़े हैं। 1832 में सर चार्ल्स मेटकाफ ने लिखा, ''ग्राम समुदाय छोटे-मोटे गणराज्य हैं जिनमें उनकी जरूरत भर की लगभग सभी चीजें हैं और जो विदेश-सम्बन्धों से लगभग मुक्त हैं। जहाँ कुछ नहीं टिकता वहाँ ये बने रह जाते हैं। राजवंशों का एक के बाद एक पतन होता है; क्रान्ति पर क्रान्ति होती है,...लेकिन ग्राम समुदाय वही रहता है।...मैं समझता हूँ कि ग्राम समुदायों के इस संगठन का, जिसमें हर गाँव, अपने आप में एक छोटा राज्य है; तमाम क्रान्तियों और बदलावों के बीच, भारतीय जनों के संरक्षण में बाकी सभी उद्देश्यों से अधिक योगदान रहा है और उनके सुख और बड़ी हद तक आजादी और स्वतन्त्रता के उपभोग के लिए मुफीद रहा है।''[1]

बंगाल, असम, गुजरात के कुछ भागों और दक्षिणी भारत के पश्चिमी तट को छोड़कर पूरे भारत में गाँव, मकानों और झोंपड़ों का ऐसा समूह है जिसके चारों तरफ खेत बिखरे रहते हैं। तंग, असमतल, टेढ़ी-मेढ़ी गलियाँ छप्पर से छाए या स्थानीय कुम्हार की बनाई खपरैल की छतोंवाले घरों के बीच से गुजरती हैं। गाँव एक बहुत सीमित क्षेत्र में होता है–रामपुरा अपेक्षाकृत बड़ा गाँव है जिसमें 1523 लोग हैं, लेकिन आप आधे घंटे में गाँव का चक्कर लगा सकते हैं।

हर ग्रामीण गाँव के ज्यादातर बाकी लोगों को जानता है। हर कोई किसी एक जाति का होता है, एक संयुक्त परिवार और कई संयुक्त परिवारों को मिलाकर बने कुटुम्ब समूह का सदस्य होता है। किसी की विचित्र आदतें सार्वजनिक सम्पत्ति होती हैं। वयस्क लोग गाँव के लगभग हर संयुक्त परिवार का 'इतिहास' जानते हैं। दो लोगों के सम्बन्ध उनके माता-पिता के सम्बन्धों का सहज फल होते हैं, और इससे उनके बच्चों के सम्बन्ध बनते हैं। कभी-कभी ऐसे उदाहरण भी देखने को मिलते हैं जहाँ दो संयुक्त परिवारों के बीच अतीत में रहा द्वेष उनके वर्तमान प्रतिनिधियों को एक बन्धन में बाँधता है।

गाँव का मुखिया पटेल और भूलेखाकार शानभोग समुदाय के महत्त्वपूर्ण सदस्य हैं। दोनों गाँव के ही होते हैं और उनका पद वंश-परम्परा से होता है। मुखिया अक्सर अब्राह्मण होता है जबकि भूलेखाकार ब्राह्मण ही हो सकता है। मुखिया गाँव में सरकार का, और सरकार के सामने गाँव का प्रतिनिधि होता है। यह दोहरा पदभार उसे सबसे सम्मान दिलवाता है, वह अपरिहार्य बिचौलिया है। सरकार उसे उस व्यक्ति के रूप में देखती है जिसे गाँव के लिए जिम्मेदार ठहराया जा सकता है तो गाँव के लोग उसे अपना प्रवक्ता मानते हैं। हाल ही तक, गाँव के लोग सरकार के प्रति एक आदरपूर्ण आतंक का भाव रखते थे। किसी ऊँचे अधिकारी के गाँव में आने पर सबसे हिम्मतवाले लोग

---

1. रिपोर्ट ऑफ द सेलेक्ट कमिटी ऑफ द हाउस ऑफ कॉमंस, 1832, खंड-III, अपेंडिक्स, 84, पृ. 331

ही गाँव में रुकते थे—शायद उनका आना गाँव में किसी गम्भीर गड़बड़ी से ही जुड़ा होता था। इन तथ्यों को ध्यान में रखकर ही प्रवक्ता की आवश्यकता समझी जा सकती है।

भूलेखाकार हर परिवार या संयुक्त परिवार के मुखिया की जमीन और उसके लगान का लेखा-जोखा रखता है। फसल कटने से ठीक पहले भूलेखाकार सरकार को फसल की स्थिति की रपट देता है—यह रपट अक्सर यूँ होती है, 'इस साल फसल रुपए में आठ आना भर होगी।' किसी ऊँचे अधिकारी द्वारा भूलेखाकार के अन्दाजे की जाँच कर लेने के बाद सरकारी कर निर्धारण इस अन्दाजे के मुताबिक ठीक कर लिया जाएगा।

गाँव कई मायनों में एक एकता है। सबसे पहले तो यह एक भौतिक एकता है। अगर बारिश न आए तो उसका असर सभी पर पड़नेवाला है। पहले हैजा, प्लेग या चेचक का प्रकोप होने पर पूरा गाँव एक होकर दूसरी जगह चला जाता था (वर्तमान रामपुरा गाँव कुल पचहत्तर साल पुराना है, पुराना ठिकाना मलेरिया की महामारी के दौरान छोड़ दिया गया था) इन रोगों के अधिष्ठाता देवी-देवताओं की तुष्टि करने के लिए सब एकजुट होते थे। रोग को आनुष्ठानिक रूप से गाँव से बाहर कर दिया जाता था—गाँव की चारदीवारी का एक विशेष आनुष्ठानिक महत्त्व है।

गाँव की यह आनुष्ठानिक एकता महत्त्वपूर्ण है। 1948 की गर्मियों की शुरुआत में लम्बा सूखा पड़ा जिसका दुष्प्रभाव कुलत्थ, उड़द, मूँग जैसी गर्मियों की फसलों पर पड़ा। गाँव के लोगों को लगा कि यह देवताओं का प्रकोप है। कुछ लोगों ने सूखे का कारण गाँव के बसव मन्दिर के बूढ़े-विधुर पुजारी का दो औरतों के साथ बिना विवाह किए रहना माना। बरसात न होने के और भी कारण हो सकते हैं—कोढ़ी के शव को दफनाने से धरतीमाता (भूमिताइ) अशुद्ध होती है और फिर सूखा पड़ता है। कोढ़ी के शव को जलाया या नदी में बहाया जाना चाहिए।

मेरे वहाँ निवास के दौरान गाँव की एकता का एक अद्भुत प्रदर्शन हुआ। सरकार ने अचानक एक आदेश जारी किया कि राज्य-भर के तालों में मछली मारने के अधिकारों की अब नीलामी होगी। आदेश की जानकारी मिलने पर रामपुरा के लोगों की स्वतःस्फूर्त प्रतिक्रिया थी—'हमारे ताल में मछली पकड़ने के अधिकार नीलाम करनेवाली सरकार कौन होती है ?' उनके हिसाब से सरकार उनके अधिकारों का अतिक्रमण कर रही थी (यहाँ यह बताना जरूरी है कि रामपुरा में हर साल गर्मियों में जब ताल में पानी कम हो जाता है तो गाँव का पटेल और बड़े-बूढ़े एक मछलीमार अभियान का आयोजन करते हैं। चाँदनी रात में गाँव के सब वयस्क टोकरियाँ लेकर मछली पकड़ने निकलते हैं। अगली सुबह हर घर में दावत पकती है)। गाँव के लोगों ने ऐसा इन्तजाम किया कि नीलामीवाले दिन गाँव का या आसपास के गाँवों का कोई भी, बोली लगाने नहीं आया। नीलामी के लिए आया सरकारी अफसर खाली हाथ लौट गया।

यह एकता तब भी दिखती है जब गाँववाले अपनी तुलना दूसरों से करते हैं। रामपुरा के लोग खुद को बिहल्ली के लोगों से ज्यादा सुसंस्कृत मानते हैं। वे यह तो

स्वीकार करते हैं कि केरे के लोग हमसे ज्यादा पढ़े-लिखे हैं, लेकिन साथ ही यह भी कहते हैं कि वे लड़ाकू हैं और रचनात्मक कामों में एक-दूसरे से सहयोग नहीं करते। दूसरी ओर, केरे के लोग खुद को आधुनिक और रामपुरावालों को पिछड़े मानते हैं। अपने गाँव पर गर्व करना सामान्य है हालाँकि इससे वस्तुनिष्ठता में बाधा नहीं पड़ती।

कभी-कभी हम दो गाँवों को लड़ते पाते हैं। रामपुरा से दो फर्लांग की दूरी पर मडेश्वर (शिव का एक स्वरूप) का मन्दिर है, हर साल कार्तिक (अक्तूबर-नवम्बर) के महीने में इस देवता का पर्व मनाया जाता है। आसपास के बीस मील के दायरे के गाँवों के लोग इस उत्सव में आते हैं। आसपास के गाँवों के भक्तों की टोलियाँ देवता की मूर्ति को उठाकर मन्दिर की परिक्रमा करती हैं। हर टोली के तीन बार परिक्रमा करने का रिवाज है। 1957 में, केरे की टोली ने दूसरी परिक्रमा पूरी की ही थी कि बिहल्ली की टोली ने उसे रोक दिया। केरेवालों ने कहा कि वे तीन परिक्रमा करना चाहते हैं। बिहल्लीवालों का तर्क था कि बहुत से लोग अपनी बारी का इन्तजार कर रहे हैं। इसलिए तीन परिक्रमाएँ नहीं लगाई जा सकतीं। झगड़ा बढ़ा और केरे का एक युवक घायल हो गया। केरे के लोग इकट्ठे होकर झगड़े के इरादे से रामपुरा की तरफ बढ़ने लगे। आखिर पुलिस ने हस्तक्षेप किया, हवा में कुछ राउंड गोलियाँ चलाईं और यूँ झगड़े को गम्भीर होने से रोक पाए।

उत्सव खत्म हो जाने के बाद बिहल्ली के लोग परेशान होने लगे, उन्हें पता था कि केरे के लोग बदला लेने की कोशिश करेंगे। इसलिए वे समझौता करना चाहते थे। उन्होंने अपनी इच्छा रामपुरा और होगूर के पटेलों को बताई, होगूर में विवाद सुलझानेवाली एक महत्त्वपूर्ण पंचायत (इस लेख में बताई गई पंचायतें परम्परागत और अनाधिकारिक हैं) है। केरेवालों को एक निश्चित दिन पर होगूर की पंचायत में पेश होने को बुलाया गया, उन्होंने इस अनुरोध को ठुकरा दिया। केरे की पंचायत भी होगूर की पंचायत के ही स्तर की है इसलिए केरेवालों को लगा कि होगूर में बुलाए जाना उनका अपमान है। आखिर यह तय हुआ कि दोनों पक्ष मडेश्वर मन्दिर में ही मिलें। आखिर सभा बैठी और युद्ध ने कानूनी मोड़ ले लिया। तय पाया गया कि बिहल्लीवालों ने बहुत गलती की है। उन्होंने बेदिली से जुर्माना चुकाया और गाँव लौटकर झगड़ा करनेवाले सभी युवकों पर भारी जुर्माने किए। केरे और बिहल्ली में डौंडी पीटकर लोगों को झगड़ा खत्म होने की सूचना दी गई, साथ ही कड़ी चेतावनी भी दी गई कि फैसला न माननेवाले से गाँव की पंचायत कड़ाई से पेश आएगी।

गाँव की एकता के कई पक्षों को दिखाने के प्रसंग में मैंने काफी कह दिया है। उनकी जाति जो भी हो गाँव के ज्यादातर लोग, कई सन्दर्भों में खुद को गाँववाले मानते हैं। रामपुरा में सत्रह उपजातियाँ हैं। हर उपजाति की पास के गाँव की अपनी उप-जाति से मजबूत सम्बन्धों की विशिष्ट परम्परा रही है। यानी, गाँव कई जातियों की लम्बवत् एकता है जबकि जाति एक क्षैतिज एकता है जिसके सूत्र गाँव से परे तक जाते हैं।

जाति-प्रथा का एक पक्ष ऐसा है जिस पर समुचित बल नहीं दिया जाता। गाँव की

सभी विभिन्न जातियाँ अन्तर्निर्भर हैं। यह रोजमर्रा के जीवन में दिखाई देती है और आनुष्ठानिक और अन्य महत्त्वपूर्ण अवसरों पर उभरकर सामने आती है। उदाहरण के लिए, कोई भी गाँववाला बता देगा कि किसी किसान की शादी में सभी जातियों को सहयोग करना होता है। ब्राह्मण पुरोहिताई करता है, बढ़ई पंडाल लगाता है, सुनार गहने गढ़ता है, कुम्हार बर्तन बनाता है, धोबी दूल्हा-दुल्हन के रास्ते में बिछाने के लिए साफ-सुथरे कपड़े देता है, नाई दूल्हे की हजामत बनाता है, तेली दीयों और खाना पकाने के लिए तेल देता है, गड़रिया दूल्हा-दुल्हन की कलाइयों पर बाँधे जानेवाले रक्षासूत्र के लिए ऊन देता है, बनजिगा (व्यापारी) रसद देते हैं, मेडा (टोकरी बुननेवाले) टोकरियाँ देते हैं और होलेया (अछूत) छोटे-मोटे काम करता है और दूल्हे के लिए चप्पल देता है।

बढ़ई (यहाँ यह याद रखा जाना जरूरी है कि वह बढ़इयों और लोहारों की जाति का है) किसानों के हल बनाता है, उनके खेती के औजारों का रखरखाव करना उसका दायित्व है। चावल की कटाई के समय उसके सब जजमान उसे धान और भूसे का एक निश्चित हिस्सा देते हैं। गर्मी की फसलों में भी, छोटा सा ही सही, उसका हिस्सा रहता है। इसी तरह धोबी भी गाँव के हर परिवार के कपड़े धोता है। उसके परिवार के पुरुष पुरुषों के और स्त्रियाँ स्त्रियों के कपड़े धोती हैं क्योंकि पुरुष स्त्रियों के कपड़े धोना नीचा काम मानते हैं। आनुष्ठानिक अवसरों पर धोबी की भी विशेष सुविधाएँ और दायित्व होते हैं। उसके सभी जजमान परिवार धान की फसल में उसे हिस्सा देते हैं। यही स्थिति नाई और कुम्हार की है।

इन जजमानी सम्बन्धों में तेली शामिल नहीं हैं। रामपुरा के तीन महत्त्वपूर्ण मन्दिरों के ब्राह्मण और लिंगायत (दक्षिण का एक ब्राह्मणेतर, शैव सम्प्रदाय) पुजारियों को भी वार्षिक रूप से थोड़ा सा धान और भूसा मिलता है। वैसे तो हर मन्दिर के अपने खेत हैं जिनका उपभोग पुजारी परिवार करता है लेकिन कहा जाता है कि उन्हें दिया जानेवाला धान और भूसा देवताओं को रोज चढ़ाए जानेवाले भात के प्रसाद के लिए है।

पहले रामपुरा में एक ऊँची जाति के परिवार और एक अछूत परिवार के स्वामी-दास सम्बन्ध से जुड़े होने का रिवाज था। दास, स्वामी का हलेमगा (बूढ़ा बेटा) कहलाता था। सामाजिक और आनुष्ठानिक अवसरों पर दास परिवार के कई दायित्व होते थे, उदाहरण के लिए, स्वामी के परिवार में विवाह के समय दास को दूल्हे को चप्पलों का जोड़ा भेंट करना होता था। दास परिवार को फसल कटाई के समय धान और भूसे में से हिस्सा मिलता था इसके अलावा स्वामी के घर के गाय-बैल के मरने पर उसके शव पर दास का अधिकार होता था।

आजकल अछूत ऐसे तमाम कामों को करने से इनकार करने लगे हैं, जो नीचे माने जाते हैं। लेकिन ऊँची जातिवाले चाहते हैं कि वे उन कामों को करते रहें, इससे टकराव की स्थिति आती है।

ऐसा लगता है कि पहले वरीयताक्रम में बहुत निचली स्थितिवाली पूरी उपजातियाँ, अपेक्षाकृत ऊँची स्थितिवाली उपजातियों की हलेमगा होती थीं। इसलिए हम ऊँची जाति

के किसी आदमी को यह कहते सुन सकते हैं कि 'पहले फलाँ उपजाति हमारे हलेमगा थे, अब ऐसा नहीं है।' कभी-कभी ऐसे सम्बन्ध नाममात्र के होते थे, जैसेकि जब गरुडिगा (बाजीगरों और नटों की जाति) जैसी घुमन्तू उपजाति किसी गाँव की किसी भी उपजाति के हलेमगा हों। गरुडिगा इस गाँव में साल में सिर्फ एक ही बार भी आ सकते हैं। कभी-कभी कोई व्यक्ति अपनी उपजाति को ऊँचा दिखाने के लिए अपने से ऊँची जाति के अपने हलेमगा होने का दावा कर सकता है।

स्वामी की भूमि पर खेती करनेवाले दासों को धान या धान-और-पैसे दिए जाते हैं और बँटाईदार अपने भूस्वामी को फसल का एक निश्चित हिस्सा देते हैं। अर्थतन्त्र में, धान एक बड़ी हद तक पैसे की जगह लिये हुए है और आज भी आपसी लेनदेन में चलता है। युद्ध के बाद के सालों में जब चावल की बहुत कमी रही कई पक्षों में विनिमय की भूमिका बढ़ी है। उदाहरण के लिए, सब्जी बेचनेवाले नकद पैसे के बजाय चावल ही लेते हैं) लेकिन अब पैसे का चलन बढ़ रहा है।

आज भी गाँव अधिकांशतः आत्मनिर्भर है। लेकिन आजकल गाँव से बाहर बनने या उगनेवाली चीजों की जरूरत होती है—कपड़े, नमक, चीनी, माचिस, मिट्टी का तेल, साबुन, चाय, कॉफी, बीड़ी, लालटेन, साइकिल और तिजोरियाँ ऐसे सामान हैं जो बाहर से आते हैं। एक आत्मनिर्भर अर्थतन्त्र तभी सम्भव है जब सभी जातियाँ अपने पारम्परिक पेशे अपना लें। पेशे एक-दूसरे के पूरक हैं। रामपुरा में यह आज भी बड़ी हद तक सच है, हालाँकि खेती हर जाति का मुख्य पेशा है या अपनी जाति के मुख्य पेशे के साथ-साथ लोग खेती भी करते हैं। किसान जाति के लोग खेती करते हैं, नाई बाल काटता है, धोबी कपड़े धोता है, कुम्हार बर्तन बनाता है, बनजिगा व्यापार करते हैं, गानिगा कोल्हू चलाते हैं और तेल बेचते हैं, बेस्था मछुआरे हैं, इडिगा अब ताड़ी निकालते तो नहीं, पर ताड़ी बेचते हैं, मेडा टोकरियाँ बुनते हैं और कोरमा सूअर पालते हैं। अछूत लोग मजदूर और दास हैं।

लेकिन ज्यादातर कुरुबा खेतिहर हैं हालाँकि उनका परम्परागत पेशा भेड़ पालना और ऊनी कम्बल बुनना है। रामपुरा में पिछले कुछ सालों में बाहर से आकर बसे कुछ मुस्लिम परिवार भी हैं जो व्यापारी और ठेकेदार हैं।

कुछ किसानों और एक लिंगायत ने परचून की दुकानें खोल ली हैं और एक कुम्हार और एक मछुआरा सिलाई का काम करते हैं। पुरोहित जातियाँ भी खेती करती हैं। लेकिन आज भी, अपनी जाति का पेशा अपनाना ही ठीक माना जाता है (लेकिन बहुत से युवा लोग जो स्कूल में पढ़े हैं और जिनका दृष्टिकोण शहराती है, इस बात को नहीं मानते)।

अपने पेशे से जुड़े औजारों और चीज-बस्तों के प्रति जाति में एक आनुष्ठानिक भाव होता है। हर साल गौरी के उत्सव पर, हर जाति अपने औजारों की पूजा करती है। किताबें विद्या की देवी सरस्वती से जुड़ी हैं और उनके प्रति सबके मन में आनुष्ठानिक सम्मान का भाव रहता है। दशहरे पर ब्राह्मण किताबों की पूजा करते हैं,

इस अवसर पर गाँव के स्कूल में सरस्वती की पूजा करने का चलन है।

सभी हिन्दू जातियों से मिलकर बना पूरा समुदाय धरती को धरती माता के दैवी रूप में मानता है, फसलें और गोबर सम्पत्ति की देवी लक्ष्मी का रूप माने जाते हैं। घर का दीया, अन्न का कोठार, अनाज का ढेर, अनाज मापने का बर्तन, सभी आनुष्ठानिक सम्मान के पात्र हैं।

गाँव की विभिन्न उपजातियाँ आर्थिक रूप से और वैसे भी, अन्तर्निर्भर हैं और कई सन्दर्भों में वे खुद को गाँव के लोग मानते हैं लेकिन इससे जातियों के बीच प्रतिद्वन्द्विता या द्वेष रुकते हों, ऐसा नहीं होता। जाति की एकजुटता का यह स्वाभाविक उप-परिणाम है। जातियों के बीच की प्रतिद्वन्द्विता दूसरी जातियों के रीति-रिवाजों और आदतों के बारे में मजाक और चुटकुलों में झलकती है। अपनी जाति के प्रति गर्व के साथ जुड़े हैं, दूसरी जातियों के रीति-रिवाजों के प्रति अज्ञान और यहाँ तक कि अवमानना। ऊँची जातियाँ खासतौर पर नीची जातियों के रीति-रिवाजों के प्रति अवमानना का भाव रखती हैं।

कभी-कभी उपजातियों के बीच झगड़े होते हैं। हाल ही में, रामपुरा के पास के गाँव में लिंगायतों और मछुआरों के बीच झगड़ा हुआ, दोनों ही जातियों में बहुत जातीय एकजुटता है।

कहा जाता है कि ऐसे भी गाँव हैं जहाँ किसी जाति की सीमा निर्धारित करने के लिए पत्थर गड़े हैं। सीमा का अतिक्रमण करनेवाले की पिटाई तक हो सकती है। यहाँ यह बताना जरूरी है कि कुटुम्ब, जाति और गाँव से परे भी एक एकजुटता होती है। गाँव की अलग-अलग उपजातियाँ दो खंडों में बँटी हैं, नाडु और देश। यह पता लगाना बहुत कठिन है कि कौन सी उपजाति नाडु में आती है और कौन सी देश में। एक स्पष्टीकरण यह है कि ब्राह्मण, क्षत्रिय और वोक्कलिग नाडु में आते हैं और शेट्टी (संस्कृत 'श्रेष्ठि' या 'निर्वाचित') नामधारी सभी जातियाँ देश में। इस तरह बनजिग, धोबी, कुम्हार, तेली, नाई, मछुआरे, बुनकर, टोकरियाँ बुननेवाले और सूअर पालनेवाले यानी सभी व्यवसायी और शिल्पकार जातियाँ देश में आती हैं। वोक्कलिगा या खेतिहर निश्चित ही नाडु में आते हैं लेकिन ब्राह्मणों और क्षत्रियों के बारे में ऐसा निश्चित रूप से नहीं कहा जा सकता। और कई मामलों की तरह, शायद इस मामले में भी ब्राह्मण गाँव में बाहरी था।

यहाँ एक और बात बताना जरूरी है—धातुकर्मी जातियों को बाकियों से 'एक वर्ण कम' माना जाता था। पहले यह समूह कई नागरिक असुविधाएँ झेलता था, उनके विवाह गाँव की सीमा के अन्दर नहीं होने दिए जाते थे, गाँव की समितियों, कीर्तन मंडलियों और विवाह मंडपों से उन्हें बाहर ही रखा जाता था, वे लाल चप्पलें नहीं पहन सकते थे; कोई भी जाति यहाँ तक कि अछूतों के दाएँ हाथ फिरके के होलेया भी किसी धातुकर्मी के यहाँ खाना नहीं खाते थे। होलेया सबसे नीची जाति कहे जाते हैं लेकिन वे भी कई जातियों का छुआ खाना-पानी या पान-चूना नहीं लेते।

बाकियों से अपनी समानता का दावा पेश करने के धातुकर्मियों के प्रयास झगड़ों को जन्म देते थे। पचास साल पहले मैसूर के एक धनी धातुकर्मी को लाल चप्पल पहनकर गाँव में चले आने पर केरे के चेलुवादी (वंश-परम्परा से गाँव का सेवक, यह अछूतों के दाएँ हाथ फिरके का होता है) ने पीट दिया था, इस धातुकर्मी ने गाँववालों को 50 हजार रुपए कर्ज दिया हुआ था।

जातियों को 'एक वर्ण कम' के खाँचे में डाला जाना शायद जातियों को दाएँ हाथ और बाएँ हाथ के फिरकों में बाँटने से जुड़ा हो। धातुकर्मी बाएँ हाथ फिरके में आते हैं। अछूतों में से होलेया दाएँ हाथ के फिरके में और माडिगा बाएँ हाथ के फिरके में आते हैं; पहले जब बाएँ हाथ फिरके की कोई जाति, दाएँ हाथ फिरके द्वारा उसे न दी जानेवाली किसी सुविधा को पाने का प्रयास करती थी तो अक्सर झगड़ा हो जाता था।

कई जातियों के मिलकर बने होने के बावजूद गाँव में एक एकजुटता होती है। और हर जाति की एकजुटता गाँव की सीमाओं के परे भी होती है। तीसरे, गाँव में रहनेवाली कई जातियों को नाड़ु और देश खंडों में बाँटा जा सकता है। यह विभेद, 'पूरे वर्ण' और 'एक वर्ण कम' और, दाएँ हाथ और बाएँ हाथ बँटवारों की तरह ही इस क्षेत्र की जातियों में एक सामान्य विभेद है और सिर्फ किसी एक ही गाँव की जातियों तक सीमित नहीं है।

अब हम जाति-अदालतों की बात करेंगे जो जाति के प्रति अपराध करनेवाले लोगों को सजा देती हैं। ब्रिटिशराज के शुरू किए हुए कानूनीतन्त्र के दुष्प्रभाव के बावजूद वे आज भी सशक्त संगठन हैं। उदाहरण के लिए, जाति-अदालत द्वारा बहिष्कृत कोई आदमी कानूनी अदालत में उस पर हतक इज्जती का मुकदमा दायर कर सकता है। लेकिन जाति-अदालतों की सत्ता छीज जाने के बाद भी वे काम करती हैं। 1945 तक में एक धोबी औरत का मामला देखने में आया है जिसे एक अछूत के साथ रहने के कारण बहिष्कृत अपनी बहन के साथ खाना खाने पर, करीब-करीब बहिष्कृत कर ही दिया गया था। (इस विवाद की चर्चा मैंने अन्यत्र भी की है) बहिष्कार जाति-अदालतों का ब्रह्मास्त्र है, यह स्थायी और अन्तिम हो सकता है और अ-स्थायी भी। स्थायी बहिष्कार बहुत गम्भीर मामलों में जैसे बहुत ही नीची जाति के आदमी के साथ रहने और खाने जैसे मामलों में ही किया जाता है। हल्की सजा छोटे अपराधों के लिए है—अपराधी अपने किए पर पछतावा जाहिर करता है, जुर्माना भरता है, प्रायश्चित करता है और फिर अपनी जाति के सदस्यों को दावत देता है। जब किसी को हमेशा के लिए बहिष्कृत किया जाता है तो वह अपनी जाति के लिए लगभग मर ही जाता है, जाति उससे तमाम सामाजिक व्यवहार बन्द कर देती है। अक्सर बहिष्कार की सूचना दूर-दूर तक पहुँचा दी जाती है जिससे बहिष्कृत आदमी का दूसरी जगह बस पाना भी दूभर हो जाता है। अगर अपराधी परिवार का मुखिया हो तो, जब तक कि परिवार उससे सम्बन्ध न तोड़ ले, प्रतिबन्ध पूरे परिवार पर लागू होता है।

शादी के समय, सभी मेहमानों को पान-सुपारी भेंट की जाती है। पान भेंट करने का एक निश्चित क्रम होता है जिसमें मेहमान की पात्रता महत्त्वपूर्ण होती है। शादी में

आए मेहमान पान भेंट करने के क्रम को लेकर बहुत संवेदनशील होते हैं और अगर किसी को लगता है कि उसका अपमान हुआ है तो वह अच्छा खासा विवाद खड़ा कर सकता है। पान की भेंट का यह मामला इतना खतरे से भरा है कि कई साल पहले रामपुरा के बड़े-बूढ़ों ने तय किया कि गाँव के कोष में सवा आठ रुपए भेंट करके, कोई भी पान भेंट करने से बच सकता है। आजकल ज्यादातर लोग जान छुड़ाने के लिए, पलायन का यह रास्ता अपनाते हैं।

केरागोडु और अष्टग्राम के कुम्हारों की जाति अदालतें हैं। ये अदालतें गादि कहलाती हैं जिसका शब्दशः अर्थ है सीमा। हर जाति की कई जाति अदालतें हैं और कहा जाता है कि उनका एक वरिष्ठताक्रम है, लेकिन लगता है कि यह वरिष्ठताक्रम बहुत स्पष्ट नहीं है। जैसेकि केरागोडु गादि और मैसूर गादि के बीच गहरी प्रतिद्वन्द्विता है। मैसूर वाले खुद को केरागोडु से वरिष्ठ मानते हैं क्योंकि वे मैसूर राज की राजधानी की गादि के प्रतिनिधि हैं। इसका जवाब केरागोडु वाले यह देते हैं कि यह गादि टीपू सुल्तान के पिता हैदरअली के जमाने में अस्तित्व में आई और तब भी केरागोडु गादि मैसूर राज्य की तत्कालीन राजधानी अष्टग्राम की गादि से वरिष्ठ थी—यानी, केरागोडु हमेशा ही राजधानी से वरिष्ठ रहा है (इतिहास ग्रन्थ राज को 84 गादियों में बाँटने का श्रेय चिक्क देव राज वडेयार (1672-1704) को देते हैं जिसके शासनकाल में उसके नामवाली प्रख्यात सिंचाई नहर खोदी गई। हैदरअली ने मैसूर पर 1761-82 के दौरान शासन किया)।

दो साल पहले केरे, पुरा और कडलागाल आदि गाँवों में मैसूर के कुम्हारों के प्रतिनिधि केरागोडु के प्रतिनिधियों पर वरिष्ठता का दावा करने लगे, उन्हें कहीं भी सफलता नहीं मिली लेकिन तगदूर गादि में अपना दावा मनवाने में वे सफल रहे।

उधर केरे गादि का दावा है कि केरागोडु गादि उसके अन्तर्गत है जबकि केरागोडु गादि खुद को एक अलग गादि मानती है, केरे के अधीन नहीं। कहा जाता है कि पहले कुम्हारों की 48 गादियाँ थीं और किसी भी कुम्हार के यहाँ शादी के समय हर गादि के नाम के 48 पान एक तरफ रख दिए जाते थे भले ही सिर्फ कुछ ही गादियों के प्रतिनिधि वहाँ उपस्थित रहते थे। केरे में यह रिवाज कुछ ही साल पहले खत्म हुआ है और आजकल सिर्फ उन्हीं लोगों को पान भेंट किया जाता है जो वहाँ सचमुच उपस्थित हों।

विवाह में पान भेंट करने का अनुष्ठान गाँव के संगठन की झलक तो दिखाता ही है, जाति-अदालतों का वरिष्ठताक्रम भी दिखाता है। कभी-कभी वरिष्ठताक्रम स्पष्ट नहीं होता, इसका एक कारण शायद यह तथ्य हो सकता है कि कोई जाति-अदालत जो किसी एक क्षेत्र में सर्वोच्च होती है वह अपनी सत्ता को किसी दूसरे क्षेत्र में भी लागू करने की कोशिश करती है।

कई मामले जैसेकि नीची जाति के लोगों से रोटी-बेटी का सम्बन्ध, साफतौर पर जाति-अदालत के अधिकार क्षेत्र में आते हैं। दूसरे के पेड़ की शाखाएँ काट लेना, दूसरे

के खेत से पानी काटना, घास चुराना, भूसे के ढेरों को आग लगाने जैसे अपराध गाँव के कर्ताधर्ताओं के अधिकार क्षेत्र में आते हैं जिनके पास जुर्माने से लेकर अपराधी के बहिष्कार जैसे सशक्त नियन्त्रण हैं। बहिष्कृत अपराधी (और उसका परिवार) गाँव के तालाब या नहर से पानी नहीं ले सकते। उसके मवेशियों को गाँव के चरागाह में चरने नहीं दिया जाता; धोबी, नाई वगैरह उसका काम नहीं करते। पड़ोसी उसे 'आग और गर्म पानी' नहीं देते। आज भी पड़ोसी के चूल्हे से अंगारे लेकर चूल्हा सुलगाना गाँवों में आम बात है। इसी तरह, पड़ोसी के पास गर्म पानी का देग हो तो नहाने या कपड़े धोने के लिए गर्म पानी उससे उधार ले लिया जाता है।

गाँव और जाति के कर्ता-धर्ता अक्सर साथ-साथ मिलकर काम करते हैं। कभी-कभी गाँव के कर्ता-धर्ता विवादी से कह देते हैं, "मामले को तुम अपनी जाति के कर्ता-धर्ताओं के पास ले जाओ," इसी तरह तथ्य जानने के लिए जाति के कर्ता-धर्ता गाँव के कर्ता-धर्ताओं से मशविरा करते हैं क्योंकि वह अक्सर मौके पर मौजूद रहे होते हैं और विवादियों और विवाद के तथ्यों को अच्छी तरह जानते हैं।

रामपुरा में वोक्कलिगाओं (उनकी संख्या 735 है) का एक जाति मुखिया नाडु गौडा है जिसके पास वे अपने विवाद ले जा सकते हैं। गाँव का मुखिया पटेल भी वोक्कलिगा है और वह और नाडु गौडा अच्छे दोस्त हैं। दोनों लगभग हर मामले में एक-दूसरे का समर्थन करते हैं, इसका नतीजा यह है कि रामपुरा के वोक्कलिगाओं के विवाद शायद ही कभी गाँव से बाहर पहुँचते हों। असल में तो रामपुरा के लोग अपनी शान्तिप्रियता के लिए प्रसिद्ध हैं।

पटेल और नाडु गौडा, दोनों सम्पन्न हैं और न्यायप्रिय माने जाते हैं, इससे साधारणतः विवाद गाँव के अन्दर ही सुलझ जाते हैं। इसके साथ ही दोनों मुखिया उन लोगों के विवादों में अपने अधिकार का प्रयोग नहीं करते जो लड़ाकू माने जाते हैं। यह लड़ाकू लोग अपने विवाद अदालतों में ले जाते हैं।

रामपुरा के नाडु गौडा को अक्सर दूसरी जातियों के ऐसे विवाद सुलझाने के लिए भी बुलाया जाता है जो जाति-अदालतों के कार्यक्षेत्र में आते हैं। उदाहरण के लिए, एक कुरुबा लड़की का मामला नाडु गौडा के सामने लाया गया जो अपने पति के साथ नहीं रहना चाहती थी। न्यायप्रियता की ख्याति के कारण किसी जाति के नेता के पास दूसरी जातियों के लोग भी अपने विवाद लेकर आ सकते हैं।

ग्रामीणों से सीधे सम्पर्क में आनेवाला हर अधिकारी और राजनीतिक नेता गाँव की दलगत राजनीति की शिकायत करता है। हर गाँव में फिरके होते हैं और हर फिरके का एक नेता होता है। यह फिरके गाँव को एक इकाई की तरह काम नहीं करने देते।

गाँव एक काफी हद तक आत्मनिर्भर, अन्तर्निर्भर इकाई है जिसकी अपनी ग्राम समिति, रखवाले-पहरेदार, कर्मचारी और सेवक होते हैं। गाँव के अन्दर हर जाति अपना खुद का जीवन जीती है हालाँकि वह गाँव के अन्दर और बाहर और जातियों पर निर्भर होती है। वर्ग के आधार पर भी विभाजन होता है। अछूत कभी सम्पन्न नहीं होते, वे

अक्सर ऊँची जातियों के लोगों के घरों में मजदूर और नौकर होते हैं। लेकिन ऊँची जातियों में भी ऐसे गरीब लोग होते हैं जो अपनी ही जाति के धनी लोगों की नौकरी करते हैं। इस तरह एक गरीब वोक्कलिगा अक्सर किसी धनी वोक्कलिगा का नौकर बन जाता है। साधारणतः ऊँची जाति का गरीब आदमी काफी नीची जाति के आदमी के घर नौकरी नहीं करता।

ग्राम समुदाय के सदस्यों को बाँधे रखनेवाले बन्धनों की किस्में स्पष्ट करने के लिए काफी प्रमाण प्रस्तुत किए जा चुके हैं। यह बन्धन मजबूत और परम्परागत हैं। लेकिन पिछले डेढ़ सौ वर्षों में सक्रिय हुई शक्तियाँ इन्हें कमजोर बनानेवाली सिद्ध हुई हैं और स्वतन्त्रता के आगमन से इन बन्धनों को तोड़ने का एक सघन प्रयास हुआ है। भविष्य में कैसा ग्राम समुदाय अस्तित्व में आएगा इसका अन्दाजा ही लगाया जा सकता है।

एक राजस्थानी गाँव : तीव्र सामाजिक परिवर्तन का दर्पण

जी.मॉरिस कारस्टेयर्स

'मैसूर के एक गाँव का अध्ययन' में डॉ. श्रीनिवास ने गाँव के सामाजिक ढाँचे के उन अभिलक्षणों का खाका खींचा है जो भारत के लगभग सभी इलाकों में देखे जा सकते हैं। उनके विशिष्ट उदाहरण दक्षिण के सन्दर्भ में थे, लेकिन जातियों की तुलनात्मक स्थिति और पारस्परिक अन्तर्निर्भरता, गाँव और जाति की पंचायतें, जमीन की विरासत जैसे लक्षण राजस्थान के गाँवों पर भी उतने ही लागू होते हैं।

लेकिन नजदीक से देखने पर क्षेत्रीय विशेषताएँ स्पष्ट होने लगती हैं। हाल ही में उदयपुर के एक गाँव में, जिसे मैं फतेहपुरा कहूँगा, दस महीने के मेरे निवास के पहले ही दिन से यह शब्दशः साबित होने लगा। अरावली की तराई के बीच से गुजरती सड़क से फतेहपुरा को देखें तो एक ऊँची चट्टान पर टिका, परकोटे से घिरा, एक ऊँचा सफेद पुता महल ही दिखता है। चट्टान के आधार के पास छतें और पेड़ गड्डमड्ड हुए दिखते हैं। लेकिन गाँव की सड़क पर चलते हुए आप सदर गली में पहुँच जाते हैं जहाँ करीब सौ दुकानोंवाला एक सुघड़ चौरस बाजार है। बाजार के परले छोर पर सड़क एक पथरीले रास्ते से जा मिलती है जो महल को जाता है।

अभी चार साल पहले तक महल गाँव के सामाजिक जीवन के हर पक्ष पर हावी था, शारीरिक रूप से तो आज भी हावी है। फतेहपुरा उदयपुर के एक प्रमुख जागीरदार का ठिकाना था, जागीरदार साहब उस लम्बे-चौड़े इलाके के अर्ध-स्वतन्त्र शासक थे जो उनके पुरखों को राणाप्रताप ने दिया था। महल के बैठकखानों और दालानों में अधिकारियों के झुंड लगे रहते; वह राजस्व लगान वसूली का केन्द्र था; उसमें दीवानी और फौजदारी अदालतें थीं, पुलिस का सदर दफ्तर था और एक छोटी सी जेल भी थी। गाँव का दवाखाना भी वहीं था और पाठशाला और धर्मशाला का प्रबन्ध भी जागीरदार ही करते थे।

इन कार्यात्मक गतिविधियों के अलावा महल पूरे इलाके के सामाजिक जीवन की धुरी था। छोटे जागीरदार जागीरदार साहब के दरबार में हाजिरी लगाते, और दशहरे या जागीरदार साहब के जन्मदिन के मौके पर लगनेवाले औपचारिक दरबार में अपनी

स्वामिभक्ति के प्रतीक के तौर पर चाँदी का रुपया उन्हें नजर करते। राजपूत ही नहीं, ब्राह्मण, बनिए, मुसलमान और वह तमाम लोग जिनके खानदानों को जागीरदार साहब से पुश्तैनी जागीरें मिली थीं, दरबार में पेश होते। शासक की अनुमति के बिना कोई बड़ा व्यापारिक सौदा नहीं होता था। कड़ा अदब-कायदा था। जागीरदार साहब की मौजूदगी में पोशाक या उठने-बैठने, बोलने-चालने में जरा भी अनौपचारिकता की छूट नहीं होती थी। जब वे घोड़े-हाथी या अपनी बेहतरीन कारों पर सवार, महल से निकलते तो लोग झुक-झुककर, हाथ जोड़कर पुकारते, 'खम्मा अन्नदाता !'

महल की अदालतों में हर रोज लोग मँडराते रहते—वकील और मजिस्ट्रेट, वादी और अमीन, नौकर और जागीरदार के मेहमान। इस आवाजाही की वजह से वाणिज्य-व्यापार फला-फूला; बुजुर्गों को वो दिन याद हैं जब गाँव के घरों की छतें खपरैल से छाई जाती थीं; आज बाजार के सभी घरों की छतें पत्थर से बनी हैं, व्यापारियों की दोमंजिला हवेलियों के अगल-बगल सँकरी गलियाँ हैं। शुरू में गाँव में हैसियतदार वही लोग थे जो जागीरदार के दरबार में ऊँचे ओहदों पर थे, गाँव के नौजवानों में दरबार में नौकरी पाने की होड़ रहती थी; लेकिन धीरे-धीरे कई व्यापारियों ने भी बहुत धन-सम्पत्ति कमा ली।

जागीरदार लोग अपने राज के उन बीते दिनों को एक स्वर्णयुग की तरह देखना चाहते हैं जब उनकी सत्ता सर्वोपरि और निर्विवाद थी लेकिन असल में उनका स्वेच्छाचारी शासन न तो सदा ही परोपकारी रहता था, न लोकप्रिय। उस पर निरंकुश सत्ता के भ्रष्टाचार का खतरा मँडराता रहता था। कभी-कभी शासक के फैसले निजी हितों से प्रेरित होते थे, भारी जुर्माना लगाकर अपनी जेब भरने या जमीनों के पट्टे वापस ले लेने के मौके चूकने नहीं दिए जाते थे। राज-काज के तौर-तरीकों की आलोचना करना खतरनाक था। शुरू-शुरू में कांग्रेस और समाज सुधार के आदर्शों के प्रचारकों को मारपीट कर जेल में ठूँस दिया जाता था और शासक के नौकरों से उन्हें जान-माल का खतरा बना रहता था। गाँव की कोई खूबसूरत लड़की शासक की निगाह में चढ़ जाए तो 'शासक के विशेषाधिकार' का अक्सर प्रयोग होता था; इस मामले में उनकी इच्छा का विरोध करना खतरे से खाली नहीं था।

कांग्रेस के शुरुआती सालों में उसके कार्यकर्ताओं ने बेगार प्रथा के विरुद्ध बरसों काम किया। किसानों में सबसे ज्यादा रोष इसी प्रथा को लेकर था। बाद में उदयपुर के एक वरिष्ठ प्रशासनिक अधिकारी ने समझौता करवाया; बेगारी के बदले (जमीनों के) तयशुदा किराए देने का चलन शुरू हुआ, नागरिक विद्रोह तो नहीं हो पाया, लेकिन जागीरदार के एकछत्र राज पर इस विजय को लोग भूले नहीं। आज, जब जागीरदार अपनी सुविधाएँ खत्म किए जाने का विरोध करते हैं तो उन्हें यह अप्रिय तथ्य याद रहता है कि उनकी प्रजा के एक बड़े हिस्से में उनके सत्ताच्युत होने को लेकर कोई दुख नहीं है। लेकिन ऐसे लोग भी कम नहीं हैं जो पुराने चलन के खत्म होने से दुखी हैं। एक ऐसे इलाके में जहाँ संचार के साधन आदिम अवस्था में हैं और मुट्ठी-भर लोग ही साक्षर हैं, एकतन्त्री शासन के अपने फायदे हैं बशर्ते कि उसे जिम्मेदारी से निभाया जाए—और

जागीरदार अपने ही ढंग से, अच्छे और लोकप्रिय शासक बनने की कोशिश करते भी थे। भ्रष्ट तौर-तरीके अपनाने वाले नौकरों को वे तुरन्त और नाटकीय ढंग से दंडित करते। राजस्थान में अक्सर पड़नेवाले अकालों के दिनों में शासक अपने भंडारों से अन्न बाँटना अपना कर्त्तव्य मानते थे। इसके अलावा, उनके राज से सीधे व्यक्तिगत रूप से जुड़े होने की भावना भी रहती थी जो शासक और प्रजा के परिवारों के बीच पीढ़ी-दर-पीढ़ी चली आती थी।

आज परिदृश्य बदला हुआ है। महल खाली-सा पड़ा है—लोगों की चहल-पहल बीते जमानों की बात हो चुकी है। मजिस्ट्रेट की अदालत बन्द हो चुकी; तहसीलदार का सदर दफ़्तर कहीं और है; पुलिस-थाना, अस्पताल और स्कूल, सब सरकार के हाथ में हैं। प्रशासन की जिम्मेदारियों से घिरे होने की जगह जागीरदार साहब अब खाली बैठे रहते हैं, कुछ पुराने नौकरों से बात करते, झरोखे में खड़े गाँव की हलचल देखते, बाजार की गप्पें सुनते। महल के प्रवेशद्वार पर बचे-खुचे अमले का पहरा रहता है, रात-दिन; द्ररीखाने में पीतल के घंटे पर दिन की बीतती घड़ियाँ बजाई जाती हैं, उसके स्वर को प्रवेशद्वार पर खड़ा पहरेदार दोहराता है। महल के घंटों की आवाज गाँव-भर में सुनी जाती है और उसका कामकाज आज भी 'महल के गजर' से तय होता है, गाँववालों के जीवन पर महल के सर्वव्यापी प्रभाव का यही अन्तिम अवशेष है।

जागीरदार साहब अब कम ही बाहर जाते हैं। जब वे बाहर जाते हैं तो देखते हैं कि अब कई गाँववाले उनकी गाड़ी को घूरते खड़े रहते हैं—सिर्फ पुराने चलन के लोग और उनके कर्मचारी ही झुककर 'खम्मा अन्नदाता' कहते हैं। अब भूले-भटके ही कोई उनकी राय लेने या अपने बेटों को उनकी खिदमत में हाजिर करने के लिए लाता है; नई पीढ़ी दरबारी पोशाक की औपचारिकता और दरबारी विनम्रता को नापसन्द करती है।

स्थानीय शासन का केन्द्र सरककर 12-13 मील दूर के उस कस्बे में चला गया है जहाँ तहसीलदार और मजिस्ट्रेटों के दफ्तर हैं; उनकी सत्ता भंगुर है जिसका मिनट-भर में तबादला हो सकता है। गाँव के लोग अभी इस सबके आदी नहीं हो पाए हैं; लेकिन जागीरदार साहब के रुतबे के जाते रहने की वजह से इज्जत, चहल-पहल और व्यापार में आई कमी को वे शिद्दत से महसूस करते हैं।

पिछले चार सालों में फतेहपुरा के निवासी धीरे-धीरे नए चलन की, या यों कहिए कि पुराने चलन के उठ जाने की आदत डालने लगे हैं। पहले, जागीरदारों और महल के अमले का पदानुक्रम वह पैमाना था जिस पर लोग अपनी सामाजिक हैसियत मापते थे। अब वह पैमाना नहीं रह गया और पुनर्मूल्यांकन का दौर चल रहा है। गाँव ने एक बार फिर अपना आकलन किया है और उसकी फेहरिस्त कुछ यों हैं।

सबसे ज्यादा तादाद जैन महाजनों की है। गाँव की कुल आबादी (सन् 1951) 2750 में से 150 घर महाजनों के हैं। गाँव के प्रमुख बाजार में करीब-करीब सब दुकानें इन्हीं लोगों की हैं। इनमें बिरादरी के सबसे सम्पन्न लोग भी हैं और एक या दो गरीब फेरीवाले या छोटे कारीगर भी जो दिन-भर में कुछ आने ही कमा पाते हैं और सिर्फ महाजन होने

के कारण भीख नहीं माँग सकते।

महाजनों के बाद यादवों और दरोगाओं की तादाद ज्यादा है। दोनों जातियाँ अपने-अपने मोहल्लों में रहती हैं। यह दोनों समुदाय पहले नीची जातियों में गिने जाते थे, लेकिन इस पीढ़ी में इन लोगों की सामाजिक हैसियत ऊँची हुई है। ये लोग बढ़ी हुई सामाजिक हैसियत का दावा करने लगे हैं। इसके लिए यादवों ने चमड़े का अपना पुश्तैनी धन्धा छोड़कर राजमिस्त्री का काम और कहीं-कहीं कारखानों में नौकरियाँ कर ली हैं। दरोगा लोग गुलाम जाति थे, शासकों के चाकर। अब वे कई नए धन्धों में लग गए हैं जैसे चाय की दुकान या साइकिल की दुकान चलाना और शहरों में नौकरियाँ करना। लेकिन अब यह जातियाँ अपना कुलनाम 'सिंह' रखने लगी हैं। राजस्थान की कई नीची जातियों की तरह ये लोग भी खुद को राजपूत कहलवाना पसन्द करते हैं हालाँकि 'असली' राजपूत इस दावे को खासी नाराजगी से नकारते हैं।

ब्राह्मणों के घर कुछ कम हैं—मात्र 20। 40 परिवारों के मुसलमानों के मुहल्ले की तरह ये लोग भी लगभग पूरी तरह महल पर निर्भर थे। बड़ी उम्र के ब्राह्मण अब भी गाँव के परिवारों के पूजा-पाठ करवाकर रोजी कमाते हैं लेकिन उनके बेटों में से एक भी ऐसा नहीं है जो पढ़-लिखकर शहर में नौकरी न करना चाहता हो। बदले हुए जमाने की सबसे बुरी मार मुसलमानों पर पड़ी है। उनमें से कुछ बड़े व्यापारियों के दिहाड़ी मजदूर बन गए हैं और कुछ अब भी बहुत कम तनख्वाह पर महल के अमले में बने हुए हैं।

गाँव के सबसे गरीब लोग खटिकों के मुहल्ले में मिलेंगे। इस गाँव के कुम्हार और भील ज्यादातर भूमिहीन मजदूर हैं, और समुदाय, जैसे—दर्जी और नाई, हलवाई और सुनार, कुछ बेहतर स्थिति में हैं।

साधारण रूप से, इस नए चलन में गाँव की लोकतान्त्रिक ढंग से चुनी हुई ग्राम पंचायत है और सरपंच गाँव का प्रमुख नागरिक। लेकिन सच्चाई यह है कि यह संस्था अभी लोगों का सम्मान और विश्वास नहीं पा सकी है। इसका एक कारण शायद यह है कि भारतीय ग्रामीण के मानस को बहुत नपी-तुली, सधी-सधाई और अवैयक्तिक व्यवस्था रुचती नहीं। पुराने जमाने में पंचायत में पाँच-सात या किसी निश्चित संख्या में सदस्य नहीं रहते थे; न ही कोई स्वीकृत प्रवक्ता होता था। हर झगड़ा ग्राम समुदाय के एक छोटे से उपवर्ग में उठा एक नया संकट होता था जिसका निर्णय समुदाय से अन्तरंगता से जुड़े वरिष्ठ सदस्यों द्वारा कानून या नजीर नहीं बल्कि झगड़े की विशिष्ट परिस्थितियों को ध्यान में रखते हुए किया जाता था।

इसी तरह बीसियों असम्बद्ध, अनौपचारिक पंचायतों को देखकर ऐसा लगता है कि गाँव ने बदलती व्यवस्था के प्रति अपना सामूहिक रुख गढ़ने की शुरुआत कर दी है; देखा गया है कि इस प्रक्रम में एक-दो मजबूत चरित्र गाँव के महत्त्वपूर्ण लोगों के रूप में उभरते हैं। ये सभी औसत से ज्यादा सम्पन्न होते हैं; लेकिन बात सिर्फ इतनी ही नहीं है—गाँव के सबसे समृद्ध चार लोगों की—एक पंजाबी, एक दर्जी, एक शेख और

एक बनिया, जो सभी साहूकार हैं—गाँव के किसी सार्वजनिक मामले में हिस्सेदारी नहीं रहती।

इस संक्रान्तिकाल में बनियों के दो गुटों के बीच एक बड़ा झगड़ा पनपा है और एक साधारण नागरिक के लिए दो में से एक गुट के साथ जुड़ने से बच पाना दिनोदिन मुश्किल होता जा रहा है। राशन के कपड़े की बिक्री किस गुट के हाथ में रहे, इसको लेकर शुरू हुआ विवाद अब झगड़े, मारपीट, मुकदमेबाजी से गुजरता हुआ पंचायत के चुनावों में 'रिगिंग' तक जा पहुँचा है और समय विद्वेष बढ़ता ही जा रहा है।

इस अनुदार समुदाय में कांग्रेस की शिक्षाओं और सामाजिक सुधारों का भावभीना स्वागत कभी नहीं हुआ है। आजकल नए चलन के प्रमुख प्रवक्ता युवा लोग हैं जो जाति-बन्धनों का उल्लंघन और हिन्दू कोड बिल के सुधारों के पक्ष में बोलकर अपने बुजुर्गों को भौंचक करते रहते हैं। अगर इन लोगों का अब तक का व्यवहार साफ-साफ अविश्वसनीय न होता तो उनके भाषण और प्रचार का स्वागत दलित जातियों के बीच हो सकता था। इस तरह, राजस्थान के कई और गाँवों की तरह फतेहपुरा भी भारत में फैल रहे सामाजिक और आर्थिक परिवर्तनों को पहचानने में बाकी देश से पिछड़ रहा दिखता है। लेकिन फिर भी एक घटक है जो इस पिछड़ेपन को बदलने की दिशा में काम कर रहा है। पिछले चार बरसों में, पहले से कहीं ज्यादा संख्या में गाँव के नवयुवकों को काम की तलाश में बाहर जाना पड़ा है। जब वे लौटते हैं तो कई पुराने तौर-तरीकों की खुलकर आलोचना करते हैं। वे सामन्ती मालिकों के पीछे चलने के बचे-खुचे अवशेषों को नकारते हैं; वे अपने जातिभाइयों को अमीर लोगों के खिलाफ खड़े होने का शहराती चलन सिखाते हैं—अपने काम के सही दाम के लिए मोची हड़ताल तक कर चुके हैं।

पुरानी शासन-प्रणाली के जाने से उभरी रिक्तता में निजी हितों से प्रेरित कुछ सशक्त लोग अपना निजी प्रभुत्व जमाने लगे हैं, फिलहाल यह प्रभुत्व-स्थापन आजमायशी है, जैसे—पहलवान अखाड़े में एक दूसरे को घेरते हैं; और इस सबके बीच विरासत खो बैठे जागीरदार दर्शक बने रहते हैं—अपनी भूतपूर्व आन-बान को बीत जाने का मातम मनाते।

जैसा कि मैंने इंगित करने का प्रयास किया है, इस गाँव जैसे जटिल, पारस्परिक अन्तर्क्रिया वाले समुदाय में नेतृत्व, सामाजिक प्रतिबन्धों और विचारों को प्रकट करने के नए सामाजिक रूपों का उभरना जैसी चीजें संसदीय आदेशों से सम्भव नहीं होंगी, ये क्रियाएँ एक जैविक प्रक्रिया का, कई तरह के दबावों और तनावों का परिणाम होती हैं, राजस्थान-भर के गाँवों की तरह फतेहपुरा में भी प्रक्रिया चल रही है।

उत्तरी केरल में गाँवों का ढाँचा

एरिक जे. मिलर

30 अक्तूबर, 1951 के 'द इकॉनॉमिक वीकली' में छपे अपने लेख 'द सोशल स्ट्रक्चर ऑफ ए मायसोर विलेज' के प्राक्कथन में प्रो. एम.एन. श्रीनिवास ने भारत में ग्राम संगठन के प्रमुख प्रकारों का वर्णन किया है। हालाँकि जाति की उपस्थिति सम्भवतः सम्भव प्रकारों की संख्या सीमित करती है (फिर भी) जाति व्यवस्था में, गैर-हिन्दू जनसंख्या के अनुपात में, आर्थिक व्यवस्था में, भूसंरचना में और अन्य घटकों में स्थानीय विचरणों सभी का अलग-अलग क्षेत्रों में खासे अन्तर पैदा करने में योगदान रहा है। इस सन्दर्भ में मलाबार तट को शेष भारत से अलग दिखानेवाले घटकों में प्रमुख हैं, पश्चिमी घाट और समुद्र के बीच इसकी अवस्थिति से जन्मा अपेक्षाकृत विलगाव, इसका अनूठा और पहले बहुत प्रबल रहा जातियों का वर्गीकरण और इसका सशक्त लेकिन अस्थिर ठिकानेदारियों में बँटा होना, जिनमें से कुछ अब भी जरा-जरा बची रह गई हैं।

इस क्षेत्र के अन्दर भी, ग्राम समुदायों के संगठन का तरीका अलग-अलग इलाकों में काफी अलग-अलग है। इस लेख में मलाबार जिले के दक्षिणी तालुकों के मुस्लिम (माप्पिला) बहुल समुदायों या त्रावणकोर और कोच्चिन के गाँवों जहाँ सीरियन क्रिश्चियनों का बाहुल्य है, पर ध्यान नहीं दिया जा रहा। इनका तो अलग से अध्ययन किया जाना जरूरी है। पूरे मलाबार जिले और कोच्चिन रियासत पर ग्राम कर्मचारियों के माध्यम से लादे गए समान प्रशासन (छोटे-मोटे अन्तरों को छोड़कर) के बावजूद भारी हिन्दू बहुसंख्यावाले गाँवों के बीच भी ढाँचों में खासे विचरण दिखते हैं। यहाँ बजाय किसी एक गाँव के विस्तृत संगठन पर केन्द्रित करने के बजाय उत्तर केरल के ग्राम ढाँचे की एक सामान्य तस्वीर उपलब्ध करवाने का प्रयास किया जा रहा है।

मलाबार जिले के उत्तरी भाग (उत्तर मलाबार) और कोच्चिन रियासत और मलाबार जिले के दक्षिणी तालुकों के बीच एक मोटा अन्तर पहले ही पहचान लिया जाए; यह कुछ हद तक उत्तर में मुखियाओं और स्थानीय सरदारों की भूतपूर्व स्वायत्तता से जुड़ा है, दक्षिण के धान उत्पादक क्षेत्रों की अपेक्षाकृत घनी बस्तियों की तुलना में उत्तर की जमीन पहाड़ी है और गाँव ज्यादा बिखरे-बिखरे हैं। दक्षिणी गाँव धान के 'समुद्र' में मकानों और पेड़ों का एक 'द्वीप' होता है। उत्तर में धान के खेत नदियों या झीलों जैसे

होते हैं—अक्सर वे एक केन्द्रीय धारा से सिंची लम्बी सँकरी पट्टियों से होते हैं, घर आसपास की ढलानों पर पेड़ों के बीच छिपे रहते हैं।

मलयाली अधिकांश भारतीयों की तरह किसी गली में गुड़ी-मुड़ी होकर रहने के बजाय अपने बाड़ से घिरे आँगन की निजता पसन्द करता है, अपने पड़ोसियों से कुछ दूरी पर। ताड़ और केले के पेड़ और कई किस्म की हरियाली अक्सर एक घर को दूसरे घर से ओझल रखते हैं। ऐसे इलाकों में जहाँ धान के खेत कम हैं, इस किस्म की बसावटें किसी भी दिशा में मीलों तक फैली हो सकती हैं, गाँवों की क्षेत्रीय हदबन्दियों का कहीं नामोनिशान नहीं मिलेगा। सबसे नीची जाति का सबसे गरीब गृहस्थ भी अपने पड़ोसियों और कुटुम्बियों से कुछ परे रहता है, हालाँकि रहता वह गाँव के दायरे के अन्दर और खेतों के पास ही है। इस एक अपवाद के अलावा, बसावट अक्सर बेतरतीब होती है, एक ही जाति के घरों के पास-पास बसने की खास प्रवृत्ति नहीं दिखती।

यहाँ उत्तर केरल के कुछ महत्त्वपूर्ण जाति-विभाजनों का कुछ वर्णन जरूरी है। चार वर्णों में से, क्षत्रिय लगभग नहीं हैं और बहुत ही कम स्थानीय वैश्य जातियाँ हैं, बहुसंख्यक लोग शूद्र और अछूत हैं।

हिन्दू पैमाने के शीर्ष पर नम्बूदिरी ब्राह्मण एक छोटी लेकिन महत्त्वपूर्ण पितृसत्तात्मक (मक्कथायम) जाति के हैं। समुदाय के इन पदेन पुरोहितों में से कई धनी भूस्वामी भी हैं। कर्मकांडीय क्रम में उनसे नीचे लेकिन आर्थिक रूप से उनके जितने ही या उनसे सशक्त हैं, विभिन्न सरदार जातियाँ जो मारुमक्कतायम हैं और अपनी वंश-परम्परा माताओं से गिनते हैं। उनमें से एक-दो क्षत्रिय होने का दावा करते हैं। सभी सरदार जातियाँ साधारणतः बाह्यगामी हैं, वे अपनी बेटियाँ नम्बूदिरियों को ब्याहते हैं और पत्नियाँ नायरों (मातृसत्तात्मक जातियों का एक बड़ा समूह जो समाज की मध्यवर्गीय रीढ़ की हड्डी है) के घरों से लाते हैं। परम्परा से सैनिक रहे नायर आजकल अक्सर सरकारी नौकरियाँ करते हैं, ये लोग प्राथमिक रूप से किसान हैं। नायरों से जरा सा ऊपर मंदिर सेवकों की कुछ छोटी जातियाँ हैं। नायरों की सबसे नीची जातियाँ सभी ऊँचे समूहों की धोबी और नाई हैं।

यह सभी सवर्ण हिन्दू हैं और सरदार जातियों से नीचे, सभी शूद्र हैं। इस समूह की कई मायनों में एक साझी संस्कृति है जिसे अतिगामिता (ऊँची जातियों और उप-जातियों के पुरुषों द्वारा अपने से नीचे समूह की स्त्रियों से विवाह की प्रथा—वैसे अब अन्तर्गामी विवाहों की बढ़ती संख्या से इसमें कमी आने लगी है) और भी एकरूपता देती थी, सरदार जातियों (और कभी-कभी ऊँचे नायरों) के नम्बूदिरियों से विवाह सम्बन्ध सभी सवर्ण हिन्दुओं को एक तरह से एकता के सूत्र में बाँधते हैं।

नायर हिन्दू जनसंख्या का करीब एक-चौथाई हैं और शेष सवर्ण हिन्दू दस प्रतिशत से भी कम; बाकी दो-तिहाई लोग अछूत जातियों के हैं। अछूत जातियाँ मोटे तौर पर दो समूहों में बँटी हैं—ऊँची जातियों के समूह में मजदूरों और छोटे बटाईदार किसानों की एक बहुसंख्यक जाति जिसे अलग-अलग इलाकों में एझवा या तिय्या के नाम से

पुकारा जाता है—बढ़ई, धातुकर्मी, वैद्य और धोबी आदि आते हैं; इनसे नीचे टोकरी बनानेवाले, मोची और अन्य शिल्पी, ढोली-गवैये-भाँड, भिखारी और सबसे बड़ी संख्या में भूमिहीन मजदूर जो पहले कृषि-दास हुआ करते थे।

गाँव के अन्दर जाति का पद, पहले और आज भी, भूमि, खासकर धान के खेतों से जुड़ा है। उत्तर मलाबार में आज भी कभी-कभी गाँव का मुखिया परिवार प्रमुख भूस्वामी होता है, जबकि दक्षिण में भूस्वामी अक्सर कोई नम्बूदिरी या कोई देवस्वम (मन्दिर की सम्पत्ति का न्यास) होगा, तब मुखिया परिवार की कुछ जमीन अपनी होगी और बाकी पर वे बटाईदारी पर खेती करते होंगे। मुखिया परिवार हालाँकि अपनी जरूरत से कहीं ज्यादा भूमि पर खेती कर सकता है फिर भी ज्यादातर भूमि बँटाईदारों में बाँट दी जाती है जो या तो उसे खुद जोतते हैं या आगे दूसरों को बँटाई पर दे देते हैं। नम्बूदिरी और सरदार जातियाँ भूस्वामी हैं; ऊँची नायर उपजातियाँ या तो भूस्वामी हैं या गैर-खेतिहर बँटाईदार (रिवायती कानमदार); नीचे नायर और कुछ तिय्या स्थायी पट्टेदारीवाले (खेतिहर कानमदार) या सालाना पट्टेदारीवाले (वेरुमपट्टमदार) खेतिहर उप-बँटाईदार हैं; ऊँचे अछूतों में से ज्यादातर भूमिहीन किसान हैं; जबकि नीचे अछूत हाल तक ही दास थे, भूमि के एक विशेष टुकड़े से बँधे, जमीन के साथ ही वे भी नए मालिक को हस्तान्तरित हो जाते थे।

गाँव में शायद ही कोई ऐसा परिवार होता रहा होगा जिसका वर्ष के किसी-न-किसी समय भूमि से कोई सम्बन्ध न रहता हो—चाहे वह केवल कटाई के समय मजदूरी का ही क्यों न हो—विभिन्न सामाजिक समूहों का भूमि से यह सम्बन्ध उनके सामाजिक पदक्रम की महत्त्वपूर्ण अभिव्यक्ति थे। समाज कर्मकांडीय और व्यवसायगत किस्म के और विस्तृत मानदंड उपलब्ध करवाता था जो उस क्षेत्र की अन्य जातियों के सन्दर्भ में हर जाति के क्रम को स्पष्ट करते थे। गाँव के अन्दर जातियों के बीच वरीयता-क्रम को लेकर विवाद एक नई चीज है—पहले जिन जातियों के पारस्परिक क्रम और उनके अनुरूप व्यवहार पहले से ठीक-ठीक तय न हों, उनके लोगों के बीच (युद्धों को छोड़कर) सामाजिक सम्बन्धों की नौबत ही नहीं आती थी।

गाँव, जिसमें कई बार 15 से 25 तक अन्तर्सम्बद्ध जातियाँ होती थीं, कमोबेश आत्मनिर्भर था। हर जाति के स्थानीय सदस्य कौटुम्बिक बन्धनों से जुड़े होते। पहले उल्लिखित अतिगामिता के बावजूद वे मुख्यतः अन्तर्गामी थे। अपने मुखिया सरगनाओं की छत्रछाया में हरेक का अपना आन्तरिक प्रशासन था जो अक्सर गाँव के प्रशासन का भी हिस्सा होता। अक्सर एक नम्बूदिरी परिवार होता जो स्थानीय मन्दिर के लिए पुजारी उपलब्ध कराता लेकिन आर्थिक नियन्त्रण और राजनीतिक सत्ता नायर जाति के हाथ में रहती। वंश परम्परा से चलनेवाली मुखियागिरी साधारणतः सबसे धनी नायर परिवार (जो अक्सर बाकियों से कुछ ही ऊँची उपजाति का होता) के पास रहती, वैसे तो सभी जातियों की अपने से नीची जातियों पर कुछ सत्ता रहती लेकिन स्थानीय कानून व्यवस्था बनाए रखने की सक्रिय जिम्मेदारी नायर जाति पर रहती।

कई गाँवों का समूह उन ऊँचे सरदारों की छोटी-मोटी रियासत होता जो सबसे महत्त्वपूर्ण शासक जैसे कि कालिकट के जमोरिन या कोच्चिन के महाराज से जुड़े रहते। गाँव या उससे ऊपर की किसी भी क्षेत्रीय इकाई का आकार और महत्त्व उसके द्वारा जुटाए जा सकनेवाले मजबूत देहवाले नायर योद्धाओं की संख्या के आधार पर आँका जाता था। नम्बूदिरी ब्राह्मणों की आनुष्ठानिक सत्ता (वे क्षेत्रीय बँटवारों से कुछ ऊपर थे) और राजाओं और सरदारों की राजनीतिक सत्ता एक-दूसरे को सन्तुलित किए रखते थे। दूसरे शासक से जा जुड़ने की सम्भावना के माध्यम से नायर, सरदारों को पूरी तरह निरंकुश हो जाने से रोक सकते थे; लेकिन शायद ही कभी नायरों की समितियों ने इस नियन्त्रण के उपयोग की धमकी दी हो।

संगठनात्मक दरारें क्षेत्रीय इकाइयों—गाँवों, रियासतों, राज्यों—के बीच थीं, जातियों के बीच नहीं। इसके विपरीत जातियों के आपसी सम्बन्ध पूरक किस्म के थे जिनमें परम्परा से नियत और साफ-साफ बताए गए अधिकार और कर्त्तव्य, सत्ता और अधीनताएँ थीं। न्यायिक सत्ता, राजनीतिक सत्ता और आर्थिक बल से संगत थी और सरदारों और मुखियाओं की राजनीतिक और न्यायिक सत्ता आनुष्ठानिक रूप से क्षेत्र के प्रमुख मन्दिरों की ट्रस्टीशिप और अन्य कई तरीकों से भी मजबूत की गई थी।

गाँव देशम् था; मुखिया देशवरी था। दक्षिण में देशवरी की सत्ता को नायर समितियों की प्रबलता ने कुछ कम किया था क्योंकि उनकी नाराजगी का खतरा उठाकर वह कोई काम नहीं कर सकता था; ऐसा करने पर वह उस सैन्यबल को खो देता जिस पर उसका पद इतना निर्भर था। कुछ हद तक वह समूह प्रमुख था। हालाँकि वह गाँव के मन्दिर का प्रशासक होता था लेकिन उसकी भूमिका सिर्फ वंश-परम्परा से बने ट्रस्टियों, जो ज्यादातर नायर ही होते थे, की एक समिति के अध्यक्ष की ही होती थी। उसके न्याय देने का अर्थ मुख्यतः नायर बड़े-बूढ़ों के निर्णयों को सुधार कर प्रस्तुत करना ही था।

जैसाकि हमने देखा गाँव में हर जाति का किसी किस्म का आन्तरिक संगठन होता था जिसके माध्यम से आन्तरिक झगड़े निपटाए जा सकते थे। दासों की सबसे नीची जातियों में यह अक्सर काफी नहीं होता था क्योंकि अलग-अलग भूस्वामियों के प्रति निष्ठा रखनेवाले स्थानीय फिरकों के बीच दरारें रहती हैं। गाँवों में जाति के अन्दर न सुलझा पाए विवाद और ऊपर की जाति तक भेजे जाने की प्रवृत्ति रही। निचली जातियों के बीच कानून और व्यवस्था बनाए रखने और उनके विवादों में हस्तक्षेप करने की कुछ जिम्मेदारी तिय्या जाति की थी। गाँव के तिय्या पंच को शिल्पकार जातियों के शादी-ब्याहों में उपस्थित रहना पड़ता था और अगर बारात दूसरे गाँव जा रही हो तो उसे या उसके प्रतिनिधि को साथ जाना ही होता था। तिय्या जो झगड़े नहीं निपटा पाते थे जरूरत पड़ने पर कोई नायर (जो झगड़े में शामिल किसी एक का भूस्वामी हो सकता है) और देशवरी उनका फैसला करते थे। जाति बाहर करने जैसी गम्भीर सजा के मामले में देशवरी (ऊँची जातियों का मामला होने पर, कोई उच्चतर शासक) की सहमति चाहिए

होती थी, सजा ठीक से दी जाए यह सुनिश्चित करना भी उसकी जिम्मेदारी थी।

सत्ता के इस प्रतिनिधान और दूरी की अशुचि के बीच तारतम्य स्पष्ट है–24 फुट की दूरी से तिय्याओं के झगड़े निपटाना नायरों के लिए सहज था लेकिन बाकी दास जातियों के झगड़े निपटाना इतना सरल नहीं था, 64 फुट से कम दूरी होने पर दास नायर को अशुद्ध बना देता।

जाहिर है कि ऐसे तन्त्र में दमन की गुंजाइश रहती थी पद का सम्मान और सुरक्षा समाज का सर्वमान्य मूल्य था–और यह दमन को सम्भव बनाता था। अन्याय की भावना अपने अधिकार की सीमा करनेवाले व्यक्ति के प्रति और उसी तक सीमित रहती थी और जातियों या राजा और प्रजा के बीच नहीं आ पाती थी। जैसाकि इस तरह के सभी समाजों में होता है, अपने ऊपरवाले के हाथों झेले गए कष्ट अपने से नीचेवालों तक पहुँचाए जा सकते थे। दमन करनेवाले को भी पराप्राकृतिक दंड का भय रहता ही था। इसके अलावा धर्म का साझा दर्शन, जीवन में अपने पद के अनुरूप व्यवहार करना सर्वश्रेष्ठ है, समाज को एकता के सूत्र में बाँधे था। उदाहरण के लिए अगर कोई पुरुष अपने से ऊँची जाति की स्त्री से व्यभिचार करे तो यह पूरे ही समाज की यथास्थिति को खतरा होता। खुद उसकी ही जातिवाले लोग भी उसके अपराध, बल्कि पाप, की वैसी ही कड़ी भर्त्सना करते जैसे कि पतित स्त्री की जातिवाले। दोनों स्वतः ही जाति बाहर हो जाते। ऐसे उद्दंड सदस्य से नाता न तोड़नेवाले परिवार को भी जाति बाहर किया जा सकता है, लेकिन शायद ही कभी ऐसा होता हो कि परिवार ऐसे पापी के समुचित मृत्यु-संस्कार करके उससे खुद को न काटे। इस तरह, हर जाति और पूरे गाँव के रहन-सहन और आचार-व्यवहार को बनाए रखना हर व्यक्ति की जिम्मेदारी थी।

अठारहवीं शताब्दी के आखिर में अंग्रेजों द्वारा मलाबार का प्रशासन सँभाल लेने के बाद से बहुत से, और दूरगामी परिणामोंवाले परिवर्तन (अंग्रेजों के अधिकार से पहले के चालीस वर्षों में हुए मैसूर के आक्रमणों से इनकी आहट आने लगी थी) हुए। बड़े सरदार परिवारों को अपनी सम्प्रभुता सौंपने के बदले में राजनीतिक पेंशनें दे दी गईं, नए प्रशासनिक प्रखंडों की सीमाएँ पुरानी रियासतों से थोड़ी-बहुत ही मिलती थीं। सरदार जो सत्ता बचाए रख पाए वह बड़े भूस्वामियों के रूप में उनके आर्थिक उत्थान और उनके जातिपद का उप-उत्पाद था। जातिपदों के वर्गीकरण के अस्तित्व को अब भी स्वीकार किया जाता है चाहे कई मामलों में उससे जुड़े राजनीतिक, न्यायिक और आर्थिक पद बहुत धुँधले पड़ गए हैं; और हालाँकि अब जाति-वरिष्ठता और अधीनत्व के सामाजिक सम्बन्धों को नियत करने में एकमात्र घटक नहीं रह गई है, यह अब भी सबसे महत्त्वपूर्ण घटक बनी हुई है। सम्पत्ति और सरकारी सेवाओं में पद सामाजिक स्थिति के नए निर्णायक हैं लेकिन वे अब भी इस हद तक ऊँची जातियों के कब्जे में हैं कि जातिपद के अपने आप में एक निर्णायक के रूप में पराभव को बाधित करते हैं।

इन परिवर्तनों ने गाँवों के साथ-साथ रियासतों (नाडों) को भी प्रभावित किया है। प्रशासकीय उद्देश्य से मलाबार जिले को तालुकों, फिरकों (सिर्फ लगान की वसूली की

क्षेत्रीय इकाई), अंशमों और दशमों में बाँटा गया है। गाँव का तथाकथित मुखिया (अधिगारी) और मुनीम (मेनन) एक अंशम् के प्रभारी होते हैं। अंशम् कभी-कभी किसी पुराने देशम (देशवरी का क्षेत्र) के लगभग समतुल्य होता है, लेकिन अक्सर यह उससे बड़ा होता है; और आधुनिक देशम् जो लगान और सर्वेक्षण के लिए सबसे छोटी इकाई मात्र है, अक्सर किसी पुराने देशम् का एक छोटा सा खंड होता है और उससे कोई कर्मचारी जुड़ा नहीं रहता। कोच्चिन राज्य में भी इसी से मिलते-जुलते प्रशासनिक परिवर्तन हुए हैं। लेकिन विलेज (यह शब्द अब स्थानीय भाषा में इस्तेमाल हो रहा है और मलाबार के पुराने अंशम् के बराबर है) सबसे छोटी इकाई है जिसका मुखिया पारवद्यम् होता है, और देशम् का अस्तित्व गाँव के उपप्रखंड के रूप में बना हुआ है लेकिन आधिकारिक उद्देश्यों के लिएं मान्यता प्राप्त नहीं है। कोच्चिन में भी विलेजों के समूह मिलकर पंचायतों में गठित हुए हैं।

बीसवीं सदी के देशम् और अंग्रेजों के आने से पहले के देशम् के बीच एक महत्त्वपूर्ण अन्तर पहचानना जरूरी है। समाजशास्त्रीय दृष्टि से आज के देशम् को अपने स्पष्ट सामुदायिक जीवनवाला एक गाँव कहा जा सकता है और मैं मानता हूँ कि यह मुख्यतः पिछले 150 वर्षों में जनसंख्या में हुई भारी वृद्धि का परिणाम है। पुराने देशमों के खंड अब खुद देशम् हैं जिनके अपने मन्दिर, स्वीकृत नेता और कई मामलों में आन्तरिक रूप से सक्रिय जाति समितियाँ तक हैं। कोच्चिन राज्य में जहाँ यह इकाई आधिकारिक रूप से मान्यताप्राप्त नहीं है और जहाँ अब पुराने देशम् के अब दो या तीन अलग-अलग गाँव बना दिए गए हैं, विखंडन की यह प्रक्रिया अक्सर ज्यादा स्पष्ट है। उदाहरण के लिए केन्द्रीय कोच्चिन के एक देशम् में, एक महत्त्वपूर्ण भद्रकाली मन्दिर की चार दिशाओं में बसे चार छोटे गाँव थे। पहले पूरे इलाके का प्रशासन मन्दिर के एक बड़े देवस्वम द्वारा किया जाता था, आन्तरिक प्रशासन के लिए देशम् के नायरों की एक संयुक्त समिति ने देशवरी की जगह ले ली थी। जनसंख्या बढ़ी, खासतौर पर एक फैलते हुए कस्बे से सबसे नजदीक पड़नेवाले गाँव में, और देशम् विखंडित होकर चार छोटे देशमों में बदल गया। अब हर देशम् की अपनी नायर समिति है और बजाय इसके कि चारों गाँव मिलकर भद्रकाली मन्दिर का वार्षिक उत्सव मनाएँ, हर देशम् बारी-बारी से इसका आयोजन करता है। न तो इन चारों देशमों के तीन अलग प्रशासनिक विलेजों में गठन और न ही इनकी भूतपूर्व एकता, अब इनमें से हर एक के एक अलग ग्राम समुदाय होने के तथ्य को कुछ भी प्रभावित नहीं करता।

फिर भी कुछ क्षेत्रों में, खासकर उत्तर मलाबार में, या तो जनसंख्या में अपेक्षाकृत कम वृद्धि या किसी वंशानुगत देशवरी की बचे रह पाने की क्षमता ने आधुनिक देशमों के, अपेक्षाकृत अलग समुदायों के रूप में विकास को बाधित किया है, वहाँ, पुराने देशम् का समतुल्य अंशम् सामाजिक इकाई बना हुआ है। हाल ही में बनाए गए देशमों की विखंडनात्मक प्रवृत्ति के बावजूद, भूतपूर्व देशवरी परिवार के प्रति निष्ठा इसे एकता के सूत्र में बाँधे रखती है।

वृहत्तर राजनीतिक ढाँचे में बड़े पैमाने पर आए बदलावों के बाद भी एक घटक कई जगह गाँवों के आन्तरिक ढाँचे को अपेक्षाकृत सलामत रख पाया है—अधिगारी पद के लिए प्रत्याशियों का चुनाव। लगान इकट्ठा करने के अपने प्राथमिक कर्त्तव्य के साथ-साथ अधिगारियों को पहले से ही छोटे-मोटे दीवानी और फौजदारी मुकदमे सुनने का अधिकार था। सिवाय उन मामलों के जहाँ वे बाधक रहे हों या मैसूर की घुसपैठों के दौरान या उनके बाद गायब ही हो गए हों, पुराने तन्त्र के देशवरी इन नए पदों के स्पष्ट प्रत्याशी थे। ज्यादातर गाँवों में, इस अलिखित शर्त के साथ कि अच्छा व्यवहार बनाए रखने पर मुखियागिरी परिवार में ही बनी रहेगी उन्हें यह पद दे दिए गए। स्वाभाविक ही है कि कुछ जगह गड़बड़ी हुई है लेकिन कई गाँवों में अधिगारी देशवरी परिवार से ही हैं।

ऐसे गाँवों और उन गाँवों के बीच जहाँ अधिगारी महज एक नीचे पदवाला सरकारी कर्मचारी है जो शैक्षणिक और आवासीय अर्हताएँ पूरी करता है, महत्त्वपूर्ण अन्तर आ गए हैं। जिन गाँवों में अधिगारी सिर्फ एक सरकारी कर्मचारी है, वहाँ पुरानी पद्धति का मुखिया परिवार अगर बच पाया है तो वह अपनी भूतपूर्व सत्ता के पीछे के आर्थिक और अन्य नियन्त्रण खो चुका होता है और उसे कोई नएं लाभ नहीं मिल पाए होते हैं। ऐसा गाँव अपने आपमें एक सत्ता कम होता है और यह आधुनिक समाज की गुटबन्दियों और फाड़ों में ज्यादा जकड़ा हुआ होता है।

उन गाँवों में, जहाँ आधुनिक मुखियागिरी उन्हीं परिवारों में बनी रह पाई है, जिनमें यह परम्परागत रूप से रही थी, एक बहुत अलग तस्वीर उभरती है, खासतौर पर उत्तर मलाबार में। कुछ शक्तिशाली नायर संयुक्त परिवारों का वर्चस्व आज भी उन कई आधुनिक देशमों पर बना हुआ है जो उनके पुराने देशम् के घटक हैं। ऐसे परिवार के मुखिया को अक्सर यजमानम या मालिक कहा जाता है। उसके कई आनुष्ठानिक नियन्त्रण प्रभावहीन हो चुके हैं। उदाहरण के लिए आधुनिक स्थितियों में किसी को गाँव के मन्दिर में प्रवेश से रोक पाने या किसी स्त्री को मट्टु (उच्चवर्ण की स्त्रियों को रजोस्नान के बाद शुद्धि के लिए, नीचे वर्ण की धोबी स्त्री द्वारा दिया जानेवाला वस्त्र) पाने के अधिकार से वंचित करने का कोई अर्थ नहीं रह गया है। लेकिन उसकी राजनीतिक और न्यायिक सत्ता को बनाए रखनेवाले आर्थिक नियन्त्रण बने हुए हैं बल्कि उनमें आधुनिक प्रशासन में उसकी स्थिति से उपजे और नियन्त्रण भी जुड़े हैं। इस तरह वह दो स्रोतों से शक्ति पाता है—राज्य से भी और ग्राम समुदाय से भी।

लेकिन उसकी सत्ता का सबसे महत्त्वपूर्ण घटक है—भूस्वामी के रूप में उसकी स्थिति। ऐसे गाँव में जातियों के बीच परम्परागत यजमानी सम्बन्ध और पद के आधार पर उच्चता और हीनता के मूल्य मजबूती से बने रहते हैं। ग्राम समुदाय को एकता के सूत्र में बाँधनेवाली क्षेत्रीय निष्ठा, एक बड़े क्षेत्र में फैली अपनी जाति के प्रति आधुनिक निष्ठा से, कहीं प्रबल है। ऐसे गाँवों में, बाकी जगहों पर नीची जातियों द्वारा अपने अन्दरूनी झगड़े अपनी बिरादरी की पंचायत में मिल-बैठकर सुलझाने और इस तरह

ऊँची जातियों पर निर्भरता छोड़ने की हाल ही में उभरी प्रवृत्ति कहीं कम दिखाई देती है : हालाँकि विवादों को ऊपर की पंचायतों में ले जाने की प्रथा बरकरार है और नायरों और खासतौर पर यजमानन की बुलन्दी बनाए रखने का काम करती है। और पूरे भारत में हिन्दू-मुस्लिमों के बीच दिखनेवाली दरार के बावजूद स्थानीय मुस्लिम अल्पसंख्यकों के बीच के झगड़े अक्सर निपटारे के लिए यजमानन के पास लाए जाते हैं।

यजमानन के कार्यकलापों के इस पक्ष से एक रोचक तथ्य जुड़ा है। नायरों और सभी नीची जातियों के विवाद प्रमुख नायर या यजमानन या अधिगारी की हैसियत से मुखिया के पास पहुँचते हैं। अधिगारी की लगातार घटती आधिकारिक सत्ता और लगातार बढ़ते छोटे-मोटे कामों के कारण यह पद किसी समृद्ध परिवार के वरिष्ठ सदस्य को आकर्षित नहीं कर पाता, बल्कि इससे उसकी खानदानी इज्जत पर बट्टा तक लग सकता है। इसलिए, अक्सर यह पद परिवार के किसी कनिष्ठ सदस्य को दे दिया जाता है। लेकिन गाँव के लोग इस व्यक्ति का पद उसकी आधिकारिक स्थिति नहीं, बल्कि परिवार के वरीयता-क्रम में उसकी स्थिति के आधार पर आँकते हैं; इसका परिणाम यह होता है कि अगर किसी विवाद में एक पक्ष उसके फैसले से सन्तुष्ट हो तो मामला उससे ऊँची अदालत में नहीं, अधिगारी परिवार के वरिष्ठ सदस्य होने के नाते यजमानन के सामने ले जाया जाता है।

मैं ऐसे एक यजमानन से मिला हूँ जिसे लगता था कि विवादों के निपटारे के लिए गाँव के बाहर अदालतों में न जाने देना उसका नैतिक दायित्व है। उसने बताया कि अड़ियल मामलों में वह 'बार-बार सुनवाई की तारीख आगे बढ़ाकर समझौते की भावना को प्रेरित करता है।' उसके अधिकार क्षेत्र में हुए निपटारे उसकी सत्ता और प्रतिष्ठा की धाक तो जमाते ही हैं, इनसे उसकी आय भी होती है क्योंकि उसके पास आनेवाले वादी और प्रतिवादी हमेशा कुछ भेंट लेकर ही आते हैं (अधिगारी सुनवाई कर रहा हो तो यह भेंट उसे भी मिलती है) यजमानन के पास आनेवाले विवादों में सम्पत्ति को लेकर झगड़े मारपीट, फसलों को बदनीयती से नुकसान पहुँचाने, अतिक्रमण के मामले वगैरह आते हैं और वसूले गए जुर्माने अक्सर उसी की जेब में जाते हैं।

आज भी, अक्सर, अपने फैसले लागू करवा लेने और मामलों को अदालत में जाने से रोक पाने की यजमानन की सत्ता बनी ही हुई है। ज्यादातर विवादी उसके परिवार के किराएदार होते हैं इसलिए उनके सिरों पर जमीन से बेदखल हो जाने की तलवार टँगी रहती है, और जरूरत पड़ने पर उसके कारिन्दे बल प्रयोग भी कर सकते हैं। आज भी कभी-कभी किसी छोटे-मोटे क्षेत्र पर प्रभुसत्ता के दावेदार दो यजमाननों के कारिन्दों के बीच बाकायदा घोषित युद्ध छिड़ते हैं।

उत्तर के यजमानन के परिवार की शक्ति गाँव के मन्दिर के प्रबन्ध न्यासी होने में ही नहीं बल्कि उन कई स्थानीय देवताओं के मन्दिरों के स्वामित्व में लागू होती है, जिनकी तुष्टि के लिए किए जानेवाले अनुष्ठान ही सबसे महत्त्वपूर्ण स्थानीय पर्व होते हैं। मन्दिर के उत्सव की तरह ही इन रोचक तुष्टि अनुष्ठानों में भी यजमानन के

सत्ताक्षेत्र की कई (कभी-कभी तो बीस तक) जातियों का सक्रिय सहयोग जरूरी होता है। उत्सव के लिए भागीदार उपलब्ध करवाना कुछ निश्चित परिवारों का परम्परागत दायित्व होता है। ऐसा यजमानन छोटे-मोटे उत्सवों, विवाहों आदि में अपने सामन्ती दायित्व और अधिकार बनाए रखता है।

पूरे उत्तरी केरल के गाँवों में जातियों की पूरक अन्तर्निर्भरता की सीमा इस बात से स्पष्ट होती है कि गाँव के मन्दिर के उत्सव में अलग-अलग जातियाँ अपनी परम्परागत भूमिका किस सीमा तक निभाती हैं। मन्दिर में सबका प्रवेश देनेवाला कानून (मलाबार जिले में 1947 से और कोच्चिन रियासत में 1948 से लागू) मन्दिर के उत्सव के सिद्धान्तों का विरोध करता है जोकि आनुष्ठानिक रूप से जाति-अन्तर्निर्भरता का चरम उदाहरण था; मन्दिर प्रवेश सब जातियों को मन्दिर के सभी भागों नें प्रवेश का समान अधिकार देता है, जबकि मन्दिर के उत्सव का प्रमुखतम उपयोग जातियों के पदक्रम को दूरी के पैमाने पर दर्शाना था—मन्दिर के गर्भगृह से जो जाति जितनी दूर, वह उतनी ही नीची। वैसे सार्वजनीन मन्दिर प्रवेश से पहले भी मन्दिरों के उत्सवों में नीची जातियों की भागीदारी कम होने लगी थी, खासकर उन गाँवों में जहाँ संयुक्त परिवारों की सम्पत्तियों के कई बँटवारों के बाद ऊँची जातियों—मुख्यतः नायरों—ने आर्थिक वर्चस्व और उसमें निहित नियन्त्रण खो दिया था।

फिर भी ऐसा एक गाँव ढूँढ़ पाना मुश्किल होगा जहाँ आर्थिक ही नहीं बल्कि आनुष्ठानिक स्तरों पर भी जातियों की अन्तर्निर्भरता के कई उदाहरण बचे न रह गए हों। जाति के रीति-रिवाजों को अखिल भारतीय हिन्दुत्व के अनुरूप सुधारने और शायद राजनीतिक प्रतिनिधित्व प्राप्त करने के लिए पिछले वर्षों में अलग-अलग जातियों के जिला और केरल स्तर पर उभरे संगठनों के बाद भी यह रीतियाँ चली आ रही हैं। परम्परा की जकड़ इतनी मजबूत है कि वह आनेवाले कई वर्षों तक इन रीति-रिवाजों को खत्म नहीं होने देगी, कई परिवार अब भी अपने प्राचीन मालिक-नौकर सम्बन्धों से बँधे हुए हैं। शहरों के पास के गाँवों में बहुत से लोग अपने परम्परागत धन्धे छोड़कर कल-कारखानों में मजदूर बनते जा रहे हैं; लेकिन हिन्दुओं द्वारा दूसरी जातियों के लिए निश्चित धन्धों को अपनाने के उदाहरण बहुत कम मिलते हैं।

जनसंख्या वृद्धि और लोगों के दूसरी जगहों पर जा बसने के बाद भी हर गाँव में सभी जातियों के ऐसे परिवारों का एक केन्द्रक है जो न जाने कब से वहीं बसे हैं। बाहर से आकर बसे परिवारों की पाँचवीं पीढ़ी तक को 'परदेसी' कहा जाता है, अपनी उप-जाति के परिवारों में कई विवाह कर लेने के बाद भी। कुछ हद तक जनसंख्या के स्थानान्तरण और खासतौर पर गठन की कमी के कारण, केरल का गाँव, भारत के और भागों के गाँवों से कुछ कम आत्मभरित है।

जैसाकि प्रोफेसर श्रीनिवास ने इंगित किया है हमें 'कई जातियों की लम्बवत एकता' (जोकि गाँव है) और अलग-अलग जातियों की क्षैतिज एकता, जिसके सूत्र एक विस्तृत क्षेत्र में फैले होते हैं, के बीच अन्तर कर पाना चाहिए। हम एक विराट नियापोलिटन

आइस्क्रीम की कल्पना कर सकते हैं जिसमें गुलाबी, हरे, पीले रंगों की पर्तें हैं, इस आइस्क्रीम का एक टुकड़ा—एक गाँव—है जिसमें हर रंग का एक सानुपातिक हिस्सा है। लेकिन कम-से-कम केरल में तो ढाँचा इतना सरल नहीं है। उदाहरण के लिए, कोच्चिन के गाँव में नीची जातिवाले वेलन समुदाय की स्त्रियाँ इरावाओं के कपड़े धोने या विशेष अवसरों पर नायरों को शुद्धिकरण के कपड़े (मट्टु) देने का काम कर सकती हैं। ऐसे मामले में पाँच-छः वेलन परिवार इरावाओं के काम करेंगे जबकि दो परिवार सिर्फ नायरों का काम करेंगे (इसी किस्म के अन्तरों से अलग-अलग उपजातियाँ बनती हैं) या फिर, ऐसी जाति का कोई परिवार गाँव के इस निश्चित खंड के लिए ही काम कर सकता है। दूसरी ओर यह भी होता है कि कानिसन (ज्योतिषी) जाति के किसी परिवार के लिए अपने गाँव 'क' में काफी काम न रहे और वह पड़ोस के गाँव 'ख' का भी आधिकारिक ज्योतिषी परिवार हो। 'ख' गाँव के टोकरी बुननेवाले परिवार अपने गाँव के अलावा 'क' और 'ग' गाँवों का काम भी कर सकते हैं। बाल काटने और लोहारों और बढ़इयों की अन्त्येष्टि में सहायता करनेवाली एक छोटी उपजाति के किसी परिवार के यजमान आसपास के दर्जनों गाँवों में हो सकते हैं।

कोच्चिन में जब एक-दूसरे से अपरिचित दो नायर मिलते हैं तो वह यह नहीं पूछते कि 'आप किस गाँव के हैं ?' वे पूछते हैं, 'आप किसके नायर हैं ?' इस प्रश्न में निहित सन्दर्भ वह विशेष सम्बन्ध है जो हर नायर परिवार (कम-से-कम शूद्र नायर उपजाति के तो हर परिवार) को किसी विशिष्ट नम्बूदिरी परिवार, जिसे वह अर्द्ध-आनुष्ठानिक किस्म की विशिष्ट सेवाएँ प्रदान करते हैं, से जोड़ता है। हालाँकि नम्बूदिरी परिवार अक्सर गाँव का नाम अपना लेते हैं लेकिन शूद्र परिवारों का जजमानी सम्बन्ध किसी दूर के गाँव के नम्बूदिरियों से हो सकता है।

इस तरह जातियों के बीच अधिकारों और दायित्वों की 'लम्बवत' पद्धति गाँव तक ही सीमित नहीं है। असल में तो शायद यह पहले नाड (रियासत/ठिकाने) की एकता में एक घटक ही था।

हमारी नियापोलिटन आइसक्रीम की क्षैतिज पर्तें—जातियाँ—एक बड़े क्षेत्र में फैली होती हैं; लेकिन पहले सिर्फ नम्बूदिरियों और नायरों का ही संगठन नाड की सीमा से बाहर तक सक्रिय होते थे। कभी-कभी एक बड़े इलाके के नायरों की सभा होती थी (शायद दो नायर सरदारों के बीच शक्ति परीक्षण के अवसर पर), लेकिन अधिकांश जातियों के लिए नाड ही आन्तरिक प्रशासन की अन्तिम सीमा था, जैसाकि पहले बताया गया है जातियों के आन्तरिक संगठन का एक लम्बे-चौड़े क्षेत्र में विस्तार अपेक्षाकृत हाल की घटना है और गाँव के अन्दर जातियों के बीच संघर्ष भी हाल ही की घटना है।

इस तरह हम पाते हैं कि उत्तरी केरल में गाँवों की एकता कुछ वायवीय सी अवधारणा है। एक भौतिक, क्षेत्रीय एकता का अस्तित्व हो सकता है, लेकिन अक्सर बस्तियों के बिखरे होने से वह साफ-साफ नहीं दिखती अलग-अलग देशमों के रहनेवाले नजदीकी पड़ोसी हो सकते हैं और आधुनिक—ज्यादातर मनमाने—प्रशासनिक विखंडनों

का परिणाम यह हो सकता है कि एक देशम् की सीमा पर बसे परिवारों के सामाजिक सम्बन्ध अपने देशम् के बजाय दूसरे देशम् के लोगों से ज्यादा हों। जातियों के जजमानी सम्बन्धों को कई गाँवों में फैलाकर या उन्हें गाँव के एक खंड तक ही सीमित रखकर आर्थिक एकता को सुधारा जा सकता है। आधुनिक प्रशासकीय इकाई अंशम् कभी-कभी पुराना देशम् ही होती है और अगर देशवरी या यजमानन परिवार काफी सशक्त रह पाया है तो यह इकाई अपने भूतपूर्व राजनीतिक और न्यायिक जुड़ाव बनाए रख पाती है। ऐसे मामलों में उसके घटक देशमों के आधुनिक ग्राम समुदायों में विकसित होने में बाधा पड़ी है; लेकिन अक्सर आधुनिक देशम् की अपनी सामुदायिकता है जिसका केन्द्र एक 'बड़ा परिवार' और मन्दिर है जोकि पहले कहीं बाहर रहनेवाले देशवरी के अधीन होते थे। गाँव की आनुष्ठानिक एकता का मामला भी ऐसा ही है; वर्ष का प्रमुख मन्दिर-उत्सव देशम् के मन्दिर में हो सकता है या किसी ऐसे मन्दिर में जो आसपास के देशमों का साझा मन्दिर हो।

आधुनिक शुरुआत में इस तरह, हालाँकि केरल में कोई भी समाजशास्त्रीय अनुसन्धाता देशम् को अध्ययन की समुचित इकाई के रूप में ले सकता है फिर भी उसे एक बड़े क्षेत्र में फैले सभी तरह के सामाजिक सम्बन्धों का परीक्षण भी करना ही चाहिए। अठारहवीं शताब्दी या उससे पहले के देशमों में जो भी आन्तरिक आत्मनिर्भरता रही हो, आजकल केरल में किसी भी इकाई को एक स्पष्ट रूप से परिसीमित सुसंगत स्वतन्त्र ग्राम समुदाय के रूप में इंगित कर पाना कठिन है।

गोशेन : हिमालय का एक गद्दी गाँव

डब्ल्यू.एच. न्यूएल

भारत में ढेरों रीति-रिवाज, प्रथाएँ और उत्सव हैं जिनमें से कुछ पूरे भारत में पाए जाते हैं और कुछ किसी क्षेत्र विशेष तक ही सीमित रहते हैं और उस क्षेत्र की निजता से जुड़े होते हैं। किसी जिले की निजी विशेषताओं का अध्ययन उतना ही महत्त्वपूर्ण है जितना कि पूरे भारतीय समाज के सामान्य लक्षणों का अध्ययन, असल में तो जिले का अध्ययन कहीं महत्त्वपूर्ण है। भौतिकी के इतिहास में बड़ी खोजें उन प्रयोगवादियों ने की हैं जिन्होंने अपने सिद्धान्त द्वारा बताए गए परिणामों से अलग परिणाम निकलने पर उसे प्रयोग में हुई भूल के खाते में नहीं डाला, इसी तरह तुलनात्मक समाजशास्त्र में, रीति-रिवाजों में मिले छोटे-छोटे अन्तर एक नए समाजशास्त्रीय सिद्धान्त को स्पष्ट कर सकते हैं। लेकिन ग्राम समुदायों के ऐसे ही निष्पक्ष, वैज्ञानिक अध्ययनों की भारत में भारी कमी दिखती है।

इस दृष्टिकोण से गद्दी लोग एक बहुत रोचक विषय हैं। ये लोग पूरी तरह हिन्दू हैं और इनमें से 90 प्रतिशत निरक्षर हैं लेकिन कई गद्दी पुरोहितों को रामायण के लम्बे-लम्बे अंश कंठस्थ हैं। गद्दियों के छोटे-छोटे गाँव चम्बा रियासत में ऊपरी रावी और बुड्ल-नड्ल नदियों के तटों पर पूर्वी पंजाब के काँगड़ा जिले की पालमपुर तहसील की धौलाधार पर्वतमाला की तलहटी में बिखरे हैं। वे हाथ से बुने खास ऊनी कपड़े का गर्दन से घुटनों तक आता चोगा पहनते हैं, जो कमर पर ऊनी रस्सी से कसा रहता है। इस रस्सी में लाल मनकों से कढ़ाई किया एक बटुआ खुँसा होता है जिसमें आग जलाने के लिए चकमक और लकड़ी के छोटे-छोटे टुकड़े होते हैं। गद्दी के हाथ में अक्सर हुक्का होता है। चम्बा के समुदायों में गद्दी शायद सबसे समृद्ध लोग हैं। उनकी समृद्धि का कारण उनका कुशल खेतिहर होना नहीं बल्कि आमदनी बढ़ाने के लिए भेड़ और बकरियाँ पालना है, सर्दियों में गद्दी अपनी भेड़ों को काँगड़ा घाटी में चराते हैं, वसन्त में वे भरमौर और स्पीति की ऊँची पहाड़ियों पर चले जाते हैं; शरद में वे 12,000 फुट की ऊँचाई पर स्थित बीच की चरागाहों में भेड़ें ले आते हैं और फिर जाड़ा बढ़ने पर काँगड़ा के मैदान में उतर आते हैं। गद्दी लोग मुख्यतः पशुपालक हैं लेकिन सभी लोग भेड़-बकरियाँ पालते हों ऐसा नहीं है। लेकिन भेड़-बकरियाँ लिये पर्वत-पर्वत घाटी-घाटी घूमनेवाले हर गद्दी का एक स्थायी घर जरूर होगा जो अक्सर पत्थर और

लकड़ी का बना बहुत पुख्ता तिमंजिला मकान होता है। जाड़ों में बहुत से गद्‌दी जिनके पास भेड़ें नहीं हैं, या तो अपने रिश्तेदारों के पास काँगड़ा की तरफ चले जाते हैं या छोटे-मोटे काम करने पंजाब के मैदानों की तरफ निकल पड़ते हैं। मेहनत-मजदूरी के बदले में उनके हिन्दू स्वधर्मी उन्हें जो भी खाने-पीने को दे दें उसे गद्‌दी सहज स्वीकार कर लेते हैं। मैं गद्‌दियों को मुख्यतः खेतिहर लोग मानता हूँ जिनकी रुचि पशुपालन में भी है। ज्यादातर परिवारों के पास कुछ गाय-बैल भी रहते हैं जिनका उपयोग दूध और हल चलाने के काम में होता है। बैलों की औसत कीमत पचास रुपए है। गाय, बैल पहाड़ों के पार नहीं ले जाए जा सकते इसलिए जाड़ों में, हर गाँव में एक-दो ग्रामीण उनकी देखभाल के लिए पीछे रुक जाते हैं। इन ग्रामीणों को, पशुओं के लिए चारा जुटाने के एवज में हर पशु के हिसाब से, कुछ निश्चित भुगतान किया जाता है।

पहाड़ों की तीखी ढलान के कारण भरमौर तहसील के खेत सीढ़ीदार होते हैं। गाँवों में घर एक साथ बने होते हैं, अगर गाँव में एक से ज्यादा जातियाँ रहती हैं तो कभी-कभी वे दो गाँवों में बँट जाती हैं और कभी एक ही गाँव के रूप में रहती हैं। हर गाँव का एक देवस्थान और दो-तीन झरने होते हैं। झरने न हों तो कभी-कभी तालाब खोद लिये जाते हैं। सभी जातियाँ एक ही स्रोत से पानी लेती हैं लेकिन गाँव के देवस्थान में नैवेद्य चढ़ाने का अधिकार प्रमुख जाति को ही होता है। बाकी जातियों का अक्सर अपना अलग देवस्थान होता है। मैं 'जाति' को रोटी-बेटी का लेन-देन रखनेवाले समूह के रूप में ले रहा हूँ और इस तरह राजपूत और खत्री जो पंजाब में दो अलग-अलग जातियाँ हैं, गद्‌दी समाज में एक ही जाति हैं क्योंकि वे रोटी-बेटी का सम्बन्ध रखते हैं। गद्‌दी गाँवों का आकार निश्चित नहीं रहता—दर्जन भर लोगों का एक परिवार भी एक गाँव हो सकता है और 100 परिवारों के 600 लोगों का गाँव भी। औसतन एक गाँव में बीस परिवार होते हैं। हर गाँव का एक श्मशान घाट होता है लेकिन हर गोत्र की अपनी नियत जगह होती है जहाँ वे मृतकों का दाह-संस्कार करते हैं।

गद्‌दियों की भूसम्पत्ति की अवधारणा खेतों के उदाहरण से अच्छी तरह समझी जा सकती है। हर खेत, किसी गोत्र के किसी पुरुष सदस्य का होता है। उसके मरने पर खेत उसके बेटे-पोते या बेटा न होने पर उसके भाइयों के हो जाते हैं। भाई भी न हों तो खेत उसके गोत्र के सदस्यों में बँट जाते हैं। गोत्र के भी लोग न हों तो खेत राजा के हो जाते हैं जो पूरी ही रियासत की धरती का मालिक है। लेकिन सचमुच में देखा जाए तो विरासत में जो मिलता है वह सिर्फ भूमि के उपयोग का अधिकार है। इसका प्रमाण यह है कि अगर कोई व्यक्ति अपने गोत्र की सहमति के बिना किसी को दत्तक लेता है तो दत्तक-पुत्र को आधी ही भूमि विरासत में मिलती है। भारतीय संघ में चम्बा रियासत के विलय से पहले तक राजा बिना मुआवजा दिए, जमीन (वापस) ले सकता था। इस तरह देखें तो लगान जमीन का किराया ठहरता है।

जैसाकि मैंने पहले कहा था, यहाँ की भूमि ढलवानवाली है, इस पर खेत बनाने के लिए बहुत से पत्थरों की जरूरत पड़ती है। जब कोई पत्थर कहीं से उठाकर खेत

का पुश्ता बनाने के लिए इस्तेमाल किया जाता है तो वह खेत के मालिक की सम्पत्ति हो जाता है। अगर बाढ़ या बर्फ के कारण पत्थर फिसलकर निचले खेत में जा गिरे तो भी वह उसी की सम्पत्ति रहता है। पत्थरों की ढेरी बनाकर एक जगह पर रख देना निचले खेत के मालिक का कर्त्तव्य होता है, उन्हें उठाकर पुश्ता चिनना ऊपर के खेत के मालिक का दायित्व। लेकिन खिसककर आई मिट्टी, निचले खेत के मालिक की सम्पत्ति हो जाती है। मैं यहाँ यह उदाहरण सिर्फ यह स्पष्ट करने के लिए दे रहा हूँ कि गद्दी के लिए सम्पत्ति के पूर्ण स्वामित्व जैसी चीज का अस्तित्व नहीं है। सामुदायिक स्वामित्व जैसी चीज भी यहाँ देखने में नहीं आती, सिर्फ कुछ सम्पत्तियों को विशिष्ट उद्देश्यों के लिए उपयोग का अधिकार है। यहाँ तक कि गाँव के देवस्थान जैसी साझी जगह में भी अधिकारों और कर्त्तव्यों का बँटवारा एकदम साफ है।

भरमौर तहसील गद्दियों का मुख्य स्थान है जिसे वे गदरैण यानी गद्दियों की भूमि भी कहते हैं। इस जिले को शिवभूमि भी कहा जाता है। यह तीनों नाम गद्दी के अपनी भूमि के प्रति भावनाओं को व्यक्त करते हैं। सबसे पहले तो गद्दी चम्बा रियासत का वासी है, जिसका राजा गद्दी नहीं है। यह गैर-गद्दी राजा तहसीलदार नियुक्त करता था, सामान्य प्रशासनिक क्रियाकलापों को नियन्त्रित करता था, और पहले जमाने में जादू-टोने का पता लगाने के लिए एक खास अधिकारी की नियुक्त करता था, फिर गद्दी एक विशिष्ट समुदाय का सदस्य है जिसका एक लम्बा इतिहास और अपनी खास परम्पराएँ हैं। और आखिर में, गद्दी शिव की खास प्रजा है, उस क्षेत्र का वासी है जो शिव के विशेष संरक्षण में है, जहाँ मणिमहेश झील की यात्रा करने मैदानी इलाके के हजारों लोग आते हैं। गद्दी इन तीनों भावनाओं के बीच तालमेल बिठाकर जीता है।

गद्दी भरमौर तहसील का प्रमुख समूह है लेकिन अल्पसंख्यक समूह भी हैं जो भरमौर के समुदाय को प्रभावित करते हैं। और यहाँ 'गद्दी' शब्द के दोहरे अर्थ को समझना बहुत महत्त्वपूर्ण हो जाता है। बाहरी लोगों के लिए 'गद्दी' का अर्थ है वह सब लोग जो खुद को गद्दी कहते हैं और गद्दियों की खास पोशाक पहनते हैं। लेकिन खुद गद्दी के लिए, 'गद्दी' हिन्दू धर्म का अनुयायी वह हिन्दू है जो जाति का राजपूत या खत्री या ठाकुर है और साधारणतः गद्दी पोशाक पहनता है और खुद को गद्दी कहता है। यह दूसरी परिभाषा ब्राह्मणों को गद्दियों में नहीं गिनती, न ही सीपी, राठी और होलेया को गद्दी मानती है। इस तरह, अगर रोटी-बेटी के सम्बन्ध को आधार माना जाए तो भरमौर में चार ही प्रमुख जातियाँ हैं। सबसे ऊपर ब्राह्मण, उनसे नीचे राजपूत, खत्री और ठाकुर, तीसरे नम्बर पर जिले के मूलवासियों के वंशज राठी और सीपी जिनके पास अपनी जरूरत भर की जमीन है; और अन्त में होलेया, टोकरी और जूते बनानेवाले और कुली वगैरह।

साधारण रूप से गाँव में एक ही जाति होती है, या तो सभी सीपी होंगे या राजपूत, या ब्राह्मण। इनके अलावा और कोई जाति नहीं है और दक्षिण भारत के गाँवों में दिखनेवाली व्यवसायगत विशेषज्ञता देखने में नहीं आती। इस नियम का एकमात्र

अपवाद यह है कि सिर्फ ब्राह्मण ही पुरोहित हो सकते हैं। ब्राह्मणों को छोड़कर सभी जातियाँ और कभी-कभी ब्राह्मण भी, मांस खाते हैं और एक किस्म की हल्की शराब सूर पीते हैं। जूते बनानेवाली कोई जाति नहीं है (सिवाय मैदानी इलाकों से आए होलेयाओं के) और ज्यादातर गद्दी चम्बा से जूते खरीदते हैं। मेरा मेजबान दर्जी था। उससे पहले वह लाहौर में ढाबा चलाता था और उससे भी पहले वह फौज में सिपाही हुआ करता था। मैं एक शादी में गया था, शादी करा रहे ब्राह्मण पुरोहित की भरमौर में छोटी-सी दुकान थी, वह अपने खेतों में खुद ही खेती करता था, कुछ रुपया सूद पर देता था और साथ ही भरमौर के प्रसिद्ध मन्दिर में पुजारी भी था; व्यवसायों का यह तालमेल बहुत असाधारण नहीं है। राजपूत गद्दी शादी-ब्याहों में बाजा बजा लेते हैं।

गद्दियों में जाति-व्यवस्था व्यवसाय से नहीं जुड़ी है तो इसका मतलब यह भी नहीं है कि उनकी जाति-चेतना किसी तरह कमजोर पड़ रही है। बस गद्दियों के यहाँ जाति का उपयोग कुछ अलग ढंग से होता है। जाति गाँव के अन्दर और गाँव के बाहर विवाह सम्बन्धों को नियन्त्रित करती है, यह वह व्यवस्था है जो कुटुम्बियों की संख्या और बेटे-बेटियों के विवाहों के लिए प्रत्याशियों की संख्या को सीमित करती है। जाति एक बड़ा समुदाय है जिसके सदस्यों के सम्बन्ध विवाहों से मजबूत हैं; जिससे आर्थिक, धार्मिक और मैत्री के बन्धनों में प्रगति होती है। एक ही जाति के लोग एक अलाव के पास बैठकर एक ही नै से हुक्का पी सकते हैं और एक-दूसरे का छुआ खा सकते हैं। पहले जाति के नियमों का उल्लंघन करने पर गाँव की पंचायत लोगों का हुक्का-पानी बन्द कर सकती थी लेकिन पिछली कुछ पीढ़ियों में यह व्यवस्था कमजोर पड़ी है। जिस गाँव में मैं रह रहा था उसमें हुक्का-पानी बन्द होने का आखिरी मामला तीन पीढ़ी पहले हुआ था जब नीची जाति की एक औरत के साथ रहने के कारण एक आदमी का बहिष्कार किया गया था। (उसके विवाह की वैधता बनी रही, पर उसका स्तर कुछ नीचा माना गया) अपने गोत्र और परिवार की सम्पत्ति में उसके अधिकार पूरी तरह बने रहे। सिर्फ उसे अपना मकान कुछ दूरी पर बनाना पड़ा और वह अपने जाति-भाइयों के साथ बैठकर नहीं खा सकता था। जाति के नियमों के उल्लंघन के बहुत कम मामले दिखने का कारण जाति चेतना में कमी नहीं बल्कि कई भौतिक और आर्थिक घटक हैं :

(अ) मेरा अन्दाज़ है कि घाटी के 90% लोग राजपूत या ब्राह्मण हैं। क्योंकि ज्यादातर जातियाँ अलग-अलग गाँवों में रहती हैं इसलिए उनके बीच अन्तरंगता बहुत कम होती है। इसके अलावा राठियों और सीपियों के पास अपनी संख्या के अनुपात में, उतनी ही भूमि है, जितनी ऊँची जातियों के पास। होलेया जो सबसे नीची जाति है और कुल जनसंख्या का एक प्रतिशत है, समाज-व्यवस्था को चलाने के लिए बिल्कुल जरूरी नहीं हैं। वे अलग गाँवों में रहते हैं और ब्राह्मणों और राजपूतों के गाँवों में उनके जाने का कोई कारण नहीं होता। ऊँची जातियाँ होलेया गाँवों में दिहाड़ी मजदूर लेने या बिरतोण (जजमानी) सम्बन्ध निभाने के लिए आती हैं।

(ब) बढ़ती जनसंख्या के भूमि संसाधन पर बढ़ते दबाव से सभी जातियाँ प्रभावित

होती हैं, सिर्फ गरीब लोग नहीं। क्योंकि पहले सिर्फ एक जमींदार, राजा, हुआ करता था इसलिए भूमि का पूर्ण स्वामित्व यहाँ सम्भव नहीं था। अब, मौजूदा सरकार भूमि के पूर्ण स्वामित्व की शुरुआत कर रही है। अगर कड़ी निगरानी न रखी गई तो यहाँ एक नए जमींदार वर्ग के उठ खड़े होने की आशंका है।

(स) हिमाचल प्रदेश के इस हिस्से तक आर्थिक और सामाजिक विकास पूरी तरह नहीं पहुँच पाया है।

(द) भारत के दूसरे हिस्सों में, अक्सर नीची जातियाँ जजमानी कर्त्तव्यों को नहीं निभाना चाहतीं और इस तरह जाति-प्रथा पर चोट करती हैं। लेकिन चम्बा के इस हिस्से में ऐसा कोई उत्सव नहीं है जिसमें सीपियों और होलेयों की भागीदारी जरूरी हो। वे व्यवस्था के बाहर हैं और उनकी संख्या इतनी कम है कि वे जबर्दस्ती व्यवस्था में घुस भी नहीं सकते। अक्सर शादी-ब्याहों और अन्य उत्सवों में राजपूत बाजे बजा लेते हैं और पेशेवर बाजेवालों से बेहतर बजाते हैं।

जाति के सदस्यों के सामूहिक स्तर को स्पष्ट करने के लिए मैं अपने अनुभव का उदाहरण देता हूँ—मैं एक शादी में गया था। किसी गद्दी गाँव में रहनेवाला पहला यूरोपियन और (हाल तक) गौरांग शासकवर्ग का सदस्य होने के नाते, यह सवाल उठा कि मेरा स्तर क्या हो ? बाहरी जाति का, बल्कि बिना जाति का आदमी होने के नाते मैं राजपूतों के अलाव के पास तो बैठ नहीं सकता था। ठंड थी, इसलिए मैं बाजा बजानेवाले होलेयों के अलाव के पास चला गया। उन्होंने मेरा गर्मजोशी से स्वागत किया। लेकिन अगले दिन मैंने पाया कि मेरे लिए एक अलग अलाव राजपूतों और होलेयों के बीच जला दिया गया है। जो भी मुझसे बतियाना चाहता वह आकर मेरे अलाव के पास बैठकर मुझसे बातें कर सकता था; लेकिन मैं उनके अलाव के पास एक ही सूरत में बैठ सकता था, मुझे यूँ दिखाना होता जैसे कि मैं वहाँ मौजूद न होऊँ। मेरे मेजबान ने बात साफ की, ''आप राजपूत नहीं हैं लेकिन होलेयों से तो आप बहुत ऊपर हैं।'' यूँ एक नई, अस्थायी जाति 'न्यूएल' बन गई। अगर मैं सरकारी पट्टा लेकर कुछ जमीन हासिल कर लेता और अवैदिक रीति से किसी राजपूत औरत से शादी कर लेता तो मैं और मेरी सन्तानें एक नई जाति बन जाते। मेरे विचार से ऐसे ही किसी प्रक्रम से यह घाटियाँ बसी होंगी। गोशेन गाँव के नीचे लगा एक शिलालेख बताता है कि पहले यहाँ तिब्बती लोग रहते थे। किसी कारण से ये लोग लुप्त हो गए या सीपियों में मिल गए या उनके द्वारा प्रतिस्थापित हो गए। फिर दिल्ली या लाहौर से योद्धा राजपूत आए जिन्होंने सीपियों को जीतकर उनका हिन्दूकरण कर दिया और भरमौर में मन्दिर की स्थापना की। वे संख्या में कम ही थे इसलिए उन्होंने सीपियों की सब जमीन नहीं छीनी। फिर जब उन्हें लगा कि बिना ब्राह्मणों के शादी-ब्याह नहीं हो पा रहे तो उन्होंने और कहीं से आकर यहाँ बस गए ब्राह्मणों को अपनी बेकार जमीनें दे दीं (आज भी घाटियों की ढलवानों पर सबसे खराब जमीनें ब्राह्मणों की हैं) भरमौर में, कई ऋषियों के तत्त्वावधान में एक देवराज्य की स्थापना की गई। इस देवराज्य की जगह अन्ततः एक

गद्दी राजा ने ले ली जिसने रावी के निचले इलाकों को अपने अधीन कर लिया और भरमौर की जगह चम्बा को राजधानी बनाया। भरमौर का सामाजिक ढाँचा तब से अब तक वैसा ही बना रहा है; सिर्फ औरंगजेब के जमाने से, मुस्लिम शासकों से पीड़ित होने के कारण, मैदानी इलाकों से लोग आते रहे हैं। मौजूदा समाज के कई लक्षण इस धारणा की पुष्टि करते हैं।

पिछले 300 सालों में हिंसापूर्ण परिवर्तन की अनुपस्थिति के परिप्रेक्ष्य में देखा जाए तो सबसे महत्त्वपूर्ण घटक जो सामने आता है वह यह कि लोग अपनी परिस्थितियों से सन्तुष्ट हैं और दूसरी जगहों पर हो रही घुसपैठों से ज्यादातर अप्रभावित ही रहे हैं। तिब्बत को जानेवाली प्रमुख सड़क लाहुल से गुजरती है, ऊपरी रावी घाटी से नहीं। कश्मीर का रास्ता जम्मू से होकर जाता है। जम्मू रियासत सिर्फ 250 साल पुरानी है और इस पर कई आक्रमण होते रहे हैं, भरमौर का इतिहास 2000 साल का है और इसमें बाहर से कुछ ही आक्रमण हुए हैं।

यह मानना ठीक ही है कि राजपूतों ने जब पहले-पहल सीपियों को जीता तो वे क्षात्र स्वभाव के रहे होंगे, तभी वे उस प्रान्त के मूल निवासियों को विस्थापित कर पाए। लेकिन बीच के दौर में, गद्दियों का चरित्र धीरे-धीरे बदल गया। गाँवों के चारों तरफ दीवारें नहीं हैं, न ही ऐसी दीवारों की याद बची है। किसी ऐतिहासिक दुर्घटना से, चोबिया गाँव की कुछ खेती की जमीन गोशेन के बीचोबीच है; लेकिन पिछले पचास सालों में गोशेन के लोगों ने जमीन पर कब्जा करने की कोई कोशिश नहीं की है। विवाह सम्बन्ध बिगड़ने या कोई करार पूरा करने पर अगर दो परिवारों के बीच मनमुटाव हो भी जाए तो एक ही पीढ़ी के जीवनकाल में वह धीरे-धीरे खत्म हो जाता है, इसके कारण दो परिवारों या दो गाँवों के बीच लम्बे दौर तक चले मनमुटाव की नौबत कभी नहीं आने पाती। इसके कुछ कारण तो मैं पहले ही बता चुका हूँ, अब तक भी लोगों के पास काफी जमीन का रहना, एक गाँव में एक ही जाति के बसने की सामान्य प्रवृत्ति, राजपूतों की बहुसंख्यता, अलग-अलग समूहों के हितों के टकराव की स्थिति का न होना। एक और जो कारण है और शायद सबसे महत्त्वपूर्ण कारण है वह यह कि खेती की जमीन गुजारे के लिए कम पड़ने लगे तो भेड़पालन का रास्ता हमेशा ही खुला रहता है। 'लैंड सिस्टम्स ऑफ़ ब्रिटिश इंडिया' में बेडेन-पॉवेल ने दिखाया है कि जाति-व्यवस्था का अस्तित्व बने रहना बहुत हद तक बढ़ती जनसंख्या के लिए पर्याप्त कृषि-भूमि की उपलब्धता पर निर्भर था। हालाँकि गद्दियों की भूमि सीमित है, फिर भी बढ़ती जनसंख्या की समस्या भेड़पालन से हल हो जाती है। फिलहाल, भेड़ों को चराने के लिए काफी चरागाहें उपलब्ध हैं और ऊन के दाम बढ़िया मिलते हैं।

गद्दियों के स्वभाव की मधुरता और उनके बीच गम्भीर झगड़ों के न होने का एक महत्त्वपूर्ण कारण है; शारीरिक हिंसा के प्रति अरुचि। परिवार के अन्दर हिंसा की कोई जगह नहीं है। छोटे बच्चों को मनमानी करने की पूरी छूट रहती है, अगर संयोग से बच्चा घर के किसी नियम का अतिक्रमण कर भी दे तो उसे पीटा किसी हाल में नहीं

जाता। अगर डाँट खाकर बच्चा रो दे तो परिवार के बाकी लोग उसका पक्ष लेकर माँ-बाप और बच्चे के बीच सुलह करा देते हैं। रोते हुए शिशु को पीटकर चुप कभी नहीं कराया जाता। कुछ ज्यादा सूर पीकर अगर दो गद्दी एक-दूसरे से उलझ जाएँ तो आसपास खड़े लोग उन्हें तुरन्त अलग करके दूर ले जाएँगे। खून की झलक देखकर ही गद्दी का कलेजा निकल जाता है। एक बार गड्ढा खोदते हुए एक ग्रामीण का पैर जरा कट गया, घाव हल्का ही था, लेकिन जब वह घर लौटा तो उसकी दो बेटियाँ और भतीजा ऐसे बुक्का फाड़कर रोए कि उनका रोना दूर तक सुनाई दे रहा था, घाव की मरहमपट्टी हो जाने पर भी उनका रोना बन्द नहीं हुआ। इस सबका अर्थ यह नहीं है कि गद्दी लड़ते नहीं हैं, या बौखलाकर हत्याएँ नहीं कर देते, बात बस यह है कि गद्दी समाज में हिंसा के दृश्य विरले ही दिखते हैं। गाँवों के एक-दूसरे से लड़ने के कोई उदाहरण नहीं हैं। कुछ मामलों में गद्दी गाँधी के आदर्श अनुयायी हैं—लड़ने-झगड़ने से दूर, हाथ के कते-बुने कपड़े, और उत्पादित सामानों पर नहीं के ही बराबर निर्भरता। आदर्श गद्दी वह आदमी है जिसके पास जरूरत भर की जमीन हो, काफी भेंड़ें हों, हँसमुख पत्नी और कई बच्चे हों, जो अपने मित्रों से लेन-देन में उदार हो और जिसके पास इतनी सूर और खाना-पीना हो कि वह अक्सर दावतें दे सके। ऐसा पुरुष हर गृहस्थी का गौरव है।

लगभग सभी गाँवों में एक ही जाति के लोगों के रहने के बाद भी जाति-चेतना, ग्राम-चेतना से कहीं प्रबल है। इसका कारण यह है कि असल में गाँव में चार-पाँच गोत्रों के लोग रहते हैं। ये गोत्र ही गाँव के प्रशासन की आधारभूत इकाई हैं। लेकिन गोत्र बाह्यगामी हैं और अपने ही गोत्र में पत्नी पाना सम्भव नहीं है, इसलिए दूसरे गाँवों में विवाह सम्बन्ध होते हैं और यह सम्बन्ध गाँवों को एक सूत्र में बाँधते हैं। जिस गाँव में मैं रह रहा था उसमें कुछ लड़कियों के विवाह गाँव में ही हुए थे, कुछ के पास के गाँव में, कुछ के पाँच मील दूर के गाँवों में और कुछ के तो पर्वतों के पार पालमपुर तक में हुए थे, गाँव के बाहर हुए विवाहों को अगर नक्शे पर दिखाया जाए तो एक संकेन्द्रित वृत्त बनेगा जिसमें सबसे अधिक विवाह गाँव के पास दिखेंगे और फिर धीरे-धीरे बढ़ती दूरी के अनुपात में इनकी संख्या भी कम होती जाएगी। झगड़े और विवाद होने की सबसे ज्यादा सम्भावना आसपास के लोगों से होती है, इसका व्यावहारिक परिणाम यह है कि झगड़ा हो ही जाए तो ऐसे रिश्तेदार निकट ही होंगे। सामाजिक और आर्थिक कारणों से जिनकी रुचि झगड़े को जल्द-से-जल्द खत्म कराने में रहेगी। अगर झगड़ा यूँ न सुलझे तो दोनों पक्षों को मान्य, निष्पक्ष पंचों की पंचायत बैठाई जाएगी। लेकिन ऐसा झगड़ा कभी भी दो गाँवों के बीच का झगड़ा नहीं, लोगों के दो समूहों के बीच का झगड़ा होगा जो सम्भवतः दो अलग-अलग गाँवों में रहते होंगे।

गाँव अपने आप में महत्त्वपूर्ण सत्ता नहीं है। ज्यादातर गाँवों के बड़े समूहों का एक लम्बरदार होता है जो अक्सर सबसे ज्यादा लगान देनेवाला व्यक्ति होता है और जो पहले राजा की तरफ से लगान वसूल करता था और अब सरकार की तरफ से वसूलता है।

उससे ऊपर एक लिखणारा होता है जिसकी नियुक्ति सरकार करती है और जो भरमौर में बैठता है। उससे ऊपर तहसीलदार होता है जो डिप्टी कमिश्नर से सीधे आदेश प्राप्त करता है। सरकार सिर्फ तहसीलदार और डिप्टी कमिश्नर को पूरी तनख्वाह देती है। मेरे गाँव का लम्बरदार निरक्षर था पर क्योंकि उसका गाँव बहुत छोटी इकाई था इसलिए उसे सब लोगों की जमीन के नाप याद रहते हैं। लेकिन गाँव के प्रशासन से इन अधिकारियों का लेना-देना बहुत कम रहता है। गाँव के बड़े-बूढ़े सड़कों के रख-रखाव और सरकार द्वारा मजदूरों की माँग पर मिल-बैठकर फैसला कर लेते हैं। (पहले सरकारी काम के लिए बेगार उपलब्ध कराने के लिए एक विशेष अधिकारी हुआ करता था, लेकिन अब दिहाड़ी पर मजदूर रखे जाते हैं) गाँवों का आकार इतना छोटा है कि औपचारिक ग्राम प्रशासन की जरूरत ही नहीं बचती। लेकिन अगर कभी कोई गम्भीर विवाद हो जाए तो स्थानीय इकाई और चम्बा की अदालत के बीच कुछ नहीं है। पिछले साल भारत सरकार ने लिखणारा की सहायता के लिए एक पटवारी की नियुक्ति की है जिसका काम भूआलेख रखना है।

गाँव के प्रशासन की इस अविकसित पद्धति के लिए कुछ हद तक अपनी प्रजा के प्रति चम्बा के राजा का रुख जिम्मेदार है। चम्बा रियासत राजा की व्यक्तिगत सम्पत्ति थी लेकिन वह कुछ लोगों को, लगान के बदले जमीन पर खेती करने दे सकता था। यह शुद्ध रूप से राजा की मर्जी पर निर्भर था। इसी तरट पहाड़ों पर जानवरों को चराने का अधिकार भी बिचौलियों के हाथों में सौंप दिया गया था जो राजा की तरफ से, भेड़ों और बकरियों के मालिकों से चराई का लगान वसूल लेते थे। इस पद्धति के कारण बटाईदार किसानों के अलावा कोई और वर्ग उभर ही नहीं सका। क्योंकि राजा के सामने सब प्रजाजन बराबर थे इसलिए कोई भी, अधिकारियों को एक तरफ करके, सीधे राजा से शिकायत कर सकता था।

यहाँ बिरतोण (जजमानी) की पद्धति के बारे में कुछ बातें स्पष्ट करना जरूरी है। बेटे-बेटियों के ब्याहों में साज और तम्बोल समारोहों के समय बिरतोण का महत्त्व दिखता है—वर-वधू के पिता से बिरतोण रखनेवाले लोग उसे धन देते हैं जो विवाह के खर्चे पूरे करने के लिए अंशदान ही होता है। इस अंशदान का सम्बन्ध जाति या कौटुम्बिकता से नहीं होता। अंशदान का हिसाब रखा जाता है और देनेवाले के यहाँ ब्याह होने पर यह राशि, कुछ बढ़ाकर उसे लौटा दी जाती है। इसी तरह अगर कोई मकान बनवा रहा हो तो वह उन सीपियों से, जिनसे उसका बिरतोण है, मकान के लिए 1000 फुट नीचे नदी से स्लेटें लाने को कह सकता है। वह उन्हें पैसा दे भी सकता है और नहीं भी दे सकता, लेकिन अगर पैसा देगा भी तो मजदूरी की प्रचलित दर से कम ही देगा। जब उसके यहाँ अनाज की गहाई हो रही हो तो सीपी उसका एक हिस्सा लेने के अधिकारी होंगे। लेकिन यह आर्थिक सौदेबाजी नहीं, एक सामाजिक सम्बन्ध को पुख्ता करना है। एक और महत्त्वपूर्ण बिरतोण सम्बन्ध पुरोहित और उसके यजमानों का है। गद्दियों ने मुझे बताया कि वे जब चाहें तब बिरतोण सम्बन्ध भंग कर सकते

हैं, लेकिन बहुत खोजबीन करने पर भी मुझे एक भी ऐसा मामला नहीं मिला जहाँ बिरतोण खत्म किया गया हो। बिरतोण, अलग-अलग जातियों और गाँवों को जोड़नेवाला सूत्र है। जिन चार-पाँच ब्याहों में मैं गया वहाँ तम्बोल के समय आए बिरतोण अंशदान उन लोगों से मिले थे जिनसे साधारण रूप से परिवार का सम्पर्क कम ही रहता है।

इस तरह तीन प्रमुख सम्बन्ध समूह हैं—विवाह, जो एक ही जाति लेकिन अलग-अलग गोत्रों के लोगों को जोड़ता है। कुटुम्ब एक ही गोत्र के लोगों को जोड़ता है। बिरतोण अलग-अलग जाति और गोत्रों के लोगों को जोड़ता है। इन तीनों संस्थाओं की मजबूतियाँ और सामाजिक अनुसमर्थन खासे भिन्न हैं। इनमें जबर्दस्त असमानता नहीं ही पाई जाती।

गद्दियों को एक ऐसे बड़े समुदाय के रूप में देखा जा सकता है जो 200 वर्गमील क्षेत्र में फैले हैं और जिनकी पोशाक, बोली और रीति-रिवाज एक ही हैं। एकजुटता की गहरी भावना और गाँव के संगठन की प्रकृति के कारण बहुत ही कम औपचारिक ग्राम प्रशासन है। गाँवों और लोगों के बीच मनमुटाव न होने का प्रमुख कारण है सिर्फ अपनी बात ऊपर रखने के लिए बल के प्रयोग और दूसरों को कष्ट पहुँचाने के प्रति गद्दी की सहज अरुचि। उनकी इस एकता और एकजुटता का आधार जातीय भाईचारे की भावना है, गद्दियों के लिए जाति एक ही गाँव में रहने से कहीं ज्यादा महत्त्वपूर्ण है।

पश्चिमी उदयपुर के भील गाँव : सामाजिक परिवर्तन का प्रतिरोध

जी. मॉरिस कारस्टेयर्स

मेवाड़ (भारत की 'वीरभूमि') के इतिहास में भीलों की भूमिका बहुत महत्त्वपूर्ण रही है। उदयपुर के महाराणाओं के पूर्वपुरुष बाप्पा रावल का पालन-पोषण एक भील ने ही किया था; और सदियों तक भील सेनाओं ने अपने राजपूत शासकों के साथ मिलकर बाहरी आक्रमणकारियों से लोहा लिया। यही कारण है कि भीलों के खुद निरक्षर और राजपूतों की तरह चारण-भाटों द्वारा तैयार किए गए पवाँड़ों (गीतात्मक इतिहास) की परम्परा न रहने पर भी राजपूतों के लेखन और काव्य में उनका उल्लेख पाया जाता है; राजपूतों से उनके सम्बन्धों का अंकन मेवाड़ के राजचिह्न में है जिसमें एक प्रदीप्त सूर्य के एक तरफ एक राजपूत योद्धा है और दूसरी तरफ एक भील योद्धा। इसलिए यह और भी आश्चर्य का विषय है कि सदियों के गहन सम्पर्क के बाद भी भीलों ने अपना एकदम अलग और विशिष्ट सामाजिक ढाँचा और जीवनशैली बरकरार रखे हैं।

भूतपूर्व उदयपुर रियासत के वासियों के मन में रियासत के तीन स्पष्ट खंड थे—पूर्व और उत्तर के मैदान जो मेवाड़ कहे जाते थे; मगरा यानी तराई और दक्षिण और पश्चिम की पहाड़ियाँ, भोमट। इनमें से पहले दो खंड निश्चित रूप से राजपूतों के स्वामित्व में थे। वहाँ भील अल्पसंख्यक हैं; ज्यादातर किसान, गूजर, डाँगी, रेबाड़ी और अन्य हिन्दू जातियों के हैं और गाँवों में ब्राह्मण, राजपूत और बनिए भी हैं।

लेकिन भोमट में तस्वीर बदल जाती है। यहाँ भील कभी हराए नहीं जा सके, जागीरदार तक भीलों के वंशज हैं। कई के पास राणाप्रताप के मुगलों के विरुद्ध उनके आजीवन संघर्ष में सहायता करने के बदले दिए हुए पट्टे हैं। जंगलों से ढकी इन पहाड़ियों की घाटियों में लगभग पूरी जनसंख्या भीलों की ही है।

इस भील प्रान्तर के गाँव मैदानी गाँवों से एकदम अलग हैं। भीलों के घर एक-दूसरे से कुछ दूरी पर बनाए जाते हैं। कभी-कभी विवाहित बेटे पिता के घर के पास घर बना लेते हैं लेकिन ज्यादातर घर किसी डूँगरी (बहुत छोटी पहाड़ी) के ऊपर या जंगल की ढलान पर बने होते हैं ताकि गाँव तक आनेवाले रास्तों पर नजर रखी जा सके। आगन्तुकों को यह घर यूँ ही बिखरे से दिखते हैं लेकिन किसी भील से बात करिए तो

वह आपको बता देगा कि उसका घर किस गाँव में है और उसका मुखी (मुखिया) कौन है। गाँवों के नाम कई तरह के हैं और कभी-कभी उपघाटी में चार-पाँच घरों को ही प्रतिबिम्बित करते हैं, लेकिन मुखी एक बड़े समूह का प्रतिनिधि होता है—दर्जन भर या अधिक घरों का, और कभी-कभी कई सारे छोटे गाँवों पर उसका अनुशासन चलता है। मालिया पाँच घरों के गाँव मीठी-बोई का वासी है, मीठी-बोई बोड़ी गाँव की एक शाखा है। मालिया अगर किसी झगड़े में फँस जाए तो वह बोड़ी के मुखी लाडू से सलाह लेगा, लेकिन मामला गम्भीर हो तो वह दोनों टेप के मुखी कुमा के पास जाएँगे जिसकी सत्ता को तीनों गाँव मानते हैं।

मुखी का यह पद वंशानुगत है, गाँव के लोग पुराने मुखिया के सबसे समर्थ-समझदार बेटे को उसका उत्तराधिकारी चुन लेते हैं और जरूरी नहीं कि वह उसका सबसे बड़ा बेटा ही हो। दूसरे गाँवों या शासक के प्रतिनिधियों के साथ व्यवहार में मुखी गाँव का प्रतिनिधित्व करता है। उसकी सत्ता को कोई चुनौती नहीं होती—बशर्ते उसका उपयोग समझदारी से हो; क्योंकि गाँव में घटी हर घटना पर घर-परिवार के बड़े-बूढ़े चर्चा करते रहते हैं और मुखी के निर्णय को उनकी सहमति की मान्यता मिले तभी वह गाँववालों की फर्माबरदारी पा सकता है। यहाँ के भील सवर्ण हिन्दुओं की गोत्र पद्धति जैसी बाह्यगामी पैतृक वंश-परम्परा में संगठित हैं। एक-दूसरे का नाम लेकर उल्लेख करते हुए वे कुलनाम की जगह उसके पिता का नाम लेते हैं; इस तरह ऊपर उल्लिखित तीन पुरुषों क्रमशः मालिया भूमारिया, लाडू खीर और कुमा ढाँगी के नामों से जाने जाते हैं। अगर और पहचान की जरूरत हो तो 'फलाँ गाँव का' और जोड़ लिया जाता है। किसी पुरुष के नाम के बाद उसके पिता का नाम लेने की सवर्ण हिन्दुओं की प्रथा उनके लिए नई है हालाँकि राशनकार्ड और इस बरस मतदाता सूची के माध्यम से वे उससे तेजी से परिचित हो रहे हैं।

हर गाँव में मुखी की वंश-परम्परा के परिवारों का केन्द्रक होता है जो परम्परागत रूप से उस क्षेत्र में पहले-पहल बसनेवालों के वंशज होते हैं। लेकिन लगभग सभी मामलों में अन्य वंश-परम्पराएँ भी उपस्थित रहती हैं। करीब दस प्रतिशत विवाहों में नवविवाहित जोड़ा दुल्हन के गाँव में बस जाता है। ज्यादातर गाँवों में एक या दो परिवार ऐसे हैं जो पिछले कुछ बरसों में अपने मवेशियों के लिए नई चरागाह खोजते या जंगल की कुछ जमीन साफ करके फसल उगाने के सिलसिले में वहाँ बस गए हैं ऐसे नवागन्तुक अक्सर गाँव के कुछ लोगों के दूर पास के सम्बन्धी होते हैं; लेकिन अपरिचित लोगों ने भी मुखी की सहमति लेकर गाँव के बाहरी छोर पर अपने घर बनाए हैं।

ऊपर दिए विवरण से समझा जा सकता है कि इस क्षेत्र में भीड़ की समस्या नहीं है। बरसात के दिनों में हर कोई जितनी उसकी सामर्थ्य हो, उतनी भूमि पर मक्का की खेती करता है और फिर भी छोटी घाटियों में काफी सारी कृषि-योग्य भूमि पर खरपतवार उगने दिए जाते हैं। जाड़ों में पहाड़ी धाराएँ अक्सर नहीं ही सूखतीं, उनके पानी को मिट्टी और लकड़ी की, कुशलता से बनाई गई सिंचाई की नालियों (सारणों) से गेहूँ

और चने के खेतों तक पहुँचाया जाता है। इसके परिणामस्वरूप ज्यादातर खेत अगली बरसात तक खाली पड़े रहते हैं।

जंगल साल-भर बढ़िया चरागाह उपलब्ध कराता है और हर परिवार के पास पर्याप्त मवेशी और बकरियाँ हैं जिनके दूध से घी बनाकर वे सबसे नजदीक के दुकानदार को बेच देते हैं। मधुमक्खियों के मोम, तेन्दूपत्ता और घी को बेचकर जो कुछ आने रोज मिलते हैं, वे नमक, मिर्च, अनाज और तम्बाकू जैसे जीवन के जरूरी सामान खरीदे जाने भर के ही लायक होते हैं—उनके आहार में सब्जियाँ शायद ही कभी शामिल होती हों; हाँ, तीर-धनुष से मारे गए छोटे-मोटे शिकार कभी-कभी उसकी एकरसता तोड़ते हैं। गुड़ के पकवान और महुए के फूलों से चुआई दारू विलास की चरम सीमा है।

नवागन्तुकों की नजर में सबसे पहले आता है इन उत्तरी भीलों का कील-काँटे से लैस होकर ही इधर-उधर जाना; तीर-धनुष या बन्दूक या तलवार और हमेशा कमर से बँधी धारदार कटार। अपने क्षेत्र में किसी अपरिचित को देखते ही ये हथियार सँभालकर खड़े हो जाते हैं, यह चौकन्नापन यूँ ही नहीं है क्योंकि डकैती और हिंसा यहाँ होती ही रहती है। रात को वे बाँस और पत्तियों से बनी अपनी कच्ची झोंपड़ियों के मिट्टी के फर्श पर आग के आसपास गुड़ी-मुड़ी होकर सोते हैं; चौकन्ने, ताकि अँधेरे में कोई घुसपैठिया उनके मवेशी चुराने लगे तो उस पर तुरन्त टूट पड़ें। ऐसा होने पर वे पुकारते हैं—'चोर' और कोई मुखी के घर में रखा ढोल बजाने के लिए दौड़ पड़ता है। ढोल की आवाज सुनते ही गाँव के सभी पुरुष हथियार लेकर लड़ने के लिए आ जाते हैं। पकड़ लिए जाने पर चोर की जबर्दस्त ठुकाई होती है, फिर छोड़ दिया जाता है।

निठल्लेपन और भूख के इस बरस के सूखे जैसे दिनों में डकैतियाँ खासतौर पर बढ़ जाती हैं। गाय या बैल जैसा बढ़िया माल हाथ लगने पर चोर उसे भोमट के किसी दूर के हिस्से या दक्षिण में गुजरात की तरफ ले जाकर बेचने की फिराक में रहेंगे; लेकिन अगर पीछा करनेवाले से खतरा हो तो वे कहीं छिपकर मवेशी को काट-कूटकर दावत उड़ाएँगे। हिन्दू की तरह उन्हें गोमांस से परहेज नहीं है।

वे एक-दूसरे को तो लूटते ही हैं, अपने क्षेत्र से गुजरनेवाले अपरिचितों को भी नहीं छोड़ते। राहगीरों को घेरकर मारा-पीटा जाता है और उनके तन के कपड़े तक छीन लिये जाते हैं। इसलिए यात्री बन्दूकें लेकर, दल बनाकर निकलते हैं या किसी भील को पैसे देकर 'अगवा' रखते हैं ताकि वह दूसरों से उन्हें बचाए।

मेवाड़, मारवाड़ और सिरोही के मैदानों में चारे में कमी आने पर रेबारी चरवाहे अपनी भेड़ों, बकरियों, मवेशियों और ऊँटों के झुंड लेकर इन जंगलों में आ जाते हैं। गाँव के लोग रेबारियों को बताते हैं कि उनकी ग्रामदेवी को पाड़े की बलि चढ़ाकर ही वे चोरी की स्थिति में भीलों का सहयोग पा सकते हैं। रेबारी बलि चढ़ाते हैं और गाँववाले दावत उड़ाते हैं—लेकिन पूरी निगरानी के बाद भी (इस इलाके में रेबारी भी बराबर हथियार रखते हैं) जंगल से उनके मवेशी चोरी होते रहते हैं।

चोरी-चकारी में व्यस्त होने के अलावा भील काफी समय और ऊर्जा प्रेम की तलाश

और उन बैरों को देते हैं जो किसी पति को अपने दाम्पत्य में सेंध लगने का पता चलने पर फूट पड़ते हैं। पाँच गाँवों के एक समूह में 15 प्रतिशत मामले ऐसे पाए गए जिनमें दुल्हनें अक्सर अपने ही सक्रिय सहयोग से भगाकर लाई गई थीं। वे इसे 'जाई बराव' या 'गिस लेण आयो' या 'ताणी लायो' कहते हैं और इस शौर्य का बखान करते हुए उल्लास से मुस्कुराते हैं। ऐसे हरण से दूल्हे और दुल्हन के गाँवों के बीच दुश्मनी हो जाती है, खासकर अगर उसमें पति भी एक कोण हो। वह गुहार लगाता है, 'मेरी नाक कट गई' और उसके परिवारी बन्धु उसके अपमान का बदला लेने के लिए अपराधी के गाँव पर हल्ला बोलते हैं। ऐसे झगड़ों में जरूरी नहीं कि आक्रमण का लक्ष्य अपहरणकर्ता ही हो, उसके गाँव का कोई नामीगिरामी आदमी भी घेरकर पीटा या गोली से उड़ाया जा सकता है।

बाद में जब मिजाज़ कुछ ठंडे पड़ जाते हैं (और कोशिश यह रहती है कि खून न बहा हो) अपराधी के गाँव का मुखी शान्तिपूर्ण समझौते की बातचीत चलाता है। यह लड़की के परिवार के माध्यम से किया जाता है; अगर वह विवाहिता रही हो तो उसके पति को काफी हर्जाना (100—300 रुपए) बैलों और बछड़ों के रूप में चुकाया जाता है। अविवाहिता लड़की के पिता को 15—30 रुपए तक 'धापा' या वधू शुल्क दिया जाता है।

मैंने पहले भी उल्लेख किया है कि इस भील प्रान्तर के राजा भी भीलों के वंशज माने जाते हैं; लेकिन ये राजा अपनी भाईबन्दी की बजाय अपनी श्रेष्ठता सिद्ध करने को आतुर हैं। ये खुद को 'चौहान' या 'सोलंकी' राजपूत कहते हैं और तमाम नए-नए मुल्लाओं की तरह यह भी अपनी नई जाति के लक्षणों को बढ़-चढ़कर अपनाते रहे हैं, ये राजा राजपूत जागीरदारों से भी कठोर और निरंकुश हो गए। तर्क दिया जा सकता है (और दिया गया है) कि ऐसी सरकश रियाया को कठोरता से ही दबाया जा सकता है; लेकिन उनके सिपाहियों की पाशविकता और बेगार वसूलने की उनकी प्रथा ने उन्हें भीलों में अलोकप्रिय बनाया। सच तो यह है कि 1840 में स्थापित मेवाड़ भील कोर, जिसने अपनी स्थापना के समय से ही भोमट भर में अर्द्ध-सैनिक शासन की स्थिति बनाए रखी, की सत्ता न होती तो राजा लोग अपनी ही भूमि का स्वामित्व खो बैठते। इस कोर को भील प्रान्तर में पक्की सड़कें बनाने का और बाहरी दुनिया से व्यापार शुरू करवाने का श्रेय जाता है।

भील प्रान्तर में आधुनिक अर्थों में राजनीति पहले विश्वयुद्ध के कुछ ही बाद पहुँची जब मोतीलाल तेजावत नाम के कांग्रेसी कार्यकर्ता ने पहाड़ी इलाकों में सुधार की जरूरत की अलख लगाई। उसकी शिक्षाएँ काफी हद तक उन भगतों जैसी थीं जो समय-समय पर भीलों के बीच प्रकट होते रहते हैं और छिटपुट निष्ठा जुटा लेते हैं। उनकी ही तरह वह कहता, "मांस खाना बन्द करो, दारू पीना बन्द करो।" उसने आगे कहा, "बनियों को लूटना बन्द करो"—वह खुद एक बनिया परिवार का था जिसकी भोमट के कुछ गाँवों में दुकानें थीं। मोतीलाल अचानक प्रसिद्ध हो गया, यहाँ तक कि उसकी देवता के रूप

में पूजा होने लगी, उसे चारपाई पर बिठाकर गाँव-गाँव घुमाया जाता, भील उसके पैर छूते और उसे नारियल और एक रुपया भेंट करते।

उसकी लोकप्रियता उस चिरपरिचित दारूबन्दी के उपदेश के कारण नहीं उस नई शिक्षा के कारण थी जिसका वह प्रसार कर रहा था, "यह भूमि तुम्हारी है, भीलों की, यहाँ का स्वामी तुम्हें खुद होना चाहिए, अत्याचारी राजाओं की आज्ञा मत मानो, सरकार को भी कर मत दो।" युद्धप्रिय लोगों को यह उपदेश देना खतरनाक था। इसका धनात्मक पक्ष यह था कि मोतीलाल और अन्य कांग्रेसी प्रचारक बेगार और डाली की प्रथाएँ पहले सुधरवा और फिर बन्द करवा सके; लेकिन अराजकता और विद्रोह की भावनाएँ भी उसके कारण भड़कीं। उसके प्रभाव का चरमोत्कर्ष 1922 में था जब नाल गाँव के पास मेवाड़ भील कोर की एक टुकड़ी से भीलों की सेना का सामना हुआ। मोतीलाल ने अपने अनुयायियों को बताया कि वह ऐसा मन्तर पढ़ेगा कि सिपाहियों की गोलियाँ पानी बन जाएँगी; जब सिपाहियों ने चेतावनी देते हुए हवा में गोलियाँ चलाईं तो भीलों को विश्वास हो गया कि मन्तर असर क़र रहा है। उन्होंने उत्साह से आक्रमण किया लेकिन गोलियों की अगली बौछार में कई भील मारे गए; बाकी, जिनमें मोतीलाल भी शामिल था, जान बचाकर भागे। मोतीलाल आज तक अपने प्रति वह पहलेवाली श्रद्धा नहीं जुटा पाया है।

हाल के चुनावों में जिनमें कांग्रेस से मतभेद हो जाने के कारण मोतीलाल निर्दलीय के रूप में खड़ा हुआ, लेखक ने उसे दो भौंचक्के भील मतदाताओं को यह समझाते पाया कि वह (लेखक) उन कई गोरे साहबों में से है जो बराबर उससे मिलने आते रहते हैं। उसने उन्हें लन्दन जहाँ सड़कें खाँटी चाँदी की हैं, और पेरिस जहाँ के ठोस सोने के घरों में हीरे-मोती जड़े हैं, के किस्से सुनाकर और भी भौंचक कर दिया। मोतीलाल चुनाव नहीं जीत पाया।

इन भीलों के दैनन्दिन जीवन में जादू और टोने-टोटके की भूमिका महत्त्वपूर्ण है जबकि धर्म की भूमिका बहुत गौण है। यह सच है कि वे कभी-कभी भगवान को पुकारते हैं जिसे वे सब देवताओं से ऊपर मानते हैं लेकिन जो साधारण मनुष्यों के जीवन में शायद ही कभी दखल देता है; और उन्हें कुछ हिन्दू देवी-देवताओं के बारे में भी टूटी-फूटी जानकारियाँ हैं। वास्तव में, हर बड़े गाँव में अपना अलग देवरा—बिना छत की एक छोटी सी झोंपड़ी—होता है जिसमें मूर्तियों की एक कतार होती है—धर्मराज, काला नाग, भैरव और कोई-न-कोई माताजी, यह मूर्तियाँ पकाई हुई मिट्टी की होती हैं, जिन पर चटख रंग पुते होते हैं। यह नाथद्वारा के नजदीक मोलेड़ा गाँव में बनती हैं, भील दिन की पैदल यात्रा करके 'इन मेवाड़ के देवताओं' को लाते हैं। लेकिन लाए जाने के बाद यह सुन्दर मूर्तियाँ यूँ ही मौसम की मार झेलने के लिए छोड़ दी जाती हैं, ज्यादातर देवरों में मूर्तियाँ घिसी, रंग उड़ी पड़ी रहती हैं। साल-भर में एक रात मन्दिर में जागरण होता है लेकिन बाकी दिन देवता भक्तों की बाट जोहते रहते हैं। वहाँ कोई नहीं फटकता। मेवाड़ में भोपा या मन्दिर का पुजारी एक महत्त्वपूर्ण व्यक्ति होता है

लेकिन भीलों के बीच वह हँसी का पात्र है, उसका कोई सम्मान नहीं। बीमारियों का निदान करने, जादुई दवाएँ देने के लिए वे गाँव के ओझा या 'देवालो' का सहारा लेते हैं। देवालो का बेहद सम्मान कुछ हद तक इसलिए है कि टोने-टोटके में सबका विश्वास है। माना जाता है कि हर वयस्क स्त्री टोना-टोटका करती है; इसके अलावा हर घर का मुखिया काली शक्तियों की देवी सिकोत्री और उसके अनुचर वीर को भी रखता है। समुचित मन्तरों से जगाई जाने पर यह सिकोत्री अपने वीर को आपके शत्रु पर प्रहार करने को भेजेगी और तब सिर्फ कोई बहुत सयाना देवालो ही उसकी जान बचा सकता है। यह जादू इतना सर्वस्वीकृत है कि शादी-ब्याह तय करते हुए मध्यस्थ अक्सर पूछते हैं, 'घर में कोई 'रक्षक' है ?' यानी, घर की कोई सिकोत्री है या नहीं, उत्तर 'हाँ' होने पर ही बात आगे चलती है।

कुछ घरों में सिकोत्री की जगह कामरिया-पाथ का देवस्थान होता है। यह विकट, क्रोधी नर देवता रोमांचक, अनचीन्ही परम्परागत भील धुनों पर नाचने और गाने की सूरत में अपनी भेंट-पूजा माँगता है; बदले में वह अपने भक्तों पर 'उतरता' है, यह उसकी सद्‌भावना का प्रमाण है। इस देवता से वे लोग भी बहुत डरते हैं जो इस पन्थ के अनुयायी नहीं हैं।

संक्षेप में कहें तो भीलों में हिन्दू पूजा-पद्धति की एक धुँधली-सी चेतना दिखती तो है लेकिन उनके पुराने देवता और भुतने अब भी कहीं ज्यादा भय और सम्मान से देखे जाते हैं। झगड़े सुलटाने के तरीके में भी नए चलन की 'हाँ जी, हाँ जी करने' लेकिन पुराने चलन से चिपके रहने की ऐसी ही प्रवृत्ति दिखाई देती है।

जब से उन्हें याद है, भील सामाजिक अनुशासन के दो अलग और कई बार परस्पर विरोधी तन्त्रों के अधीन रहे हैं—उनकी अपनी कबीलाई परम्परा और 'राज' (इस शब्द का प्रयोग वे हर बाहरी सत्ता के लिए करते हैं वह चाहे राजाओं और उनके सिपाहियों की हो या ब्रिटिश अफसरोंवाली मेवाड़ भील कोर या तहसीलदार-मजिस्ट्रेट का नया नागरिक प्रशासन या सशस्त्र पुलिस द्वारा समर्थित जंगलात और राजस्व अधिकारी) की वसूलियाँ। राज हमेशा पृष्ठभूमि में रहता है; और कभी-कभी जानबूझकर उसे पुकारा, जगाया जाता है। उदाहरण के लिए, हत्या या गम्भीर चोरी के मामलों में रपट दर्ज करके अपराधी के गाँव पर देहाती पुलिसिया पूछताछ का कहर बरपाना, बदला लेने का स्वीकृत ढंग बनता जा रहा है; लेकिन झगड़ा सुलटाने के गम्भीर प्रक्रम में यह निरर्थक रहता है।

जब तक झगड़ा बना रहता है—हर गाँव में दो-तीन 'उबो' यानी बकाया झगड़े रहते हैं—विवादी पक्ष एक-दूसरे से 'राजनयिक सम्बन्ध तोड़ लेते हैं'; यानी वे एकसाथ मिलकर नहीं बैठते, न खाते और न तमाखू पीते हैं, और सर्वोच्च सत्ताओं की तरह वे तीर-धनुष, तलवार या बन्दूक से 'समुचित कार्यवाही करने का अधिकार' सुरक्षित रखते हैं। हिंसा अपनाने का यह बराबर बना रहनेवाला खतरा ही मुखियों और झगड़ेवाले परिवारों को समझौता करवाने को प्रेरित करता है; और जब तक स्वजातीय मोतबरों की पंचायत में

समझौता होकर विवादी शत्रुता के अन्त के प्रतीक के रूप में साथ बैठकर अफीम न खाएँ, झगड़ा खत्म नहीं होता, आधिकारिक निर्णय चाहे जो भी रहा हो।

इस प्रक्रम का एक उदाहरण पिछले साल हुई एक घटना है। होली के बाद, मांडवा नाम के बड़े गाँव में सैकड़ों भील दारू पीने और 'घेर' नाचने के लिए जुटे थे। अचानक एक झगड़े के विवादियों के सम्बन्धियों के बीच मारपीट हो गई, दो लोग मांडवा के और दो कूकावास के मारे गए। लोग तितर-बितर हो गए, मृतकों का दाह-संस्कार उनके गाँवों में कर दिया गया और जैसाकि हिंसा से हुई मृत्यु के बाद किया जाता है—प्रत्येक मृतक का एक अनगढ़ स्मारक बनाकर उस पर एक-एक बकरे की बलि दे दी गई। अगले दिन पुलिस आई और बीस लोगों को उदयपुर में मजिस्ट्रेट के सामने पेश करने को ले गई। बाद में सामूहिक जुर्माना करके सबको छोड़ दिया गया। तीन दिन बाद दोनों गाँवों के मुखी और बड़े-बूढ़े गेर गाँव में मिले और बातचीत करके हल निकाला। मांडवा की गलती ज्यादा थी इसलिए कूकावास को दो बैल और पाँच गाएँ हर्जाना दिलवाया गया। इसके बाद सबने अफीम खाई और दोनों गाँव के बीच शान्ति स्थापित हो गई।

'द इकॉनॉमिक वीकली' (26 जनवरी, 1952) में लिखे एक लेख में लेखक ने मेवाड़ के एक ऐसे गाँव की चर्चा की थी जो अपने पुराने सामाजिक संस्थानों के तेजी से ध्वस्त होने के अनुभव से गुजर रहा है। विभिन्न जाति पंचायतों द्वारा पहले घोषित किए जाने वाले बहिष्कारों के ढहने में यह सबसे अधिक स्पष्ट रूप से दिखता था। बूढ़े लोगों की शिकायत थी, "आजकल जाति के नियमों की कोई परवाह नहीं करता, और झगड़ा पड़े तो लोग दौड़कर अदालत में जाते हैं और बरसों तक मुकदमे चलाते हैं जिनसे वकीलों के अलावा किसी को फायदा नहीं होता।" भोमट में हाल इससे उल्टा है, क्योंकि वहाँ अब भी ज्यादातर छोटे-मोटे झगड़े पुराने ढंग से, गाँव के मुखी सुलटाते हैं।

परम्परा का यह संरक्षण उस सामान्य प्रक्रम का एक पक्ष है जिसने भीलों को मेवाड़ के बाकी सभी समुदायों से अलग रखा है। इसका ऋणात्मक पक्ष यह है कि इस प्रक्रम ने उन्हें गरीब, अनपढ़, अकुशल बनाए रखा है हालाँकि वे देश की सबसे समृद्ध भूमि पर बसे हैं; इसका धनात्मक पक्ष नृत्य और गीत, स्वतन्त्रता और जीवन के उल्लास की वह पुष्ट परम्परा है जिससे उनका विहीन होना कोई नहीं चाह सकता।

कुल्लू में 'संन्यासी' गाँव

कॉलिन रॉसर

शिमला से उत्तर की ओर, नाक की सीध में, करीब साठ मील की दूरी पर कुल्लू जिला है। करीब दो हजार वर्ग मील में फैले इस पहाड़ी क्षेत्र में वनों से ढके पर्वत और गहरी नदी घाटियाँ हैं जिनके किनारे-किनारे गाँव बिखरे हैं। घाटियों के चारों तरफ पर्वत-शृंखलाओं का कड़ा पहरा है। इसलिए कुल्लू में घूमते हुए जगह-जगह बोली और रीति-रिवाजों में कुछ अन्तर मिलने पर या एक घाटी के ग्रामीणों में, पहाड़ के दूसरी तरफ रहनेवाले लोगों के साथ एकता और साथ ही कुछ अलग होने की भावना दिखाई देने पर आश्चर्य नहीं होता। लेकिन ये अन्तर बहुत मामूली हैं और कुल्लू में सामाजिक जीवन की आन्तरिक समरूपताएँ सामान्य रूप से ऐसी हैं कि आसपास की घाटियों के किसी गाँव में जाने पर किसी भी ग्रामीण को जरा भी असहजता का अनुभव नहीं होता। वह खुद को अपरिचित तो पाता है, परदेसी नहीं। लेकिन ये बातें कुल्लू तहसील के अन्तर्गत मलाणा गाँव पर लागू नहीं होतीं, जो कुल्लू जिले में अनूठा है।

दुर्गम मलाणा पूरे कुल्लू में 'कुछ अलग तरह के लोगों' के गाँव के रूप में प्रसिद्ध है। करीब 500 आबादीवाला यह गाँव ब्यास घाटी (कुल्लू की प्रमुख नदी घाटी) के करीब-करीब समानान्तर चली जा रही एक बीहड़, विजन उपत्यका में एक छज्जे जैसी संरचना पर टिका है। तीखे कटावोंवाली एक पर्वत-शृंखला इस उपत्यका को ब्यास घाटी से अलग करती है। मलाणा समुद्र-तट से 8640 फुट की ऊँचाई पर है। उपत्यका में शिलाओं से भरा मलाणा नाला बहता है जिसका उद्गम उपत्यका के उत्तर में सतर खड़ा 20,000 फुट ऊँचा हिमाच्छादित देव टिब्बा है। गाँव के नीचे नाला एक तंग खड्ड में प्रवेश करता है और करीब आठ मील तक उसमें गर्जने-दौड़ने के बाद ब्यास की प्रमुख सहायक पार्वती नदी में मिल जाता है।

मलाणा, इस उपत्यका का एकमात्र गाँव है और बहुत ही दुर्गम है—खासकर सर्दियों में जब मलाणा को ब्यास घाटी से अलग करनेवाली पर्वत-शृंखला में 12,000 फुट ऊँचा चन्द्रकन्नी दर्रा और गाँव के सामने स्थित रशोल दर्रा जोकि पर्वत घाटी का प्रवेशद्वार है, बर्फ से ढक जाते हैं। इन महीनों में मलाणा तक पहुँचने का एकमात्र रास्ता बचता है—नाले के किनारे-किनारे, तंग खड्ड के बीच और विशाल छज्जों की तरह टँगी चट्टानों के नीचे से चलती एक तंग पगडंडी पहाड़ों से अक्सर गिरते बड़े-बड़े पत्थर

और चट्टानें लोगों को गाँव में आने से हतोत्साहित ही करते हैं। पार्वती घाटी से यहाँ तक का करीब आठ मील का रास्ता चढ़ाई का है, गर्मियों में, सबसे आसान रास्ता चन्द्रकन्नी दर्रे के ऊपर से है, हालाँकि इस रास्ते से आने पर ब्यास घाटी के नगर कस्बे से काफी लम्बी चढ़ाई चढ़कर दर्रे से करीब 4,000 फुट की तीखी ढलान उतरनी पड़ती है। माल से लदे टट्टू किसी भी रास्ते से मलाणा नहीं पहुँच सकते, सभी रास्ते पैदल के हैं। मलाणा के सबसे पास के गाँव तक पहुँचने के लिए खड्डवाली पगडंडी के रास्ते छः घंटे का थकाऊ सफर करना पड़ता है।

मैं मलाणा के इस कड़े भौतिक विलगाव पर जोर इसलिए दे रहा हूँ क्योंकि मलाणियों के सामाजिक संगठन के सन्दर्भ में यह बहुत महत्त्वपूर्ण हो उठता है। असल में तो गाँव में पहुँचने पर किसी आगन्तुक को सबसे पहले जो दिखाई देता है वह है—ऊँचे-नीचे पहाड़ों के बीच अकेला खड़ा एक छोटा, ठोस ग्राम समुदाय जिसे यह स्पष्ट अवरोध बाहरी दुनिया से काटे हुए हैं। इस विलगाव का एक परिणाम यह रहा है कि सरकार ने मलाणा को कमोबेश नजरअन्दाज किया और कुल्लू से कभी ही कोई सरकारी अधिकारी यहाँ आता है। यह वस्तुतः स्वतन्त्र है और कुल्लू के पढ़े-लिखे लोग मजाक में इसे अक्सर 'मलाणा फ्री स्टेट' कहते हैं। इसका अपना प्रशासन तन्त्र, झगड़ों के निपटारों के लिए अपनी अदालत है और एक हद तक अपनी ही स्वायत्तता है जोकि कुल्लू के और गाँवों से जो सरकारी विभागों के आधिकारिक प्रशासनिक तन्त्र के दायरे में आ गए हैं काफी अलग है; कुल्लू कस्बे में अदालत है और हर कोठी (गाँवों का समूह) में सरकारी पंचायतें और छोटे-मोटे अधिकारी हैं। मलाणा अपने आपमें अनूठा है—स्वतन्त्र, स्वायत्त कुल्लूवालों की निगाह में 'अलग' और मलाणियों के अपने हिसाब से भी।

मलाणियों की अपनी भाषा है, कनाशी, जो शायद संसार के सबसे छोटे समुदाय की भाषा है। यह कुल्लू में आमतौर पर बोली जानेवाली पहाड़ी बोली से मूलभूत रूप से भिन्न है। कनाशी का अपना व्याकरण, वाक्य-विन्यास और अपनी शब्दावली है, और इसे सिर्फ मलाणा के लोग ही समझ पाते हैं। मलाणी लोग कुल्लू की बोली कुलुही भी बोलते हैं और गैर-मलाणियों से व्यवहार में इसका प्रयोग करते हैं, मलाणा में सिर्फ कनाशी बोली जाती है। गाँव का कोई भी निवासी लिख-पढ़ नहीं पाता इसलिए कनाशी की कोई लिपि भी अब तक नहीं है। मलाणियों के इस भाषाई विलगाव पर जितना भी बल दिया जाए, कम है, क्योंकि निस्सन्देह यह इस समुदाय के सबसे महत्त्वपूर्ण लक्षणों में से एक है। यह स्वतः ही सब गैर-मलाणियों को परदेसी साबित कर देती है और मलाणा में दिखनेवाली 'यहीं का जीव' होने की भावना का महत्त्वपूर्ण घटक है।

मलाणा में मकान कुल्लू के मकानों की तर्ज पर ही बने हैं—बड़े, दो-मंजिले, ठोस, जंगल से काटे गए बड़े-बड़े शहतीरों का इस्तेमाल। परिवारजन ऊपर की मंजिल में रहते हैं और निचली मंजिल का उपयोग गौशाला और अन्न के कोठार के रूप में होता है। गाँव, एक-दूसरे से करीब पचास गज की दूरी पर बसे दो ठोस आवासीय क्षेत्रों धारा

बह्र और सारा बह्र में बँटा है। दोनों बह्रों के बीच एक साझा क्षेत्र है—हरचर। यहाँ पर पत्थरों का एक बड़ा सा चबूतरा और घास का एक चौरस मैदान है जिसके चारों तरफ गाँव में आनेवाले आगन्तुकों के लिए तीन 'विश्रामगृह' बने हैं (कुछ समारोहों के समय यहाँ भोजन भी बनाया जाता है और सर्दियों में जब गाँव बर्फ से ढक जाता है तब गाँव की सभाएँ भी यहीं होती हैं)। यह केन्द्रीय क्षेत्र सबसे ज्यादा महत्त्व का है क्योंकि यही गाँव की वह क्षेत्रीय धुरी है जिस पर पूरा राजनीतिक और न्यायिक संगठन घूमता है।

यह पूछे जाने पर कि गाँव में कितनी जातियाँ हैं, मलाणियों का उत्तर हमेशा होता है—दो, काणेट (किसान) और लोहार। लेकिन काणेटों की संख्या नीची जाति के लोहारों से इतनी ज्यादा है (मलाणियों के ही अनुसार वहाँ काणेटों के 116 और लोहारों के 3 घर हैं) कि हर तरह से मलाणा एक ही जाति का गाँव है। इसके अलावा भी, मलाणी काणेट के लिए उसका गाँव एक पूरी जाति है; यानी हालाँकि मलाणी कुल्लू के बहुसंख्य ग्रामीणों की तरह, उसी जाति के काणेट हैं लेकिन दूसरे गाँवों में जाने पर वे एक अलग ही जाति के लोगों की तरह व्यवहार करते हैं। गाँव के काणेट, मुख्य गाँव से कुछ दूरी पर सारा बह्र के नीचे रहनेवालों लोहारों को छूने से बहुत बचते हैं। सामाजिक, मनोवैज्ञानिक और भौतिक रूप से लोहार 'बाहरी लोग' हैं—हालाँकि आर्थिक और आनुष्ठानिक दृष्टिकोण से वे अपरिहार्य हैं। नीची जाति के लोहार को राजनीतिक रूप से पूरी तरह दबाया जाता है और सामाजिक रूप से पूरी तरह अनदेखा किया जाता है।

गाँव के काणेट आठ पित्तृसत्तात्मक कुलों में संगठित हैं जोकि विवाह की बाह्यगामी इकाइयाँ हैं। इनमें से कुछ कुलों का दावा है कि वे मूलतः काणेट से ऊँची किसी जाति के थे लेकिन अब तो उन सबमें रोटी-बेटी का सम्बन्ध है। तीन कुलों में समाज के तीन महत्त्वपूर्ण पद वंशानुक्रम से चल रहे हैं और इस कारण से वे विशेष सम्मान पाते हैं। लेकिन इसके अलावा सब कुल खुद को समान मानते हैं।

अगर व्यवहार में नहीं तो सिद्धान्त रूप से, मलाणा एक अन्तःगामी गाँव है। कभी-कभी मलाणा में, मलाणा उपत्यका के बाहर ही बसे रशोल गाँव से बहुएँ लाई जाती हैं लेकिन मलाणा की बेटियाँ कभी रशोल में नहीं ब्याही जातीं। मलाणी लोग तो खुद को अन्तःगामी गाँव ही मानते हैं और गाँव में ही विवाह करना श्रेयस्कर माना जाता है। मलाणी लोग कहते हैं कि धारा बह्र के मर्दों को सारा बह्र में और सारा बह्रवालों को धारा बह्र में विवाह करना चाहिए। लेकिन व्यवहारतः हमेशा ही ऐसा नहीं हो पाता और एक ही बह्र में रहनेवाले कुलों में कई विवाह हुए हैं। गाँव के सामाजिक विलगाव में यह ग्राम अन्तःगामिता एक महत्त्वपूर्ण लक्षण है। मलाणा भौतिक और भाषाई स्तरों पर ही नहीं, सामाजिक रूप से भी बाहरी सम्पर्क से स्वसीमित है।

गाँव का सबसे रोचक लक्षण शायद उसका राजनीतिक और न्यायिक संगठन है। कुल्लू भर में मलाणा अपनी ग्राम समिति और 'जमलू का गाँव' के रूप में प्रसिद्ध है। मलाणा के प्रचंड अधिष्ठाता देवता जमलू का वर्चस्व और उपस्थिति पूरे गाँव में दिखती

है। उसकी पूजा में, गाँव की एकता और एकजुटता बहुत स्पष्टता और विस्तार से दिखती है। जमलू सर्वोच्च सत्ता है, वह राजनीतिक, धार्मिक और न्यायिक क्षेत्रों में सत्ता का स्रोत है। इस मायने में यह देवता एक उग्र सत्ता से कहीं बढ़कर है जिसे प्रसन्न रखने में ही भलाई है। एक बड़ी हद तक जमलू को गाँव के देवत्वारोपण और ग्रामीणों के दैवीकरण के रूप में देखा जा सकता है। उसकी सत्ता और प्रभाव सामान्यतः सामाजिक नियन्त्रण का और विशेषतः राजनीतिक और न्यायिक तन्त्र के एकात्म अंग हैं।

मलाणा में सत्ता धार्मिक और न्यायिक प्राधिकारों से संपाती है और ग्राम समिति के ग्यारह अधिकारियों में निहित है। समिति के प्राधिकार का उत्स जमलू देवता है, मलाणियों का विश्वास है कि जमलू ने समिति को अपने नाम पर गाँव के प्रबन्धन का अधिकार दिया है। समिति के तीन स्थायी सदस्यों को यह पद वंशानुक्रम से मिलता है बाकी आठ जेष्ठ जनतान्त्रिक प्रक्रिया से चुने जाते हैं।

स्थायी सदस्यों के समूह को मुंडी (नेता) कहा जाता है। यह कह पाना कठिन है कि इन्हें वरिष्ठताक्रम में रखा जा सकता है या नहीं। मलाणियों में व्यक्ति की समानता का भाव बहुत प्रबल है और यह पूछने पर कि कौन अधिकारी अधिक महत्त्वपूर्ण है अक्सर जवाब यही मिलता है कि सभी बराबर हैं, कोई किसी से अधिक महत्त्वपूर्ण नहीं है। समतावाद की यह भावना एक महत्त्वपूर्ण समाजशास्त्रीय तथ्य है और व्यवहार में लगातार प्रदर्शित होती है। लेकिन मेरा अपना अभिमत यह है कि इन 'नेताओं' को इस अधिक्रम में रखा जा सकता है—कर्मिष्ठ (देवता का व्यवस्थापक), पुजारा (पुजारी) और गूर (देवता का प्रवक्ता)।

वर्तमान कर्मिष्ठ करीब 22 वर्ष का खुशमिजाज युवक है जो साल-भर पहले अपने पिता की मृत्यु के बाद इस पद पर आया। उसकी प्रमुख जिम्मेदारी जमलू की जमीनों और देवता के कोष से जुड़े सब मामलों का प्रबन्धन है। पैसे खर्चे का हिसाब समिति को देना उसकी जवाबदेही है (निरक्षर होते हुए भी यह सब हिसाब-किताब वह एकदम ठीक रखता है) समिति के अध्यक्ष की उसकी भूमिका को मान्यता तो नहीं है लेकिन काम वह इसी के अनुरूप करता है। 'जमलू की इच्छा' के अर्थान्वय पर एकाधिकार गूर और पुजारा का होने के नाते समाज में उनका प्रभाव है—जमलू की इच्छा मलाणियों के लिए बहुत महत्त्वपूर्ण है, खासकर जब कोई विवाद खड़ा हो जाए। कुछ विशेष अनुष्ठानों के दौरान गूर पर देवता का आवेश आता है, तब वह देवता और गाँववालों के बीच संवाद का माध्यम बन जाता है। बुरी तरह काँपता-थरथराता, ढोल-दमामों की ताल पर जोर-जोर से सिर हिलाता, जटाएँ लहराता, वह सचमुच विचित्र लगता है। इस स्थिति में वह 'जमलू की आवाज में' भक्तों के प्रश्नों के उत्तर, अनुष्ठानों-कर्मकांडों के बारे में निर्देश विवादों या गाँव की समस्याओं के हल बताता है। बीच-बीच में वह देवता में दृढ़निष्ठा रखने के बारे में उपदेश देता है, पुरखों के रीति-रिवाज बनाए रखने की जरूरत बताता है और देवता का आदेश न मानने पर आनेवाली विपत्तियों की धमकी और विवरण भी देता है।

आठ जेष्ठों के चुनाव के प्रक्रम पर नजर डालते ही हम पाते हैं कि लोकतान्त्रिक चुनाव का एक सुविकसित रूप वंशानुक्रम के सिद्धान्त की जगह ले लेता है। गाँव के आठ कुल राजनीतिक रूप से दो बहूरों में विभाजित हैं, चार धारा बहूर में और चार सारा बहूर में फिर से हर बहूर में कुल दो-दो के जोड़ों में बँटे हैं—हर जोड़ा चुग कहलाता है। हर चुग अपने दो-दो प्रतिनिधि चुनता है जो ग्राम समिति के सदस्य होते हैं।

सभी सभाएँ (सिवाय तब के जब भारी हिमपात हो रहा हो) गाँव के बीच बने पत्थर के चबूतरे पर होती हैं। समिति के सदस्य जमा होकर एक समूह में बैठ जाते हैं। कर्मिष्ठ आसपास मौजूद किसी भी ग्रामीण को कह देता है कि वह लोगों को सभा में भाग लेने के लिए बुलाए। यह व्यक्ति हाथ में एक छोटी सी छड़ी लेकर चबूतरे के पास खड़ा होकर गाँव के लोगों के सभा में आने की पुकार करीब 20 मिनट तक करता है, इस दौरान वह छड़ी को बहुत तेजी से घुमाता रहता है। आखिरी पुकार के बाद वह छड़ी को चबूतरे पर, समिति के सदस्यों के सामने रख देता है, यह इस बात का संकेत है कि उपस्थिति-पुकार बन्द हो गई। अब तक गाँव में उपस्थित सब वयस्क पुरुषों को चबूतरे के सामने के घास के मैदान में पहुँच जाना चाहिए। आठों जेष्ठ उपस्थित लोगों को देखते हैं कि उनके चुग से कोई अनुपस्थित तो नहीं। अगर कोई अनुपस्थित हो तो सन्देशवाहक को उसे बुला लाने के लिए भेजा जाता है। अगर वह जानबूझकर न आया हो तो, तुरन्त आ जाने पर उस पर तीन पैसे, थोड़ी देर में आने पर एक आना और, आने से मना करने पर दो आने का जुर्माना किया जाता है। इसलिए समिति की हर सभा में आम लोगों की उपस्थिति जरूरी मानी जाती है और समाजों से लगातार अनुपस्थित रहनेवाले वयस्क पुरुषों के विरुद्ध कड़ी कार्रवाई की जाती है।

इस तरह सभी चर्चाएँ और निर्णय समुदाय की उपस्थिति में ही होते हैं। किसी भी मामले की पूरी सुनवाई और प्रमाण और उसका फैसला किए जाने के प्रक्रम के गवाह सब लोग होते हैं। जैसे ही समिति किसी फैसले पर पहुँचती है, एक स्थायी सदस्य और एक जेष्ठ चबूतरे से उतरकर, उपस्थित ग्रामीणों के सामने बैठ जाते हैं। वे फैसला सुनाते हैं और उस पर लोगों की राय माँगते हैं। यानी समिति के हर फैसले पर लोग पुनर्विचार करते हैं। यदि ज्यादातर लोग फैसले का समर्थन करें तो फैसला अन्तिम मान लिया जाता है। यदि काफी लोग समिति के फैसले के विरुद्ध हों तो समिति के दोनों सदस्य चबूतरे पर लौट जाते हैं और मामले पर दोबारा विचार शुरू होता है। कुछ देर बाद फैसले में जरा सा फेरबदल होता है और उसे फिर से उपस्थित समुदाय के सामने प्रस्तुत किया जाता है। अगर यह फैसला भी सन्तोषजनक नहीं पाया जाता तो पूरा प्रक्रम शुरू से दोहराया जाता है। मैंने एक कठिन समस्या पर (इस मामले में फैसला इस बात पर होना था कि एक मलाणी जिसे देवता के कोष से चोरी करने पर कुछ साल पहले गाँव बाहर कर दिया था, उसे गाँव में लौटने दिया जाए या नहीं) एक सुबह से अगले दिन की शाम तक चर्चा होते देखी है। इस पूरी अवधि में समिति सिर्फ खाने और सोने के लिए भंग हुई और ऊपर बताया गया प्रक्रम तब तक दोहराया जाता रहा जब तक

कि ग्रामीणों के एक मजबूत वर्ग का जोरदार विरोध धीरे-धीरे बहुत कमजोर नहीं हो गया। मेरे हिसाब से तो आखिरी फैसला, पहले फैसले का ही जरा सा सुधरा हुआ रूप था। ऐसा लगता था कि विरोध को खत्म करने में समझौतों का नहीं लगातार चलते तर्क-वितर्क से उपजी थकान का हाथ था।

लेकिन कभी-कभी किसी विरले मामले में गतिरोध आ जाता है जहाँ समिति अपने फैसले में और बदलाव करने से मना कर देती है और लोग फैसले के पक्ष और विपक्ष में कमोबेश बराबर-बराबर बँटे होते हैं। ऐसा होने पर समिति भंग करके तुरन्त आम चुनाव करवाया जाता है। ऐसे ही, जब किसी जेष्ठ की मृत्यु हो जाती है या वह असन्तोषजनक पाया जाता है, या किसी मुंडी की मृत्यु हो जाती है, तब भी समिति को भंग करके, आठों जेष्ठों का चुनाव दोबारा होता है।

गाँव में मेरे प्रवास के दौरान मैंने खुद तो अब तक कोई चुनाव नहीं देखा है लेकिन मलाणी लोग बताते हैं कि चुनाव का प्रक्रम यों है—गाँव के सब वयस्क पुरुष चबूतरे के सामने जमा होते हैं। समिति के स्थायी केन्द्र के तीनों सदस्य—कर्मिष्ठ, पुजारा और गुर चबूतरे पर सबसे अलग बैठते हैं। उपस्थित जन घास के मैदान पर बैठते हैं—हर चुग एक-दूसरे से कुछ दूरी पर। कर्मिष्ठ गाँव के लोगों का आह्वान करता है कि वे देवता की समिति के लिए अपने प्रतिनिधि प्रस्तुत करें। तब हर चुग बहुमत से, अपने दो प्रतिनिधि चुनता है। 'एक परिवार, एक मत' के सिद्धान्त के अनुसार हर परिवार के मुखिया को ही मतदान का अधिकार होता है। स्त्रियों को मतदान का अधिकार नहीं है और असल में तो मतदान के समय वे उपस्थित भी नहीं रहतीं। लोहार जो कि नीची जाति के हैं—कुछ अलग बैठे रह सकते हैं—वे किसी चुग का अंग नहीं हैं और इसलिए उनका मत भी नहीं होता। जेष्ठों का चुनाव पूरा होने पर वे स्थायी सदस्यों के साथ चबूतरे पर जाकर बैठ जाते हैं। किसी जेष्ठ को उसका चुग सन्तोषजनक पाए तो वह दोबारा भी चुना जा सकता है। जेष्ठ होने की आवश्यक अर्हताएँ हैं—उसका विवाहित होना, शारीरिक रूप से अंगहीन या विकृत न होना और उसका जन्म गाँव में ही हुआ होना।

साल-भर पहले गाँव में आखिरी चुनाव वर्तमान कर्मिष्ठ के पिता की मृत्यु पर हुआ था। उस समय, तत्कालीन समिति करीब चार साल से काम कर रही थी। चुनावों के बीच का अन्तराल खासा अनियमित है। लेकिन गाँव के बड़े-बूढ़े बताते हैं कि साधारण रूप से चुनाव करीब दो साल में एक बार करवाना पड़ जाता है।

ग्राम समिति तीन तरह से काम करती है। सबसे पहले तो यह गाँव की लौकिक सरकार है जो कानून लागू करती है और सड़क या पनचक्की की मरम्मत जैसे सामुदायिक कार्यों का संगठन और नियन्त्रण करती है। दूसरे यह जमलू की दारोगा के रूप में कोष से किए जानेवाले खर्चे, देवता की भूमि और बटाईदारों की निगरानी, देवता के नए बाजे या मन्दिर की मरम्मत जैसे कामों को तय करती है। और अन्त में, मामलों की सुनवाई और विवादों के निपटारों के लिए यह गाँव की अदालत है। समिति के

न्यायिक क्रियाकलापों की छवि जनमानस पर सबसे गहरी है और इन्हीं में समिति का काफी समय लगता भी है।

विवाद की ओर समिति का ध्यान आकर्षित करने का ढंग तय और औपचारीकृत है। जिसे शिकायत करनी होती है वह व्यक्ति चबूतरे पर जाकर इसी उद्देश्य से रखे गए एक खास आतिशदान में आग सुलगाकर बैठ जाता है और समिति के किसी सदस्य के वहाँ आ निकलने का इन्तजार करता है। आग देखने पर समिति के सदस्य का कर्त्तव्य है कि वह आग सुलगाए जाने का कारण पूछे और समिति की बैठक तुरन्त या एक-दो दिन में बुलवाए।

कल हुक्मू ने चबूतरे पर आग सुलगाई थी। थोड़ी ही देर में एक जेष्ठ ने आकर उससे आग सुलगाने की वजह पूछी। हुक्मू ने बताया कि एक पड़ोसी के कुत्ते ने उसे काट लिया है, इस पर जेष्ठ ने कहा कि वह कल समिति की सभा बैठाएगा। आज सुबह समिति की सभा हुई जिसमें सब लोग आए। हुक्मू ने शिकायत पेश की और अपने पैर में कुत्ते के काटने से हुआ घाव भी दिखाया। कुत्ते के मालिक ने कहा कि हुक्मू को उसके नहीं किसी और के कुत्ते ने काटा है। दोनों पक्षों के कई गवाह बुलाए गए और फिर समिति ने मामले पर चर्चा की। फैसला यह हुआ कि हुक्मू की शिकायत ठीक थी, कुत्ते को गोली मार दी जाए और उसके मालिक पर चार आने जुर्माना हो। एक स्थायी सदस्य और एक जेष्ठ चबूतरे से उतरे और उन्होंने उपस्थित जनों की राय माँगी। ज्यादातर लोगों ने फैसले को पसन्द किया और फैसला लागू हो गया। फिर समिति कुछ ही दिन बाद होनेवाले देवता के एक उत्सव पर विचार-विमर्श करने लगी। यह एक छोटा-मोटा मामला ही है लेकिन इससे न्याय-प्रक्रम स्पष्ट होता है।

अपराध दो वर्गों में बँटे हैं—गम्भीर और अगम्भीर। मामले का वर्ग इंगित करने का समिति का ढंग संस्थानीकृत है। अगर सुना जा रहा मामला गम्भीर माना जाए तो कर्मिष्ठ एक पत्थर के टुकड़े से, समिति के सामने, चबूतरे पर एक रेखा खींच देता है। रेखा खिंचने पर समिति अड़ जाती है कि दोषी पूरा जुर्माना दे, उसमें एक आना भी कम नहीं किया जाएगा। दूसरी ओर मामला गम्भीर न हो तो रेखा नहीं खींची जाएगी और जुर्माना दस रुपए भी हुआ हो तो समिति, दोषी जितने भी रुपए दे—पाँच, तीन या दो स्वीकार कर लेती है। कैसी भी छोटी चोरी या देवता के विरुद्ध दोष के मामले में रेखा हमेशा खींची जाती है और जुर्माने की रकम देवता के कोष में जमा कर दी जाती है। झगड़े, मारपीट, जमीन सम्बन्धी विवाद आदि के मामलों में शायद ही कभी रेखा खींची जाती हो। इनमें वसूले गए जुर्माने को समिति के सदस्य आपस में बाँट लेते हैं। इस तरह रेखा का खींचा जाना अपराध की गम्भीरता का गोचर संकेत है (शायद 'पत्थर की लकीर' का मुहावरा यूँ ही बना होगा ! खैर, मलाणी लोग वास्तव में पत्थर की लकीर खींचते हैं)।

लगभग सभी मामलों का निपटारा जुर्माना करके किया जाता है जो औसतन दो रुपए होता है। करीब पाँच रुपए से ज्यादा का जुर्माना कड़ा दंड माना जाता है और

गम्भीर मामलों में ही किया जाता है। गाँव में चोरी सबसे गम्भीर अपराध मानी जाती है, खासतौर पर देवता की सम्पत्ति की चोरी। चोरी के मामलों की सुनवाई तुरन्त होती है, इन्हें कभी टाला नहीं जाता। एक बार अपराध सिद्ध हो जाए तो चोर पर कम-से-कम सात रुपए का जुर्माना किया जाता है (चाहे चोरी कितनी ही छोटी क्यों न हो) और चोरी किए सामान की कीमत की दोगुनी रकम सामान के मालिक को देनी पड़ती है। देवता के कोष से चोरी करने पर चोर का पूरा और स्थायी रूप से सामाजिक बहिष्कार किया जाता है, उसे गाँव से बाहर कर दिया जाता है।

समिति के अधिकार में सबसे कड़ा दंड है–हुक्का-पानी बन्द। हुक्का-पानी बन्द होने का अर्थ है स्थायी रूप से या समिति द्वारा नियत अवधि के लिए दंडित व्यक्ति और उसके परिवार के सभी से सामाजिक सम्बन्ध टूट जाना। दंडित परिवार से कोई भी बात नहीं करता, उसे गाँव के झरने से पानी नहीं भरने दिया जाता, गाँव की पनचक्की में अनाज नहीं पीसने दिया जाता, न ही वह किसी सभा या भोज में भाग ले सकते हैं। वे समाज से पूरी तरह बहिष्कृत हो जाते हैं। समिति के सभी फैसले क्योंकि उपस्थित जनों द्वारा पुनर्विचार के बाद ही लागू होते हैं इसलिए अन्तिम निर्णय को जन समर्थन निश्चित होता है। जुर्माना देने या समिति के आदेश को मानने से इनकार करना, लोकप्रिय जनमत के विरुद्ध होता है, इस स्थिति में सामाजिक बहिष्कार के आदेश को लागू करना अपेक्षाकृत आसान होता है। गाँव के किसी भी आदमी का बहिष्कार किया जा सकता है चाहे वह कितने ही महत्त्वपूर्ण धार्मिक या आनुष्ठानिक पद पर क्यों न हो। बहिष्कार समिति का ब्रह्मास्त्र है और ग्रामीण इससे बहुत डरते हैं।

लेकिन गाँव के सभी मामलों में जमलू सर्वोच्च और अन्तिम सत्ता है और अगर किसी का समिति के फैसले से विरोध हो तो वह जमलू के यहाँ गुहार करके देवता से फैसला करवा सकता है। इस तरह फैसला करवाने के लिए दो बकरों की जरूरत होती है। दीवानी मामलों में दोनों पक्ष एक-एक बकरा लाते हैं, फौजदारी के मामलों में दोनों बकरों की कीमत देवता के कोष से चुकाई जाती है। पुजारा देवता के विशेष पात्र से जल लेकर दोनों बकरों पर छिड़कता है। फिर सब साँसें रोके यह देखते हैं कि कौन सा बकरा पहले काँपता है। जिस पक्ष का बकरा पहले काँपता है वही दोषी माना जाता है। यह निर्णय निर्विवाद रूप से अन्तिम होता है (क्योंकि यह जमलू का अपना फैसला होता है) और सभी को इसका पालन करना ही होता है। कभी-कभी यह अजपरीक्षण समिति के फैसलों को बिल्कुल ही उलट देता है लेकिन इससे समिति के सदस्य जरा भी परेशान नहीं होते। ऐसा लगता है कि वे मानते हैं कि मनुष्यों से कभी-कभी गलती हो ही जाती है और एक ही गुंजाइश रहने पर लोग जमलू के अमोघ न्याय की माँग कर सकते हैं।

जमलू गाँव के न्यायिक तन्त्र का सर्वोच्च न्यायालय मात्र नहीं है। वह सर्वज्ञ और सर्वव्यापी कहा जाता है और ऐसा माना जाता है कि उसके नियमों (यानी गाँव के रीति-रिवाजों) का उल्लंघन करने पर वह बहुत कुपित हो जाता है। लोक-विश्वास ऐसा

है कि झूठी गवाही देनेवालों और समिति के सदस्यों को घूस देने की कोशिश करनेवालों को जमलू का दंड खुद-ब-खुद मिलता है—अन्धेपन, कोढ़, पागलपन, मौत तथा कई और छोटी-मोटी बीमारियों के रूप में। समिति के सदस्यों के सिर पर एक खास खतरा मँडराता रहता है—ऐसा माना जाता है कि जानबूझकर अन्याय करने या अपने मित्रों-सम्बन्धियों के प्रति पक्षपात करने पर उन्हें तुरन्त दंड मिलता है। पद, सम्पत्ति और सामाजिक स्तर को एक तरफ रखकर अगर सबसे बिल्कुल एक जैसे ढंग से व्यवहार न किया गया तो जमलू का प्रकोप जागृत होगा। यह आनुष्ठानिक प्रतिबन्ध सामाजिक नियन्त्रण का सशक्त उपाय है और समाज के उन कुछ मूलभूत मूल्यों पर बल देते हैं जो इतने महत्त्वपूर्ण हैं कि उनकी रक्षा और संरक्षण खुद देवता करता है।

आर्थिक रूप से मलाणा एक गरीब गाँव है, यहाँ लोगों का जीवन स्तर कुल्लू के औसत गाँव से नीचे है। समुद्र तल से इसकी ऊँचाई के कारण साल में गेहूँ की एक घटिया किस्म और कुट्टू की एक ही फसल ली जा पाती है। जमलू सारी भूमि का स्वामी है और मलाणी लोग खुद को जमलू का किराएदार मानते हैं। यह किराएदारी दो किस्म की है—स्थायी (इसमें बिक्री और उत्तराधिकार के सभी अधिकार बने रहते हैं) और अस्थायी (इसमें बिक्री और उत्तराधिकार के अधिकार समिति की सहमति से और कोष में विशेष अनुदान देने पर ही मिलते हैं) अन्न की जरूरत को पूरा करने के लिए मलाणी लोग कुल्लू के गाँवों से घी, ऊन, शहद और पक्षियों के मांस के बदले चावल, मक्का, नमक और औजारों के लिए लोहा लेते हैं। इन सौदों में मलाणी नकद पैसों की बजाय अदला-बदली के अपने परम्परागत भावों पर चीजें लेना पसन्द करते हैं, चाहे इसमें उन्हें घाटा ही हो रहा हो। कुल्लू के ग्रामीणों को मैंने अक्सर मलाणियों के इस हद से ज्यादा 'पिछड़ेपन' का मजाक उड़ाते देखा है। लेकिन इस हँसी में मैंने एक खोखलापन पाया है और साफ दिखता है कि कुल्लू के लोग मलाणियों का मजाक तो उड़ाते हैं लेकिन उनके शक्तिशाली देवता उनकी सामूहिक एकजुटता और उनके स्वभाव के कारण उनसे रौब और खौफ भी खाते हैं। इन आर्थिक सौदों के अलावा मलाणी अपने पर्वतीय एकान्त में ही रमे रहते हैं, अपने-आप में मगन, बाहरी हस्तक्षेप से पूरी तरह दूर।

मलाणा मूलतः एक 'संन्यासी वानप्रस्थी' गाँव है। इसने दूसरों से कुछ अलग होने, गाँव की एकजुटता और प्रबल समूह निष्ठा की भावनाएँ जनून की हद तक विकसित कर ली हैं। 'बाहरी' लोगों को गहरे सन्देह और कुछ हिकारत से देखा जाता है। कोई उनसे कितना भी खुला और दोस्ताना व्यवहार क्यों न करे, यह सन्देह कभी पूरी तरह दूर नहीं होता और अवसर पाते ही ज्वालामुखी की तरह फूटता है। एक कुल्लूवासी ने मुझे बताया कि, "मलाणा अखरोट की तरह है। उसका छिलका बहुत कड़ा है लेकिन एक बार आप छिलका तोड़ लें तो गिरी बहुत स्वादिष्ट है।" यह बात एकदम सच है, लेकिन मैंने पाया कि गाँव को घेरे खड़े सामाजिक अवरोधों से पार होने में सबसे बड़ी कठिनाई है, गाँव की राजनीतिक तरंगों के बीच से सुरक्षित राह ढूँढ़ पाना। मलाणा तमाम

बाहरी लोगों के खिलाफ़ एकजुट है और उसका सामाजिक ढाँचा चरम सामाजिक एकात्मता का अच्छा उदाहरण है। लेकिन फिर भी तीनों 'नेताओं' के बीच दोहरे क्षेत्रीय विभाजन पर आधारित एक सत्ता-संघर्ष बराबर चलता रहता है। संसक्ति की कड़ी सीमाओं के बीच, दोनों बहरों में विरोध और सन्तुलन की एक रोचक अवधारणा और खासी राजनीतिक चहल-पहल है।

गाँव के राजनीतिक और न्यायिक संगठन का सबसे महत्त्वपूर्ण पहलू वह सीमा दिखती है जिस तक यह जनभावना पर टिके हैं। चुनाव की पद्धति, समिति के हर फैसले पर तुरन्त जनमत संग्रह, दंडात्मक नियन्त्रण के रूप में बहिष्कार का महत्त्व, समिति की सभी बैठकों में गाँव के हर वयस्क पुरुष की आवश्यक उपस्थिति–सभी जनमत की सर्वोच्च सत्ता को प्रदर्शित करते हैं। गाँव जबर्दस्त ढंग से समतावादी है और न्याय की एक सुविकसित धारणा यहाँ अमूर्त अवधारणा के रूप में उपस्थित है। समाज का प्राथमिक एकत्वकारी बल शायद ग्रामदेवता है जिसके प्रभाव की महत्त्वपूर्ण भूमिका प्रशासन और कानून के तन्त्र में है। कुल मिलाकर गाँव एक पूरी तरह निरक्षर और आर्थिक रूप से पिछड़े समाज में उन्नत राजनीतिक और कानूनी अवधारणाओं की उपस्थिति का रोचक उदाहरण है।

इस निबन्ध को ले.कर्नल सी.जी. ब्रूस की पुस्तक 'कुल्लू एंड लाहौल' (आर्नोल्ड, लन्दन, 1914) के उद्धरण से समाप्त करना समीचीन होगा :

"हमने अच्छी तरह देखा–मुख्य मलाणा घाटी और उस पगडंडी को जो जाड़ी में पार्वती से मिलता है, एक प्रभावशाली और तीखी ढलान वाले खड्ड से निकलता एक सिहरा देनेवाला रास्ता। दोनों ओर हजारों फुट ऊँची चोटियाँ घाटी और आठ हजार फुट की ढलानों को घेरे हुए हैं। कोई आश्चर्य नहीं कि मलाणा के लोग इतनी सदियों से बाहरी छेड़छाड़ से बचे रहे हैं...नीचे पहाड़ी इलाकों में मैंने इससे दुर्गम क्षेत्र नहीं देखा है।"

तंजौर के एक गाँव का सामाजिक ढाँचा

कैथलीन गफ

तंजौर जिले में दो तरह की ग्राम संरचनाएँ दिखती हैं। सबसे प्रमुखता से दिखते हैं—मीरासी गाँव, जहाँ जमीन कई अलग-अलग पितृसत्तात्मक संयुक्त परिवारों के बीच बँटी होती है। इस किस्म के गाँव तमिल चोल शासकों के जमाने से चले आ रहे हैं, चौदहवीं सदी के शुरू में मुस्लिम आक्रमणों से चोल सत्ता का पराभव शुरू हुआ और 1534 में विजय नगर के आक्रमण के साथ इसका अन्त हो गया। दूसरी तरह के गाँव, इनाम गाँव, मराठों की विजय (1674-1799) के जमाने में अस्तित्व में आए, जब परदेसी मराठा राजाओं ने पूरे-पूरे गाँव, तमिल ब्राह्मणों और प्रवासी मराठा परिवारों और धार्मिक संस्थाओं को दान कर दिए। यहाँ मैंने जिले के उत्तर-पश्चिम में स्थित एक मीरासी गाँव के सामाजिक संगठन की रूपरेखा और चार महीने के पर्यवीक्षण में मुझे समझ में आए परिवर्तन के महत्त्वपूर्ण चलनों के संकेतों का लेखा-जोखा प्रस्तुत करने का प्रयास किया है।

तंजौर के ग्रामीण हिन्दुओं की कई जातियों को तीन उपखंडों में बाँटते हैं—ब्राह्मण, अब्राह्मण और आदि-द्रविड़ (हरिजन, जो पहले भू-दास होते थे) मीरासी गाँव की संरचना उसके 'ब्राह्मण' या 'अब्राह्मण गाँव' होने से नियत होती है। 'ब्राह्मण गाँव' में जमीन के स्वामी ब्राह्मण मुहल्ले (अग्रहारम) के कई परिवार होते हैं। कुछ जमीन छोटे-छोटे हिस्सों में, वार्षिक बँटाईदारी पर अहमबाडिया, पाडायाचि, कोनार, मूप्पनार और बन्नियार जैसी 'नीची' अब्राह्मण जातियों के भूमिहीनों को दे दी जाती है। बाकी जमीन मीरासदार कहे जानेवाले भूस्वामी अपने पास रखते हैं और उस पर गाँव के आदि-द्रविड़ मोहल्ले के मजदूरों से खेती करवाते हैं। 'अब्राह्मण गाँव' में जमीन के मालिक अक्सर अब्राह्मण मुहल्ले की 'ऊँची जाति' वेल्ललार या कल्लार के सदस्य कुछ परिवार होते हैं। कभी-कभी कुछ जमीन 'नीची जाति' के अब्राह्मणों को बँटाई पर दी जा सकती है, लेकिन ज्यादातर देखा जाता है कि भूस्वामी खुद ही आदि-द्रविड़ नौकरों से इस पर खेती करवाते हैं। इन गाँवों में अक्सर एक ही ब्राह्मण परिवार होता है जो गाँव के मन्दिर की सेवा करता है।

कुम्बपेट्टै एक औसत 'ब्राह्मण गाँव' है। डेढ़ वर्गमील में फैले इस गाँव की जनसंख्या बारह सौ है और यह मोटर सड़क पर, एक कस्बे से आठ मील की दूरी पर है। हर घर के पीछे नारियल के पेड़ों और साग-सब्जी की एक बाड़ी है और गाँव के

चारों तरफ आधे मील के दायरे में दो-फसली धान के खेत हैं जिन्हें कावेरी और उसकी सहायक नदियों से खींची गई गूलों से सींचा जाता है। गाँव के उत्तर-पूर्व में, मुख्य सड़क से लगा ब्राह्मणों का मुहल्ला है, इसमें छियालीस घर हैं जिनमें से दस अपने मालिकों के शहरों में जा बसने की वजह से खाली पड़े हैं। कवेलू की छतोंवाले घर एक-दूसरे से सटे हैं। मकानों की दो लम्बी कतारों के बीच एक पतली-सी गली है। मकानों के पीछे साग-सब्जी की बाड़ियाँ हैं, जो धान के खेतों से सटी गूलों को छूती हैं। ब्राह्मण मुहल्ले के पास दो मन्दिर हैं, उत्तर-पूर्व में शिव का और पश्चिम में विष्णु का। पास में ही एक तालाब है, गणपति का एक स्थान है जहाँ नहा-धोकर ब्राह्मण जप करते हैं, और गाँव के एक ब्राह्मण संन्यासी की समाधि पर बनी मढ़ैया है। इस तरह ब्राह्मण, उनकी बाड़ियाँ, उनका तालाब, मन्दिर और मढ़ैया, गाँव के उत्तर-पश्चिमी छोर को घेरे हैं। गाँव की उत्तर-पश्चिमी सीमा पर एकमात्र अब्राह्मण परिवार कुथ्याडियों का है, इस जाति के पुरुष पहले कठपुतलियों से धार्मिक लीलाएँ दिखाते थे, इनकी स्त्रियाँ नाच-गाने का काम करती हैं।

बाड़ियों और धान के खेतों के परे, दक्षिण की तरफ, दो गलियों में, अब्राह्मण कोनारों के बीस घर हैं। कोनार परम्परागत गोपालक हैं। उनके मकान ब्राह्मणों के मकानों से छोटे और छप्पर से छाए हुए हैं। कोनारों के मकान उनकी बाड़ियों के बीच बने हैं। आज, पूरी तरह गाँव में ही रहनेवाले ब्राह्मण परिवारों की मासिक आय (सभी स्रोतों से) 80 से 900 रुपए के बीच है। उनकी तुलना में औसत कोनार परिवार की आय एक कालम धान प्रति वयस्क और 20 से 60 रुपए नकद है यानी कुल मिलाकर 50 से 100 रुपए प्रति मास। उधर आदि-द्रविड़ परिवार नकदी कम और धान ज्यादा चाहते हैं; मोटे तौर पर आदि द्रविड़ परिवारों की औसत मासिक आय 40 से 80 रुपए है। ज्यादातर कोनार परिवार एक-दो गाएँ रखते हैं, इसके अलावा वे ब्राह्मणों की गाएँ दुहते हैं और उनकी बाड़ियों की सार-सँभाल करते हैं। पहले इनकी सेवाएँ वंशानुक्रम से तय होती थीं, कोनार परिवार पीढ़ियों तक एक ही ब्राह्मण परिवार से जुड़े रहते थे और उनकी अनुमति के बिना दूसरे परिवारों से नहीं जुड़ते थे। आज आदि द्रविड़ों की तरह कोई-कोई कोनार पुरुष कर्ज लेकर, एक निश्चित अवधि के लिए किसी ब्राह्मण भूस्वामी से जुड़ जाते हैं, इस अवधि में वे सिर्फ उसी के यहाँ काम करके कर्ज चुकाते हैं। पुरानी जजमानी व्यवस्था में जिसमें कोनार और आदि-द्रविड़ पीढ़ी-दर-पीढ़ी ब्राह्मण परिवारों से जुड़े रहते थे, नौकर अदिमै यानी दास कहलाते थे। अब यह शब्द कम ही सुनने में आता है। लेकिन कुछ कोनार और आदि-द्रविड़ अब भी स्वेच्छा से अपने परम्परागत मालिकों से जुड़े हुए हैं। यह मालिक अपने परम्परागत सेवकों और भाड़े के मजदूरों में भेदभाव करते हैं, वे अपने परम्परागत सेवकों के प्रति ज्यादा जिम्मेदारी महसूस करते हैं, उनके शादी-ब्याहों में यह मालिक उपहार देते हैं और हारी-बीमारी में उन्हें खाना भिजवाते हैं। परम्परागत सेवकों की उजरत का कुछ हिस्सा धान के रूप में चुकाया जाता है और वे यही चाहते भी हैं। भाड़े के मजदूरों को भी इसी तरह दैनिक या मासिक

भुगतान किया जाता है, उन्हें पन्नियाल (मजदूर) कहा जाता है।

कोनार, ब्राह्मण भू-स्वामियों के बँटाईदार भी होते हैं। बँटाईदारी की यह पद्धति कुथकै कही जाती है। जमीन के उपजाऊपन के आधार पर कुछ किराया तय कर लिया जाता है जो साल में दो बार, फरवरी और अक्तूबर में, फसल कटने पर धान के रूप में चुका दिया जाता है। बढ़िया फसल होती है तो बँटाईदार के पास एक-तिहाई से लेकर आधी तक उपज बच सकती है, लेकिन फसल ठीक न हो (जैसे इस साल) तो उसके पास कुछ नहीं रहता या इतना ही धान रह पाता है कि अगले बरस के बीज और खेती का खर्च निकल आए। सिद्धान्ततः भूस्वामी हर हाल में, पूरा किराया—धान या उसके मूल्य के रूप में—माँग सकता है; लेकिन बहुत कम ही ऐसा होता है। ज्यादातर लोग अपने बँटाईदारों की हालत जानते हैं और फसल खराब होने पर थोड़ी-बहुत छूट दे देते हैं। लेकिन बँटाईदार के सिर पर बेदखली की तलवार हमेशा ही लटकी रहती है जिससे वह भूस्वामी से दबता है। कुम्बपेट्टै में कुछ खेत वरम् बँटाईदारी पर दिए गए हैं। बँटाईदार एक निश्चित हिस्सा जो अक्सर फसल का पाँचवाँ भाग होता है, लेकर, बाकी फसल भूस्वामी को सौंप देता है। हालाँकि वरम् पद्धति फायदेमन्द नहीं है, फिर भी, फसल ठीक न होने पर भी बँटाईदार को उसका हिस्सा मिलना तय रहने के कारण पिछली कुछ फसलों के लगातार खराब होने को देखते हुए, कुछ बँटाईदार इसे पसन्द करने लगे हैं।

कोनार मुहल्ले में ही गाँव के नाइयों, धोबियों, बढ़इयों और लोहारों के एक-एक परिवार और कुम्हारों के तीन परिवार रहते हैं। यह सभी रोटी-बेटी का सम्बन्ध अपनी ही जाति में करते हैं, इसलिए इनके सम्पर्क दूसरे गाँवों में भी हैं। पहले सभी भूस्वामी और बँटाईदार साल में दो बार फसल के समय उनकी सेवाओं का मुआवजा धान के रूप में दिया करते थे लेकिन अब उन्हें अक्सर तुरन्त नकद भुगतान दे दिया जाता है।

ये अब्राह्मण मुहल्ले गाँव में परम्परा से हैं लेकिन पिछले पचास सालों में गाँव में, अब्राह्मणों के दो और मुहल्ले उभरे हैं। ये मुहल्ले राजाओं के एक मराठा सेवक को इनाम में मिली, गाँव की पूर्वी सीमा से लगी जमीन पर बसे हैं। ब्रिटिश शासन के दौरान मराठा परिवार अपनी सम्पत्ति खो बैठा और पचास साल पहले उसने अपनी जमीन दूसरे गाँवों के उभरते अब्राह्मण परिवारों को बेच दी। अब इनमें ताड़ी निकालनेवाले 'नीची' जाति के नाडारों के छह परिवार, धान के व्यापारी कल्लारों के पाँच परिवार, एक गरीब ब्राह्मण परिवार जिसने 'होटल' खोल लिया है, और मराठा, पडयाचि और कोनारों के एक-एक परिवार हैं जो मासिक नकद मजदूरी पर ब्राह्मणों या बाहर के भूस्वामियों के यहाँ काम करते हैं। कल्लारों और नाडारों ने ब्राह्मणों की कुछ जमीन पट्टे पर ली हुई हैं लेकिन अब उन लोगों की अपनी भी कुछ जमीनें हैं, कुछ जमीनें उन्होंने पास के कस्बे के मुसलमान व्यापारियों से पट्टे पर ले ली हैं जिन्होंने गाँव छोड़कर जा रहे ब्राह्मण परिवारों की जमीनें हाल ही में खरीद ली हैं। शराबबन्दी लागू होने से पहले नाडार लोग ताड़ी निकालते थे अब वे अपनी जाति के एक सम्पन्न व्यापारी के यहाँ मजदूरी करने छह

मील दूर जाते हैं; जबकि कल्लारों की जीविका का प्रमुख आधार बैलगाड़ी से भूस्वामी के धान को, तीन मील दूर चावल की मिल में पहुँचाना है, जहाँ से धान जिला सप्लाई ऑफिस पहुँच जाता है। हम देखेंगे कि गाँव के अर्थतन्त्र में आंशिक रूप से ही जुड़े नए आए लोगों के ये दो मुहल्ले कुम्बपेट्टै में आ रहे बदलावों के सन्दर्भ में महत्त्वपूर्ण हो उठते हैं।

और फिर धान के खेतों के पार, आधा मील की दूरी पर, करीब अस्सी घरों का आदि द्रविड़ मुहल्ला है। यह पल्ला हैं, अदिमै (दासों) की एक जाति, पहले जिनके 'मालिक' भूस्वामी होते थे। आज वे भी कथकै (खेत) पट्टे पर लेते हैं और दिहाड़ी मजदूरों के तौर पर अक्सर अपने पुराने मालिकों के धान के खेतों में काम करते हैं। कोनारों के विपरीत, परम्परा से, उनके ब्राह्मण मुहल्ले में जाने की मनाही थी, आज भी कोई भी आदि-द्रविड़ ब्राह्मण मुहल्ले में नहीं जाता। उधर ब्राह्मण भी आदि-द्रविड़ मुहल्ले में नहीं जा सकते, ऐसा माना जाता है कि ब्राह्मणों के आदि-द्रविड़ मुहल्ले में जाने से मुहल्लेवालों पर विपत्ति आएगी। दक्षिण में ही पेशे से श्मशान के रखवाले और मरे पशुओं की लाशें हटाने और बेचनेवाले, 'सबसे नीचे' आदि-द्रविड़ पेरायाओं का छोटा सा मुहल्ला है। पल्लाओं की तरह पेराया भी खेतों में दिहाड़ी पर मजदूरी करते हैं, लेकिन वे खास ब्राह्मण परिवारों से नहीं जुड़े हैं।

जाति समूहों की रूपरेखा स्पष्ट करने के बाद हम गाँव की संरचना की मूलभूत एकताओं और विभाजनों को जाँचेंगे। तंजौर के गाँव में सबसे साफ दिखती है जाति समूह की एकता; हाल ही तक इसका मतलब होता था एक खास मुहल्ले की एकता। एक गाँव में रहनेवाले एक ही जाति के सदस्यों को सबसे पहले एकता में बाँधते हैं—उनका एक ही पेशे से जुड़ा होना, जमीन पर उनके एक से अधिकार, आय और अनुष्ठान। पहले, सब ब्राह्मण मिरासदार थे, सब कोनार कुथकै बँटाईदार और, सब आदि-द्रविड़ भूमिहीन मजदूर/रीति-रिवाजों के कई अन्तर ब्राह्मणों को अब्राह्मणों से अलग करते हैं, इन अन्तरों में प्रमुख यह है कि ब्राह्मण मांस-मछली-अंडे नहीं खाते और मन्दिरों में बलि नहीं चढ़ाते। हम पहले ही ब्राह्मण मन्दिरों की बात कर चुके हैं। आधिकारिक रूप से यह अब सभी जातियों के लिए खुले हैं लेकिन सच यह है कि अब भी इनका उपयोग ब्राह्मण ही करते हैं; हाँ, सांस्कृतिक देवताओं के पर्वों के समय कभी-कभी अब्राह्मण (लेकिन आदि-द्रविड़ नहीं) मन्दिर के बाहरी आँगन में प्रवेश करते हैं। कोनारों के अपने ग्राम देवता का स्थान कोनार मुहल्ले में है। असल में यह ग्राम देवता 'कोनार ग्राम माता' नाक की एक देवी है जो ब्राह्मण देवमाला में शामिल नहीं है। उसे प्रसन्न रखने के लिए एक अब्राह्मण पुजारी रोज उसकी अर्चना करता है और साल में एक बार, कोनारों के एक खास उत्सव में उसे बलियाँ चढ़ाई जाती हैं। इसी तरह पल्लाओं के मुहल्ले के छोर पर कालिअम्मन देवी का एक स्थान है। उसकी पूजा सिर्फ पल्ला ही कर सकते हैं, उसका अपना अलग पुजारी है और एक वार्षिक उत्सव भी।

आनुष्ठानिक प्रतीक और संस्थान जाति की एकता को रेखांकित करते हैं। ब्राह्मणों

का एक ही श्मशान घाट है; कोनार अपने श्मशान का उपयोग अब नए आए अब्राह्मणों को करने देते हैं; और पल्लाओं और पेरायाओं के अपने-अपने कब्रिस्तान हैं। इसी तरह नहाने के तालाब भी तीनों मुख्य जाति समूहों के बीच बँटे हैं। जीवन की अन्तरंगता से जुड़े जन्म, विवाह, मृत्यु और पितरों की पूजा, जाति के अन्दर की घटनाएँ हैं। यह जाति की अन्तर्गामिता और इस तथ्य के कि हाल ही तक हर जाति का मुहल्ला आपस में (सेवकों की जातियों को छोड़कर जो कि दूसरे गाँवों में विवाह करते हैं) शादी-ब्याह करनेवाले नजदीकी रिश्तेदारों का समूह होता था, के अनुरूप ही हैं। ब्राह्मण मुहल्ले में, जाति की एकता और भी साफ दिखाई देती है। मकान एक-दूसरे से सटे हुए हैं और बीच की दीवारों में छेद तक हैं ताकि औरतें एक-दूसरे को सन्देश दे सकें।

जाति एकता और भूस्वामियों की निरंकुश भूमिका गाँव के प्रशासन में भी झलकती है। गाँव सरकार से नियुक्त मुखिया के अधीन एक स्थानीय राजस्व इकाई है। मुखिया को मीरासदारों से लगान वसूलना होता है और वह गाँव के छोटे-मोटे दीवानी मुकदमों की सुनवाई कर सकता है। एक मुंशी, दो अमीन और एक चपरासी की सेवाएँ उसे प्राप्त होती हैं। सिद्धान्ततः ये लोग किसी भी जाति के हो सकते हैं लेकिन असलियत में, मुखिया और मुंशी ब्राह्मण हैं और बाकी तीन सेवक अब्राह्मण। इसके अलावा गाँव की एक पंचायत होती है जिसका एक अध्यक्ष और सात सदस्य निर्वाचित होते हैं। गाँव के लगान का एक अंश पंचायत के कोष में जमा होता है, पंचायत का खास काम सड़कों और कुओं की सार-सँभाल करना है। जैसेकि समझा जा सकता है, पंचायत के सभी सदस्य ब्राह्मण हैं क्योंकि गाँव की जमीन के मालिक ब्राह्मण ही हैं। असल में हुआ यह कि पंचायत मंडल और गाँव के मुखिया जैसे अपेक्षाकृत आधुनिक संस्थान, एक ऐसी बहुत पुरानी प्रशासन पद्धति से जुड़ गए हैं जिसका अब भी खासा महत्त्व है। ब्राह्मणों के अलावा, हर मुहल्ला, हर साल अपने दो मुखिया (नट्टनमक्कर या तलैवर) चुनता है। इन मुखियाओं का काम मुहल्ले में व्यवस्था बनाए रखना है। चोरी, व्यभिचार, मारपीट या दूसरे की जमीन पर कब्जा जैसे हर अपराध पर मुखिया को नजर रखनी होती है, वह मुहल्ले की सभा में अपराधी को पेश करता है। पल्लाओं की सभा कालिअम्मन के स्थान पर होती है, कोनार ग्रामदेवी के स्थान पर जुटते हैं। अपराध हल्का-फुल्का हो तो मुखिया खुद सजा सुना देता है—जुर्माना या सार्वजनिक रूप से बेंत लगवाना। झगड़ा गम्भीर हो तो अपराधी के ब्राह्मण भूस्वामी को बुलवाना पड़ता है ताकि वह मुखिया के फैसले को सुधारे और खुद सजा दे। गाँव की इज्जत और शान्ति पर असर डालनेवाले मामलों में ब्राह्मणों का हस्तक्षेप जरूरी होता है। हाल के एक मामले में, एक पल्ला ने, पास के गाँव के अब्राह्मण मुहल्ले से पीतल का एक बर्तन चुरा लिया। बर्तन के मालिक ने उसे पकड़कर बाँध दिया और अपने गाँव के दो पल्लाओं के साथ उसे उसके भूस्वामी के पास न्याय के लिए भेज दिया, हमारे पल्ला के ब्राह्मण भूस्वामी ने, ग्रामदेवी के मन्दिर के आँगन में, उसकी बिरादरी की सभा बुलाई। सभा में पूरा मामला सुनकर उसने चोर से दस रुपए जुर्माना वसूला, उसे बेंत लगाए और 'उसके

मिजाज दुरुस्त करने के लिए' उसे गोबर का घोल पिलाया। न्याय से सन्तुष्ट होकर पल्ला बिरादरी अपने-अपने घरों को चली गई। खुद ब्राह्मणों का कोई मुखिया नहीं है, अपने व्यक्तिगत विवाद सुलटाने के लिए वे पंचों की मदद नहीं लेते। यह गाँव में उनकी ऊँची स्थिति के अनुरूप ही है, यूँ भी ब्राह्मण खुद से ऊँचा किसी को नहीं मानते और जाति के अन्दर अपने बड़े-बूढ़ों को कुछ कम ही औपचारिक आदर-मान देते हैं। यह कह पाना मुश्किल है कि ब्राह्मणों के विवाद कैसे सुलटते हैं। कुछ विवाद अब शहरी अदालतों में पहुँचने लगे हैं; कुछ, नीची जातियों के सामने ब्राह्मण एकता और रौब-दाब बनाए रखने की मजबूरी में महीनों घिसटते हैं और आखिर होता यह है कि कुटुम्बी होने के आनुष्ठानिक कर्त्तव्यों से बँधे विपक्षियों को सुलह-समझौता करना पड़ता है।

तंजौर के गाँव में जाति के मुहल्ले की एकता निवासी समूह की व्यष्टिता पर हावी रहती है और इस मायने में यह मलाबार के गाँव की स्थिति से विपरीत है। वहाँ, जैसाकि डॉ. मिलर ने बताया है, पूरे गाँव की जमीन का मालिक एक ही भूस्वामी परिवार, अक्सर नम्बूदिरी ब्राह्मण जाति का होता है। गाँव के नायर भूस्वामियों के यहाँ, हर बड़ा मातृसत्तात्मक निवासी समूह दीवारों या बाढ़ से घिरे अपने खानदानी बागान में स्थित होता है। उसी चारदीवारी में उसका श्मशान, पितरों का स्थान, सर्प-कुंज और अक्सर देवी का मन्दिर भी होता है, तंजौर में, जमीन का स्वामित्व पितृसत्तात्मक संयुक्त परिवारों के पास होते हुए भी निवासी समूह की ऐसी एकरेखीय शक्ति नहीं होती, कौटुम्बिक बन्धन, मलाबार की तरह एकरेखीय होने की बजाय मातृपक्ष और पितृपक्ष में दूर-दूर तक फैलते हैं; हर पीढ़ी में संयुक्त परिवार बँट जाता है; और स्थानीय वंशकुल (नायर मातृसत्तात्मक तरवाड का समतुल्य कूट्टम) में सांस्थानिक एकता नहीं होती, वह सिर्फ मरण अशुचि के पालन से बँधा होता है। मकान और पुरखों की जमीनें आसानी से खरीद-बेच ली जाती हैं। इस सन्दर्भ में तंजौर के गाँवों में जमीन के स्वामित्व के अधिकारों के इतिहास पर दृष्टि डालें।

1865 तक मीरासी गाँवों में जमीन पर पितृसत्तात्मक संयुक्त परिवारों का नहीं, गाँव के मीरासदारों के पूरे जाति समूह का साझा स्वामित्व होता था जो बीच-बीच में अपने परिवारों के भरण-पोषण के लिए आपसी सहमति से हिस्से बाँट लिया करते थे। कुम्बपेट्टै में ब्राह्मणों की 'साझी जमीन' और 'साझे धन' के रूप में यह परम्परा अब भी बरकरार है। उनका श्मशान, फसल की गहाई की जगह, बागान की जमीन और स्नान के तालाब में मछली पकड़ने के अधिकार, सब इसी श्रेणी में आते हैं, इन साझी सम्पत्तियों से होनेवाली आय मन्दिर के कोष में जमा होती है। संक्षेप में, हिन्दू संयुक्त परिवार संगठन का सबसे कमजोर रूप तंजौर में दिखता है और सबसे मजबूत रूप मलाबार में, स्थानीय जाति समूह की एकता की दृष्टि से देखें तो मामला इसके ठीक विपरीत है। ये दो क्षेत्र शायद एक मूलतः साझे दक्षिण भारतीय प्रारूप में विचलनों के दो ध्रुवों का प्रतिनिधित्व करते हैं।

लेकिन सभी भारतीय गाँवों की तरह यहाँ भी, पूरे गाँव की एकता हर जाति की

भिन्नता पर भारी पड़ती है। भूस्वामियों, बँटाईदारों, मजदूरों और गाँव के सेवकों (परजा) की आर्थिक परस्पर-निर्भरता इस एकता का आधार है और मेरे विचार से इसकी अनवरतता इन आर्थिक इन्तजामों को बनाए रखने पर निर्भर है। रोजमर्रा के जीवन में, गाँव की यह एकता हर जाति और निवासी-समूह की अलग-अलग आर्थिक, सामाजिक और आनुष्ठानिक गतिविधियों के नीचे छिपी रहती है; कभी-कभी व्यक्तियों या कुटुम्बों के झगड़ों से इसमें अस्थायी दरारें पड़ जाती हैं। लेकिन समय-समय पर कोई घटना ऐसी घटती है जिसमें गाँव की एकता की पुष्टि होती है। ऐसी घटनाएँ हमेशा ही पूरे गाँव के, न कि उसके किसी हिस्से के, कल्याण से जुड़ी होती हैं। गाँव के कल्याण की चिन्ता ग्राम देवता की संस्था में झलकती है। यह देवता हमेशा ही प्राथमिक रूप से गाँव के अब्राह्मणों की मिल्कियत होता है। कुम्बपेट्टै में ही ग्रामदेवी चेचक से मरी एक कोनार स्त्री है और उसका पुजारी एक अब्राह्मण है। लेकिन कोनारों की देवी होने के साथ-साथ जिसकी पूजा-अर्चना वे अपने वार्षिक उत्सव में करते हैं, यह देवी साल के कुछ तय मौकों पर ब्राह्मणों और आदि-द्रविड़ों की निष्ठा भी माँगती है। उसका स्थान गाँव की एक सीमा पर है और ऐसा माना जाता है कि उसकी मूर्ति फसल चौपट होने, संक्रामक रोगों, बाँझपन और प्रसव में मृत्यु से पूरे समुदाय की रक्षा करती है। पागलपन, बाँझपन या रोग का प्रकोप होने पर हर जाति के परिवार अपने खास आनुष्ठानिक ढंग से उसकी पूजा देते हैं। गाँव के पंचांग की सबसे महत्त्वपूर्ण घटना गर्मियों में पूरे गाँव द्वारा मनाया जानेवाला देवी का पर्व है। इस पर्व के दौरान रोज रात को देवी की मूर्ति को गाँव के हर मुहल्ले में ले जाया जाता है, जहाँ अलग-अलग जातियों के लोग अपने-अपने खास ढंग से उसकी पूजा करते हैं। जैसाकि दक्षिण भारत के बाकी हिस्सों में भी होता है, गाँव के मन्दिर का पर्व जातियों के अन्तर और उनकी परस्पर-निर्भरता और उनके आपसी सहयोग की जरूरत को रेखांकित करता है। हाल के बरसों में, कुम्बपेट्टै में कई अब्राह्मण जातियों के लोगों के आ बसने के बाद से पूजा-अर्चना में उनके क्रम को लेकर विवाद हुए हैं। एक बार इन विवादों के सुलझ जाने पर, गाँव में किसी परिवार विशेष का पदक्रम सार्वजनिक रूप से स्वीकार कर लिया जाता है।

कई घटनाएँ और उत्सव-पर्व गाँव को एकजुट करते हैं। इनमें से प्रमुख हैं—पोंगल, जनवरी में मनाया जानेवाला दूसरी फसल की कटाई का वार्षिक पर्व और तमिल नववर्ष का पहला दिन। एक रोचक तथ्य यह है कि पड़ोसी गाँवों से झगड़े इन पर्वों के अवसर पर ही होते हैं, और इस तरह भी गाँव की एकता और मजबूत होती है। हाल ही में कई बार ऐसा हुआ कि अपना पर्व मनाकर कुम्बपेट्टै के पर्व की रौनक देखने आए आसपास के गाँवों के लोगों का कुम्बपेट्टै के अब्राह्मणों और आदि-द्रविड़ों से मनमुटाव हुआ और दोनों पक्षों के बीच आखिर लाठियाँ और पत्थर चले। बाहर से आए शरारती लोगों का मुकाबला करने के लिए जनबल जुटा पाना किसी गाँव की एकता और आत्मनिर्भरता का पैमाना है। ऐसा ही एक पैमाना अपराध और बदनामी को गाँव में ही दबा पाना भी है। हाल ही तक कुम्बपेट्टै में पुलिस की भूमिका नगण्य थी क्योंकि गाँव बाहर से कानूनी

दखलन्दाजी के खिलाफ एकजुट था। पिछले पन्द्रह वर्षों में गाँव के कर्ताधर्ताओं ने पुलिस को रिश्वत देकर दो हत्याएँ और तीन आत्महत्याएँ रफा-दफा करवा दीं।

परम्परागत ग्राम संगठन की स्थिरता को, एक-दूसरे के विरुद्ध सक्रिय विभिन्न एकताओं और विरोधभावों के सन्तुलन के रूप में भी देखा जा सकता है। हमने स्थानीय जाति समूह की एकता और भिन्नता की बात की है, निस्सन्देह जातियों के तीन प्रमुख समूहों का सम्पत्ति रीति-रिवाजों और आर्थिक संसाधनों में हितों के अन्तरों से उपजा आपसी वैर-विरोध भी सदा से इनके साथ जुड़ा रहा है लेकिन परम्परा से, यह वैर-विरोध दो पूरे जाति समूहों के झगड़े में नहीं बदल सकता था। उदाहरण के लिए, अब्राह्मण गोलबन्द होकर अपने ब्राह्मण भूस्वामियों से नहीं जूझ सकते थे। इसके बहुत से कारण हैं, जिनमें मुख्य है—हर जाति समूह में आर्थिक संस्थानगतता की कमी। सभी ब्राह्मण सामूहिक रूप से कोनार और आदि-द्रविड़ जातियों को रोजगार नहीं देते थे, अलग-अलग ब्राह्मण परिवार अलग-अलग कोनार और आदि-द्रविड़ परिवारों को रोजगार देते थे। बँटाईदारी का चलन और बेदखल कर देने की भूस्वामी की परम्परा से स्वीकृत शक्ति, अब्राह्मण परिवारों को, रोजगार और जमीन के लिए एक-दूसरे के खिलाफ प्रतियोगिता में रखती है। शायद इससे भी महत्त्वपूर्ण घटक जातियों के पारस्परिक अधिकारों से जुड़े संस्कारगत विश्वास और पूरे समाज को स्वीकार्य नैतिक सूत्र हैं। यह विश्वास और सदा से ब्राह्मणों पर चली आ रही उनकी आर्थिक निर्भरता ही आज भी आदि-द्रविड़ों को, इस भय से कि कहीं देवता का प्रकोप उन पर मौत या रोग बनकर न टूटे, ब्राह्मणों के मुहल्ले और उनके मन्दिर में कदम नहीं रखने देता।

इसलिए, ऐसा लगता है कि जब तक यह व्यवस्था स्थिर रहेगी तब तक अलग-अलग जातियों यानी समाज में अलग-अलग वर्गों के सदस्य समूहों के बीच दबे-ढके वैर-विरोध के बावजूद, समूह की एकजुट कार्यवाही की माँग करनेवाले खुल्लमखुल्ला किस्म के झगड़े एक ही वर्ग के समूहों जैसेकि एक ही संयुक्त परिवार की शाखाओं, एक ही जाति समूह के संयुक्त परिवारों या आसपास के गाँवों के सभी अब्राह्मणों या सभी आदि-द्रविड़ों के बीच ही हो सकते हैं। ऐसे झगड़े अब भी आम हैं और यह गाँव में जातियों के बीच की दरारों को कमजोर करते हैं। असल में तो आज भी यह व्यवस्था स्थिर नहीं है और जातियों के बीच वैर-विरोध गहरे हुए हैं। अक्सर दिखता है कि आदि-द्रविड़ नौकरों के झगड़े में ब्राह्मण भूस्वामी एक-दूसरे के विरुद्ध आ डटे। आज भी अलग-अलग जातियों के बीच परम्परागत सामन्ती जजमानी सम्बन्धों की पकड़ मजबूत बनी हुई है।

लेकिन आज गाँव की संरचना, एक आत्म-निर्भर छोटे से गणतन्त्र में, जातियों और कुटुम्ब समूहों की एकताओं और वैमनस्यों का सन्तुलन प्रस्तुत नहीं करती। क्योंकि जाहिर है कि व्यवस्था का आर्थिक आधार पिछले पचास से सत्तर बरसों में, आधारभूत स्तर पर चरमराया है। उन तमाम तरीकों को, जिनसे ऐसा हुआ है, बता पाना असम्भव है, पर हम कुछेक पर बात करेंगे। कुम्बपेट्टै में सबसे महत्त्वपूर्ण रहा है—बहुत से ब्राह्मण परिवारों और व्यक्तियों का शहरों में रोजगार पर चले जाना। इनमें से कुछ ने अपनी

जमीनें पास के कस्बे के मध्यवर्गीय व्यापारी परिवारों को बेच दी हैं; ज्यादातर लोगों ने अपने मकानों में ताले डाल दिए और अब हर फसल की कटाई पर वे अपनी जमीन का किराया नकद वसूलने के लिए लौटते हैं। इनमें से बहुत से लोग सरकारी नौकरियों से सेवानिवृत्त होकर कुम्बपेट्टै लौटेंगे; कुछ लोग आधा जीवन दक्षिण भारत के शहरों में गुजारकर लौटे भी हैं। इसका एक परिणाम यह रहा कि कुम्बपेट्टै के मामले सँभालनेवाले योग्य ब्राह्मण युवाओं और अधेड़ पुरुषों की संख्या बहुत कम हो गई है और, गाँव में रह गए ब्राह्मणों में खुद को अपने प्रवासी कुटुम्बियों से नीचा और दबा मानने की प्रवृत्ति हो गई है। प्रवासी भूस्वामी और बँटाईदार के सम्बन्ध सन्तोषजनक नहीं हैं। अक्सर भूस्वामी अपने बँटाईदार का नाम ही जानता है, उसकी स्थितियों या खेती-बाड़ी के बारे में उसे जानकारी नहीं रहती। अक्सर गाँव में उसकी रुचि साल में दो बार पैसे वसूलने तक ही सीमित रहती है। कुम्बपेट्टै के कुछ भूस्वामियों को अपनी जमीन का माप या उसकी अवस्थिति तक मालूम नहीं है। आदि-द्रविड़ों और गरीब कोनार बँटाईदारों के बीच ऐसी सुगबुगाहट सुनाई देने लगी है कि जमीन पर ऐसे भूस्वामियों का कोई अधिकार नहीं है; क्योंकि अब वे ब्राह्मण होकर भी समुदाय के कल्याण के लिए पूजापाठ करने या उसके प्रबन्धन में जीवन नहीं बिता रहे इसलिए उसकी आय में उनकी हिस्सेदारी भी नहीं रहनी चाहिए। इसका जवाब ब्राह्मण यह देते हैं कि शहरों में काम किए बिना वे अपना जीवन स्तर बनाए नहीं रख पाएँगे; बढ़ती जनसंख्या और घटती जोतों की पृष्ठभूमि में यह सच भी है। पिछले कुछ सालों में हुई खराब फसलों ने भूस्वामियों और बँटाईदारों के विरोध को और बिगाड़ा है। स्थिति को सुधारने का एक अस्थायी उपाय यह है कि बँटाईदारी नियत कर दी जाए और किराए कुछ वाजिब कर दिए जाएँ; लेकिन देर-सवेर प्रवासी भूस्वामित्व की प्रथा और कुछ भूस्वामी परिवारों में दिखनेवाली जमीन बटोरने की प्रवृत्ति (हालाँकि और गाँवों को देखते हुए कुम्बपेट्टै में यह कम ही दिखाई देती है) को रोकने के लिए कड़े कदम उठाने ही होंगे।

कुम्बपेट्टै की सामाजिक व्यवस्था पर एक और कड़ा प्रहार है, पिछले पचास सालों में, अब्राह्मणों के दो मिले-जुले मुहल्लों का बसना। ये लोग जिनकी ब्राह्मणों के प्रति कोई परम्परागत निष्ठा नहीं है, उनकी सत्ता को नापसन्द करते हैं और इनमें अपना अलग प्रशासन विकसित करने की प्रवृत्ति है। एक मुहल्ले में नाडारों ने एक स्थानीय अब्राह्मण संन्यासी का स्थान बना दिया है, और हाल ही में दोनों नए मुहल्लों की और कभी-कभार कोनारों की पंचायतें भी बजाय ग्रामदेवी के मन्दिर के इसी स्थान पर बैठी हैं। और उन्होंने फैसले सुधारने के लिए ब्राह्मणों को बुलाने से इनकार भी किया है, अपना खुद का काम-काज करने के साथ-साथ गाँव के बाहर के भूस्वामियों के यहाँ रोजगार करने के कारण, इन दो मुहल्लों के अब्राह्मणों का जीवनस्तर गाँव के बाकी अब्राह्मणों से ऊँचा है, इसलिए वे स्थानीय भूस्वामियों के सामने अपनी शर्तें रख पाते हैं। खासकर धान के व्यापारी कल्लारों का परिवार मजबूत अब्राह्मण नेता बन गया है, हालाँकि चावल की

चोरबाजारी में स्थानीय भूस्वामियों से इनकी मिलीभगत है लेकिन यह उभरता हुआ मध्यवर्गीय परिवार अपने मालिकों के साथ छूतछात के पुराने नियम नहीं बरतता; नए आए अब्राह्मण परिवारों के दो बेटों के साथ-साथ उनका एक बेटा भी ब्राह्मण लड़कों के साथ हाईस्कूल में पढ़ता है।

यहाँ गौर करने लायक बात यह है कि गाँव की परम्परागत व्यवस्था का विरोध वे नहीं करते जो उसमें घोर कष्ट पा रहे हैं; विरोध करनेवाले वे हैं जो अपनी आर्थिक परिस्थितियों में आए बदलाव के चलते खुद को गाँव की व्यवस्था से कुछ हद तक बाहर निकाल पाए हैं। उदाहरण के लिए, ब्राह्मण-विरोधी द्रविड़ कषगम आन्दोलन के समर्थक कुम्बपेट्टै के बहुत गरीब कोनार बँटाईदार नहीं, दोनों नए मुहल्लों के अपेक्षाकृत सम्पन्न और स्वतन्त्र 'नए-नए मुल्ला' हैं और उनसे भी बढ़कर आसपास के गाँवों के अब्राह्मण भूस्वामी हैं जो पुरातनपन्थी ब्राह्मणों द्वारा उनको अपनी बराबरी का न मानना नापसन्द करते हैं। इसी तरह कम्युनिस्ट समर्थकों की बहुतायत उन हाईस्कूल के पढ़े किसी भी जाति के भूमिहिन युवकों और आदि-द्रविड़ों के बीच है जो कुछ अर्से के लिए अपना गाँव छोड़कर गए, कई नौकरियाँ कीं और लौटकर यथास्थिति को दमघोटू पाते हैं; अपने परम्परागत स्वामियों से जुड़े मजदूरों में कम्युनिस्ट समर्थक नगण्य हैं। और इसमें भी कोई शक नहीं कि 'जातिगत भेदभाव' जिसके विरुद्ध इतना सरकारी प्रचार किया जाता है, गाँव से तभी जाएगा जब उन पुराने आर्थिक व्यवहारों में पूरी तरह पलीता लगा दिया जाएगा जिनके कारण ऊँची जातियों का वर्चस्व चला आ रहा है। कुम्बपेट्टै में पढ़े-लिखे अभिजात वर्ग के शहर पलायन करने, जमीन के कस्बों के मध्यवर्गीय व्यापारी परिवारों के हाथों में पहुँच जाने और एक छोटे, शहरी मजूरी से पोषित, स्वायत्त कामगार वर्ग की घुसपैठ से इस प्रक्रम की शुरुआत हो चुकी है और यह तब तक चलता रह सकता है जब तक कि गाँव अपनी परम्परागत एकात्मता को पूरी तरह खोकर, पास-पड़ोस की एक आवासीय इकाई नहीं बन जाता।

प्रौद्योगिकी, कर्ज़ और संस्कृति : नीलगिरि का एक गाँव

डेविड जी. मैंडलबॉम

नीलगिरि पहाड़ियों के कोटा लोग पहले आदिवासी थे लेकिन आज वे भी उन्हीं ताकतों से नियन्त्रित होते हैं जो सामान्य रूप से दक्षिणी भारत के ग्रामवासियों के जीवनों को प्रभावित करती हैं। कोटाओं के सात गाँव नीलगिरि के प्राचीन निवासियों के गाँवों के बीच गुँथे हैं। कोटा अर्थतन्त्र जाति-व्यवस्था से दिखते श्रम-विभाजन के माध्यम से तीन अन्य कबीलों से जुड़ा था। लोंहे के औजार, काठ के बर्तन-भाँडों और संगीत उपलब्ध करवाने (गाने-बजाने) के एवज में कोटाओं को परम्परागत रूप से तय अंशदान मिलते थे। टोडा लोगों से कोटाओं को मरी भैंसें और दूध-दही-घी मिलता था; कुरुम्बाओं से ओझाई और जंगल के कुछ उत्पाद; और बहुसंख्यक, खेती-किसानी करनेवाले बडगा लोगों से उन्हें अनाज मिलता था।

कोटा परिवार अपने आहार का कुछ हिस्सा खुद उगाते लेकिन साल-भर के अनाज के लिए वे बड़ी हद तक बडगाओं पर निर्भर रहते। हर कोटा परिवार के कई 'जजमान' बडगा परिवार होते जिन्हें सिर्फ वही परिवार कोटा सेवाएँ और उत्पाद उपलब्ध कराता और जिनसे सिर्फ वही परिवार अनाज का हिस्सा पाता। अगर किसी कोटा परिवार को लगता कि कोई बडग परिवार अपना दायित्व पूरा नहीं कर रहा तो वह उस परिवार से सहकारी सम्बन्ध तोड़ लेता। उस बडग परिवार से कोई और कोटा परिवार भी लेन-देन न करता, गम्भीर मामलों में पूरे बडग गाँव से सम्बन्ध टूट जाते। पहले के हालातों में यह असहयोग बेहद प्रभावी हुआ करता क्योंकि कोटा के सहयोग के बिना बडग को खेती के औजार, खाना पकाने के लिए बर्तन-भाँडे और उत्सवों के लिए परमावश्यक संगीत मिलना लगभग असम्भव होता। ऐसे परस्पराश्रित सम्बन्ध ग्राम्य भारत के साथ-साथ इन कबीलों की भी विशिष्टता रहे हैं।

इस असहयोग की सफलता और अन्तर्कबीलाई सम्बन्धों की पूरी व्यवस्था कोटा आर्थिक एकाधिकारों और कबीले के आन्तरिक जुड़ाव पर टिकी थी। हाल के दशकों में एकाधिकार ध्वस्त हो गए हैं और आन्तरिक जुड़ाव के तार ढीले पड़े हैं। पिछली एक सदी में अंग्रेज अधिकारी, यूरोपियन, मिशनरी और नजदीक के मैदानी इलाकों से

हिन्दू और मुस्लिम आप्रवासी नीलगिरि के पठार में आते रहे हैं। कई साल तक नीलगिरि के कबीलों के सम्बन्धों पर इन आगन्तुकों के आने का कोई खास असर नहीं पड़ा। फिर पिछली चौथाई सदी में परिवर्तनों की बाढ़ सी आ गई।

ज्यादातर बडगा अब नीलगिरि कस्बे के बाजार से औजार और बर्तन खरीदने लगे हैं, वे अपने पर्व-उत्सवों में कोटाओं को गाने-बजाने के लिए भी नहीं बुलाते। बडगाओं से मिलनेवाली आमदनी इस तरह कम हुई तो कोटाओं को खेती-बाड़ी का काम बढ़ाना पड़ा। नीलगिरि क्षेत्र के और खेतिहरों की तरह उनका जोर भी आलू-जैसी नकदी फसल पर है। कोटा लोग आलू का इस्तेमाल तरकारी में कभी-कभी करते हैं लेकिन उसे आहार में नहीं गिनते। इसलिए आलू बेचकर मिले पैसे से उन्हें अनाज खरीदना पड़ता है।

एक बार आलू की काश्त करने के बाद भी आसानी से पेट भराऊ खेती की ओर नहीं लौटेगा। आलू की काश्त करने के लिए हल की जरूरत नहीं पड़ती, हैंगे से काम चल जाता है। कृषि प्रौद्योगिकी के लिए हल में जोते जानेवाले जानवर जरूरी नहीं रहे, दूसरी तरफ जमीन का खेती के लिए इस्तेमाल बढ़ने से चरागाह कम हुए हैं; इन दोनों वजहों से मवेशियों की आबादी घटी है। इससे अनाज की अच्छी पैदावार के लिए जरूरी गोबर की खाद की सप्लाई बहुत कम हो गई। इसके अलावा आलू की काश्त के लिए रासायनिक खादों की जरूरत पड़ती है जो सिर्फ उन नकद पैसों से मिलती है जो कोटा को सिर्फ आलू की काश्त से मिल सकते हैं।

यूँ, किसी भी तरह की फसल उगाने के लिए कोटा ग्रामीण को रासायनिक खाद खरीदनी ही पड़ेगी। खाद खरीदने के लिए जरूरी नकदी या कर्ज उसे सिर्फ आलू की खेती के लिए ही मिल सकता है।

ज्यादातर कोटा काश्तकारों के आर्थिक प्रक्रम के लिए कर्ज जरूरी है। कुछ कोटाओं ने सरकारी सहकारी कर्ज समितियों का सहारा लिया भी लेकिन जैसाकि भारत में बाकी जगहों पर होता है, कोटा ग्रामीणों ने पाया कि आमतौर पर इन सहकारी समितियों की नौकरशाही ज्यादा ही कड़ी है। इसलिए ब्याज की दर कम होने पर भी आम कोटा इन सहकारी समितियों का नियमित उपभोक्ता नहीं बन पाया।

कोटा ग्रामीण खाद की आपूर्ति और दाम पर ही निर्भर नहीं है, वह स्थानीय राशन की दुकान पर उपलब्ध अनाजों की आपूर्ति और दाम पर भी निर्भर है। राशन का तन्त्र छोटे-से-छोटे कोटा गाँव में चलता है। राशन की दुकान में जो भी मिले वही अनाज लोगों को लेना पड़ता है और बढ़ती महँगाई के इस दौर में उनके पैसे के बदले मिलनेवाले अनाज की मात्रा लगातार कम हुई है।

हाल में हुए बदलावों ने गाँव के आन्तरिक जुड़ाव को भी कमजोर किया है। पहले व्यवहार की मर्यादा का उल्लंघन करनेवाले को गाँववालों का असहयोग (हुक्का-पानी बन्द) झेलना पड़ता था। यह असहयोग अन्तर्कबीलाई और कबीले के अन्दरूनी मामलों में भी प्रभावी दंड होता था क्योंकि सामाजिक अलगाव की मानसिक कठिनाई को झेल भी ले तो भी कोई भी अकेले अपनी जीविका नहीं कमा सकता था। ज्यादातर आर्थिक

गतिविधियों के लिए जरूरी था कि लोग एक दल या समूह के तौर पर काम करें, और कोई भी व्यक्ति दल या समूह का हिस्सा बने बिना आजीविका नहीं कमा सकता था। लेकिन अब कोई व्यक्ति आर्थिक रूप से अकेला चल सकता है क्योंकि मजदूरी करने के लिए कई मैदानी लोग मौजूद हैं। पुराने रिवाजों को तोड़कर पुरातनपन्थियों की नाराजगी की परवाह न करनेवाले लोगों की तादाद कोलमेल गाँव में इतनी बढ़ गई है कि गाँव दो फिरकों में बँट गया है। एक फिरके के लोग दूसरे फिरके के लोगों का छुआ नहीं खाते, न तीज-त्योहारों में शामिल होते हैं। बाहरी लोगों के विरुद्ध गाँव की एकता बीती बात हो गई है।

पहले की बडगाओं से मिलनेवाले अनाज पर आर्थिक निर्भरता की जगह कोटा ग्रामीण आज फैक्टरी से मिलनेवाले उर्वरक की सप्लाई, अपने पैसे की क्रयक्षमता और राशन की दुकान पर होनेवाली आपूर्ति की मनमानी पर निर्भर है। फर्क आर्थिक निर्भरता का नहीं है, फर्क यह आया है कि पहले कोटाओं का उन लोगों पर कुछ नियन्त्रण भी रहता था जिन पर वह निर्भर थे। आज जिन लोगों और ताकतों पर वह निर्भर हैं उन पर उनका कोई नियन्त्रण नहीं है। इस खीझ ने 'कोटाओं' और बडगाओं और गाँव में पुरातनपन्थियों और सुधारवादियों के बीच वैर बढ़ाया है। कुछ वैर सरकार के लिए भी पनपा है। भारतीय गाँवों में ऐसी स्थितियों की भरमार है।

यू.पी. के एक गाँव का सामाजिक ढाँचा और उसमें आते परिवर्तन

मैकिम मैरियॅट

कई हिन्दू गाँवों का सामाजिक ढाँचा एकजुट कार्रवाई के लिए ऐसी समस्याएँ खड़ी करता है जिनसे ग्रामीण भारत के वास्तविक भविष्य की योजना बनानेवालों या उसका अन्दाजा लगानेवालों को दो-चार होना ही पड़ेगा। ऊपरी गंगा-यमुना दोआब के आगरा मण्डल में स्थित 850 जनसंख्या वाला किशनगढ़ी गाँव देश के सबसे उपजाऊ कृषि-क्षेत्रों में बहुतायत से पाई जानेवाली जटिल ग्रामीण बस्ती का अच्छा-खासा नमूना है। वहाँ की वर्तमान स्थिति और उसे पैदा करनेवाले चलन विचार का विषय हैं।

मिट्टी से बने 160 मकानोंवाला किशनगढ़ी यू.पी. के औसत गाँव से आधा है। इसमें, कभी जमींदार रहे चार लोगों की एक मिट्टी की गढ़ी, ग्रामीण जीवन के छोटे लेकिन परमावश्यक तत्त्व काफी संख्या में विशेषज्ञ (पैंतालीस घर) और व्यापारी (दस घर) और बँटाईदारों (अड़सठ घर) और भूमिहीन खेत-मजदूरों (चौंतीस घर) से मिलकर बनी कृषीय क्रोड़ है।

आर्थिक समूहन

किशनगढ़ी का 535 एकड़ उपजाऊ दोमट मैदान--एकदम सपाट है, इतना सपाट कि किसी खेत में दो इंच का उतार-चढ़ाव गौर के काबिल होता है। बरसात की बारिश के स्तर में दो इंच के उतार-चढ़ाव की तरफ किसान का ध्यान इतना नहीं जाता क्योंकि ज्वार, बाजरा और मक्का जैसी गर्मी की फसलें मनुष्यों के खाने के अनाज का मुश्किल से चौथाई हिस्सा हैं। ज्यादातर फसलें और करीब-करीब पूरा ही अनाज 30 फुट से ज्यादा गहरे 50 कुओं से लगातार की जानेवाली सिंचाई से ही उगाया जाता है। जून से अगस्त और अक्तूबर से मार्च तक दो आदमियों की जोड़ी बैलों की एक या दो जोड़ियों को कुएँ की सारण पर हाँकती पानी से भरी 20 गैलन की बाल्टियाँ खींचती दिखेंगी। एक छोकरा उभरी हुई गूलों से पानी को गेहूँ, जौ, मटर, चने और तिलहन के चौकोर खेतों में पहुँचाता है। अप्रैल की फसल के समय छः या आठ लोग लगकर

एक आदमी की जमीन पर काम करें तो कुछ फायदा होता है। लेकिन इसके अलावा खेती का कोई भी काम जोताई, पटेला लगाना, गुड़ाई-निराई या दौनी--तीन से ज्यादा लोगों के काम की माँग नहीं करता। इस पूरे श्रम का फल होता है करीब पाँच सौ मवेशियों के लिए पर्याप्त चारा-भूसा, बिक्री के लिए तिलहन की एक ठीक-ठाक मात्रा और गाँववालों की जरूरत से कुछ ज्यादा ही अनाज।

काम करनेवाले समूह हमेशा ही छोटे होते थे और पिछले पचास सालों में परिवारों के बँटवारों से औसत जोत का आकार बारह से छह एकड़ रह जाने के बाद से तो छोटे आकार के काम करनेवाले समूह भी कम स्थायी हो गए हैं। लेकिन आवश्यक सहयोग की समस्याएँ बढ़ी हैं और यह बढ़ती जा रही हैं। एक औसत जोत नौ छितरे टुकड़ों में बिखरी है, इसलिए किसी आदमी की फसल की सफलता उसके करीब पन्द्रह खेत-पड़ोसियों में से ज्यादातर से अच्छे सम्बन्ध बनाए रखने पर निर्भर होती है। काम करनेवाले छोटे से समूह में से आधे ही लोग एक ही जाति और वंश परम्परा के होते हैं। यहाँ तक कि भूस्वामित्व के अधिकार भी जटिल रूप से बँट गए हैं, अस्सी साल पहले जहाँ जमींदारी की चार ही इकाइयाँ थीं वहाँ आज बारह अलग-अलग इकाइयाँ हैं।

एक पीढ़ी पहले, आर्थिक निर्भरताओं में आज से कहीं बड़े और विस्तृत समूहन होते थे। इनका केन्द्र कुछ खासे समृद्ध और शक्तिशाली लोग होते थे। 1926 के आगरा बँटाईदारी एक्ट से पहले, आधे खेतिहर जमीन पाने के लिए एक ही वंश-परम्परा के तीन परिवारों में से किसी एक के दिए हुए छोटी अवधि के और अक्सर अलिखित पट्टों पर निर्भर थे। उन दिनों भूस्वामी गाँव की एक-तिहाई जमीन अपने सीधे नियन्त्रण में रखते थे--पाँचवाँ हिस्सा नौकरों से जुतवाकर 'खुद की खेती' के लिए और बाकी चार हिस्से जंगल, गोचर, सड़क और अपने पिछलगुओं के लिए मकान बनाने के लिए। ज्यादातर लोगों को अनाज और पैसे उधार चाहिए होते थे जो वह दो-तीन समृद्ध बँटाईदारों या उन्हीं जमींदारों से ले लेते थे। कर्ज से कुचले, भूमिहीन मजदूरों के तीस परिवारों में से कई, सालोंसाल किसी एक बँटाईदार या भूस्वामी के यहाँ काम करते रहते। भारी कर्ज से दबे कर्जदार अपना पूरा कर्ज कभी नहीं चुका सकते थे न ही वे साहूकार बदल सकते थे। लेकिन संसार-भर में आई मन्दी और उसके बाद आए नए बँटाईदारी कानून और हाल में बढ़ते हुए फसलों के दामों ने कई पुरानी भूमि और कर्ज निर्भरताओं के बन्धन खोले हैं।

भूस्वामियों के पाँच और बँटाईदार-साहूकारों के दो परिवार खुद ही दीवालिया हो गए। जंगल और गोचर की भूमियाँ बँटाईदारों को खेती के लिए दे दी गईं। ज्यादातर बँटाईदार सुरक्षित हो गए, उनके किराए कम करके निश्चित कर दिए गए। भूस्वामी के निजी खेत कम कर दिए गए : 1952 में एक भूस्वामी का सिर्फ एक ही बँटाईदार बचा था और वह भी अपनी इच्छा से बँटाईदारी कर रहा था। लेकिन खेतिहरों में उप-किराएदारों और खेत मजूरों की संख्या बढ़ रही है। 1939 के बँटाईदारी कानूनों के डर से वे हर

एक-दो सालों में बदल दिए जाते हैं। कोई मालिक शायद ही मजदूरों को जाड़े की सिंचाई के छः महीनों से ज्यादा रखता हो। इस तरह आर्थिक निर्भरता से जिनका स्वरूप निश्चित होता है, ऐसे समूहन छोटे और छितरे से होते जा रहे हैं। अब वे गाँव को स्पष्ट निष्ठाओं वाले खंडों में गठित नहीं करते।

शिल्पकारों और दासों में भी बड़े निर्भर खंडों का ऐसा ही विखंडन हुआ है। खेती के अलावा और साधनों पर आंशिक रूप से निर्भर गाँव के एक-तिहाई लोग—पुरोहित, भूलेखाकार, बढ़ई, नाई, भिश्ती-कहार, कुम्हार, दर्जी, धुनके, जुलाहे, भाँड-मिरासी, चमार, धोबी, भंगी, बहेलिया आदि की आधी से ज्यादा जजमानी किशनगढ़ी के बाहर के दस खेतिहर गाँवों में फैली है। एक पीढ़ी पहले तक, ज्यादातर विशेषज्ञ क्षेत्र के किसी भूस्वामी परिवार से लगे-बँधे और उस परिवार के बँटाईदारों के नौकर होते थे, यह पुरानी खंडीय जजमानियाँ अब कई एक-सी हैसियतवाले जजमानों से सम्बन्धों के संजाल में बदल गई हैं। ज्यादातर किसान परिवारों की कोशिश कम-से-कम छह स्थायी नौकरों को अर्द्धवार्षिक और काम के आधार पर जजमानी भुगतानों के आधार पर बनाए रखने की रहती है। जमींदारों द्वारा अस्सी साल पहले विशेष सेवाओं के बदले दिए गए जमीन के टुकड़े बँटवारे होते-होते एकदम अनुपयोगी हो चुके हैं। नौकरों और मालिकों के जजमानी सम्बन्ध आनुवंशिक माने जाते हैं लेकिन अब आधे नौकर हर पीढ़ी में जजमान बदल देते हैं।

तीस साल पहले आर्थिक शक्ति के स्पष्ट पुराने वरिष्ठताक्रम के समानान्तर एक अनौपचारिक लेकिन प्रबल सत्ता संरचना हुआ करती थी। जाति समितियों के अधिकारक्षेत्र के परे के सभी मामलों में जमींदार ही कानून होते थे। वे अपनी कचहरी और खाते रखते थे और अपने अहलकारों की शक्ति के माध्यम से अपराधियों से कड़ाई से पेश आते थे। किशनगढ़ी के पुलिस प्रमुख (मुखिया) का पद हमेशा किसी-न-किसी जमींदार के पास रहता था। गाँव के अपराध या झगड़े अदालतों में किसी जमींदार या प्रमुख बँटाईदार के समर्थन से ही पहुँच सकते थे। लेकिन निर्विवाद आर्थिक प्रमुखता किशनगढ़ी के छोटे जमींदारों के हाथों से निकल चुकी है, वे अपनी सत्ता और प्रभाव का पराभव देख चुके हैं। इस तरह गाँव ने पुराने नेता खो दिए।

कौटुम्बिक समूहन

ऊपर जिनके क्रमशः विखंडन का वर्णन किया गया है वे कार्य समूह, वर्ग और निर्भर समूह किशनगढ़ी के समाज की सिर्फ आर्थिक एकजुटताओं के ही अंग हैं। इन्हें दो और किस्मों की सामाजिक संरचनाएँ—कौटुम्बिकता और पदक्रम काटती और जटिल बनाती हैं।

किशनगढ़ी के 24 स्थानीय जाति समूह जो खुद में बड़े कौटुम्बिक समूहनों जैसे हैं, पिछले कई वर्षों से स्थिर रहे हैं। गाँव में किसी भी जाति के सदस्यों की औसत संख्या

35 है, यानी साढ़े पाँच परिवार। कई मामलों में छोटे जाति समूहों में, हर जाति का एक-एक ही परिवार होता है। इस गाँव का सबसे बड़ी जाति समूह ब्राह्मणों के जो मुख्यतः किसान हैं, 53 घर हैं। इसके बाद नम्बर आता है स्थानीय जाति समूहों का—चमारों, जाटों, मुसलमानों, फकीरों और कुम्हारों के दस-दस घर हैं। ज्यादातर जातियों और उनमें से कुछ की वंश-परम्पराओं के खास पेड़ और पत्थर हैं, जिनकी वे पूजा करते हैं; पहले उनमें से कुछ के अपने खास देवी-देवता और अनुष्ठान होते थे।

किशनगढ़ी के हर स्थानीय जाति समूह में एक या कई वंश-परम्पराएँ पितृसत्तात्मक कुटुम्ब समूह हैं। हर वंश-परम्परा का नाम किसी महत्त्वपूर्ण सदस्य या किसी परम्परागत गुण या आनुष्ठानिक कर्त्तव्य के नाम पर होता है। पिछली पीढ़ी में पच्चीस नए परिवारों—विवाह से बने सम्बन्धियों—के आगमन से किशनगढ़ी की वंश-परम्पराएँ बढ़ी हैं, यह सम्बन्धी नए-नए बने भूमि कानूनों से प्राप्त होनेवाली विरासत और बँटाईदारी की भूमियों के बढ़े स्थायित्व के आकर्षण से यहाँ आ बसे हैं। हर वंश-परम्परा सिर्फ अपने प्रति व्यापक निष्ठा की माँग करती है इसलिए इनका कई गुना बढ़कर 56 हो जाना गाँव के संगठन की समस्या को विकट बनाता है।

कुटुम्ब समूहों के सदस्य कई मामलों में आज से अस्सी साल पहले की अपेक्षा कहीं कम तत्परता से एकजुट होते हैं। एक ही वंश-परम्परा के बँटाईदार परिवार अक्सर मिल-जुलकर अपने में से किसी भी सदस्य की भूस्वामी से पट्टे पर ली गई जमीन पर खेती कर लेते थे। भूलेखाकार के खाते में दर्ज एक या दो नाम, खासे बड़े संयुक्त परिवार के अधिकार के प्रतिनिधित्व के लिए काफी माने जाते थे। 6-7 परिवार अक्सर इस तरह मिलकर काम किया करते, काबिलियत और जरूरत के आधार पर लागत और फायदा बाँट लिये जाते और मिलजुलकर मनाए जाने वाले संस्कारों-समारोहों और संकटकाल के लिए अनाज का एक साझा भंडार रखा जाता। संयुक्त परिवार के परे, लेकिन वंश-परम्परा समूह के अन्दर सहयोग कुछ कम दिखता लेकिन कर्ज देने या विनिमय सम्बन्धों के लिए वंश-परम्परा के लोगों को ही पसन्द किया जाता। जरूरत पड़ने की स्थिति में कोई भी सदस्य सहायता की आशा कर सकता था। पिछले अस्सी सालों में लागू किए गए कृषि कानूनों ने बँटाईदारी की भूमियों को अधिक स्थिर बनाकर साझा करने के कई पुराने, लचीले इन्तजामों को खत्म कर दिया है। बदले हुए भूमि कानूनों की तकनीकी खामियों पर आधारित व्यक्तिगत धोखे-धड़ियों के कारण हुए कड़वे अनुभवों ने कई वंश-परम्पराओं के अन्दर सहयोग की सीमाओं को कम किया है। हर नए बन्दोबस्त में और हाल ही में जमींदारी उन्मूलन कानून के तहत दिए गए स्वामित्व के प्रमाणपत्रों में संयुक्त जोतें समूह के सभी पुरुष सदस्यों के नाम हैं। बिना अदालत में लड़े सामूहिक जोत में हर व्यक्ति का सही हिस्सा दर्ज कराने के इन मौकों का कई खेतिहर परिवार स्वागत करते हैं। नाबालिग बच्चों तक के नाम अब हिस्सेदारों के रूप में दर्ज हैं। इस तरह, कृषि ढाँचे में लोकप्रिय बदलाव बहुत चुपचाप परिवार के हितों का उसी तरह का बँटवारा किए दे रहे हैं जिसका हिन्दू कोड बिल में स्त्रियों के

उत्तराधिकार के प्रावधान का सम्भावित प्रभाव मानकर विरोध किया जाता है।

शिल्पकारों, नीचे काम करनेवालों और भूमिहीन मजदूरों ने भूमि के अपने साझे व्यवस्थापन पर आधारित सहयोग के कई रूपों को नहीं खोया है। लेकिन बाकी जातियों की तरह वे भी अपनी जाति-पंचायतों के अनुशासन का बल छीजते देख चुके हैं। यह बलहीनता जाति के अन्दर लोगों के पदों में बढ़ते अन्तरों, प्रवास के कारण बढ़े गाँव के बाहर के कम बँधे-बँधाए जीवन से बढ़ते सम्पर्कों और एक किस्म के आन्तरिक विरोध, जो ग्राम्यजीवन में व्याप्त होता जा रहा है, के कारण उपजी है। बल के इस छीजने के क्रम के सभानान्तर और शायद इसे बढ़ावा देने का जिम्मेदार है जाति संस्कृति के उन विशिष्ट तत्त्वों का लगातार क्षय जो कभी खास पेशों और आनुष्ठानिक कर्त्तव्यों से जुड़े थे। निचली जातियों के खास धर्मों की जगह ब्राह्मणों और शहरों के व्यापक नव-हिन्दुत्व की नकल करके मनाए जानेवाले उत्सव-समारोह लेते जा रहे हैं।

सिर्फ किशनगढ़ी के जाट जमींदार ही गाँव की सीमा के परे भी प्रभावी वंशसंगठन का कुछ भ्रम बनाए रख पाए हैं। लेकिन इन जमींदारों का मामला खास है—गाँव में उनकी वंश-परम्परा एक प्रसिद्ध वंश की कनिष्ठ शाखा का प्रतिनिधित्व करती है जिसके अधिकार क्षेत्र में आगरा मंडल के कई सौ गाँव आते हैं। हाल ही सदियों में उनके वंश की किशनगढ़ी पर विजय और एक राजघराने से उनका निरन्तर सम्पर्क उन्हें अपने वंशवालों के एक ऐसे क्षेत्रीय संगठन के सम्पर्क में रखता है, जो बसे हुए खेतिहरों या अपेक्षाकृत घुमन्तू शिल्पकार जातियों के संगठन से कहीं बड़ा है। पिछली पीढ़ी के आर्थिक स्तर में आए बदलावों के कारण स्थानीय भूस्वामी वंश-परम्परा के अन्दर काफी मतभेद पनपे हैं। इसके साथ ही, जमींदारों का व्यापक वंश-संगठन और मजबूत ही हुआ है क्योंकि उसके कई सदस्य सरकारी और सत्तारूढ़ दल की नौकरियों में आ गए हैं जिनके लिए सम्पत्ति और शिक्षा की पृष्ठभूमि चाहिए जो सिर्फ जमींदार वर्ग के ही पास थी।

किशनगढ़ी के सभी कुटुम्ब समूहों के गाँव से बाहर, विवाह के माध्यम से महत्त्वपूर्ण सम्बन्ध हैं। जातियों के संगठन की तरह ही विवाहों का संगठन (जातियों का संगठन कुछ हद तक इसका परिणाम है) ग्राम समाज का सबसे अधिक टिकाऊ तत्त्व है। क्योंकि गाँव में जन्मे सभी लोगों की वंशावली एक ही मानी जाती है और सभी लोग एक-दूसरे को, चाहे वे किसी भी जाति के हों, अपनी उम्र के हिसाब से रिश्ते से पुकारते हैं, किशनगढ़ी के किसी लड़के और लड़की का विवाह व्यभिचार होगा। वंश कौटुम्बिकता का तन्त्र किशनगढ़ी के आसपास के छह और गाँवों तक फैला माना जाता है और अब तक इस क्षेत्र में आपस में विवाह सम्बन्ध नहीं हुए हैं। तीन पीढ़ियों में एक ही बार ऐसा देखा गया है जब किशनगढ़ी और इसके दो मील के दायरे में बसे ग्यारह गाँवों में से किसी के बीच विवाह सम्बन्ध हुआ हो। विवाह सम्बन्धों की औसत दूरी बारह मील है। किशनगढ़ी के कुटुम्ब समूह आज हर दिशा में फैले करीब तीन सौ गाँवों से

विवाह के बन्धनों को मान्यता देते हैं; पचास प्रतिशत विवाह इनमें से अस्सी गाँवों में हुए हैं। विवाह से जुड़ा हर गाँव, किशनगढ़ी की ही तरह, एक काल्पनिक वंश इकाई माना जाता है।

किशनगढ़ी में विवाह पूरे उत्तरी भारत की ही तरह प्रबल पितृसत्तात्मक होते हैं और इनकी दिशा एक ही होती है। जिस गाँव या परिवार में बेटी दी जाती है वह 'सम्माननीय' और ऊँचा हो जाता है। और जिस गाँव या परिवार से पत्नी लाई जाती है वह 'नीचा' हो जाता है। अपने से 'ऊँचे' सम्बन्धवाले परिवार को उपहार, सम्मान और आनुष्ठानिक सेवाएँ दी जाती हैं और 'नीचे' सम्बन्धवाले परिवार से यही सब माँगा जाता है। अब क्योंकि 'ऊँचे' और 'नीचे' सम्बन्धों से जुड़े व्यवहार एक-दूसरे के विपरीत हैं इसलिए एक ही समय पर दोनों किस्मों के सम्बन्ध एक ही परिवार या गाँव में नहीं हो सकते। उसी गाँव से उसी स्तर के और विवाह सम्बन्ध करना, वहाँ बेटियाँ देना या वहाँ से बहुएँ लाना, श्रेयस्कर माना जाता है। लेकिन बेटी देकर बहू लाना या इसी तरह के अदला-बदली के सम्बन्धों के बारे में सोचा तक नहीं जा सकता।

विवाह के इस किस्म के संगठन के पीछे यह भावना रहती है कि विवाह होने पर हमारी बहन-बेटी एक-दूसरे कुटम्ब समूह की असहाय सम्पत्ति बन जाती है। उसके प्रति सद्व्यवहार सुनिश्चित करने के लिए उसके पति के परिवार को जीवन-भर सत्कार और उपहार भेंट किए जाने चाहिए। विवाह की इस विधि के आर्थिक परिणाम महत्त्वपूर्ण होते हैं—इससे विवाह और बाकी अनुष्ठानों के खर्चे ही नहीं बढ़ते बल्कि बाद के सालों में भी कई सामान स्त्री के ससुरालवालों को मिलते ही रहते हैं। दुधारू पशुओं में से पच्चीस प्रतिशत ससुरालियों से उपहार में मिले होते हैं और करीब पच्चीस प्रतिशत कर्ज शादियों के खर्चे पूरे करने के लिए जाते हैं। विवाह के ऐसे संगठनीकरण की शक्ति और टिकाऊपन एक स्थानीय इकाई के तौर पर अपने आर्थिक मामलों के इन्तजाम की गाँव की क्षमता को सीमित करते हैं।

पद और प्रतिष्ठा

खानपान और कई किस्म की विशिष्ट सेवाएँ देने और पाने के अधिकार पर आधारित आनुष्ठानिक मानदंडों से किशनगढ़ी की सभी चौबीस जातियाँ व्यापक सहमति से जातियों के पाँच-छह समूहों में बँटी हैं—'सबसे ऊँची' (ब्राह्मण), 'ऊँची जातियाँ' (जाट, बनिया, कायस्थ, बढ़ई, जोगी, माली, काछी, गड़रिया, धीमर, नाऊ), 'नीची जातियाँ' (कुम्हार, दर्जी, करहेड़ा/कसेरा, कोली, खटिक), 'मुसलमान' (फकीर, मनिहार, रंगरेजा, तेली), 'बहुत नीची जातियाँ' (चमार, धोबी) और 'सबसे नीची जातियाँ' (भंगी, कंजर)। जातियों का यह आनुष्ठानिक समूहन जातियों के आपसी व्यवहार अभिवादन, खानपान, तमाखू पीने, बैठने के इन्तजाम आदि में झलकता है। हर बड़े समूह के अन्दर जातियों के पदक्रम का अनुमान गाँव के लोग छोटे आनुष्ठानिक मानदंडों से लगाते हैं; समूह के

अन्दर पदक्रम के एकदम सही अनुमान संगत या सर्वस्वीकृत नहीं हैं।

बहुत लम्बे समय से किशनगढ़ी में जातियों के समूहों के पदक्रम और सत्ता और सम्पत्ति के स्थानीय वितरण के बीच लगभग संगतता रही है। पचास साल पहले आनुष्ठानिक वरिष्ठता में दूसरे नम्बर के समूह के जाट जमींदार जमीन और राजनीतिक शक्ति के मामले में ब्राह्मणों पर हावी थे। लेकिन अब बाजी पलट चुकी है, गैर-धार्मिक मामलों में तो ब्राह्मणों के साथ-साथ बहुत नीची जातियों के कई किसान भी ऊपर उठ रहे हैं। जातियों के बीच सत्ता और सम्पत्ति के अस्थायी बदलाव जो भी हों, जाति पदक्रम के लिए महत्त्वपूर्ण आनुष्ठानिक स्वरूप बहुत धीरे-धीरे बदलते हैं। दशहरे पर जमींदार का दरबार लगने का रिवाज खत्म हो चुका है, लेकिन खानपान और व्यवहार के स्थानीय वरिष्ठताक्रम में जाट जाति की स्थिति को बनाए रखनेवाले नियम वही बने हुए हैं।

आर्थिक और राजनीतिक परिवर्तनों के अनुरूप इज्जत के वरिष्ठताक्रम में व्यक्तिगत पदक्रम बहुत तेजी से बदलते हैं। किशनगढ़ी में किसी आदमी की इज्जत में उसके जातिपद का हिस्सा सात आना भर होता है; नौ आना हिस्सा सम्पत्ति और राजनीतिक गठबन्धनों का होता है। इसलिए, हालाँकि हर कोई मानता है कि ब्राह्मणों की जाति सबसे ऊपर और चमारों की जाति काफी नीचे रहनी चाहिए फिर भी ज्यादातर लोगों की निगाह में कुछ खाते-पीते सम्मानित चमारों की इज्जत, कुछ धार्मिक लेकिन गरीब ब्राह्मणों से ज्यादा है।

आज के वक्त में जातियों के बीच पदक्रम और व्यक्तियों के बीच इज्जत के लिए जबर्दस्त प्रतियोगिता है। आजकल कर वसूलने की जमींदार की भूमिका के खत्म हो जाने और गाँव पंचायत और पंचायती अदालत में ग्रामीणों के चुने जाने से प्रतियोगिता और भी प्रबल हो गई है। जमीनों के अधिकारों और अपनी कुल सम्पत्ति के कारण पुराने जमींदारों से श्रेष्ठ हो गए ब्राह्मण बँटाईदार गाँव पर अपना प्रभावी वर्चस्व स्थापित करने के प्रयास में जुटे हैं, लेकिन प्रभावी वर्चस्व का संगठन उनके लिए एकदम नई समस्या है। वे किशनगढ़ी की जनसंख्या का चौथाई हैं और गाँव की आधी जमीनें नियन्त्रित करते हैं। लेकिन वे नेतृत्व पर एकमत नहीं हो पाते, अगुआ कौन हो या यह विचार कि कोई एक व्यक्ति या एक समूह बिना भेदभाव के सबकी बात कह पाए, उनके गले नहीं उतरता। संगठन की पुरानी तकनीक में कोई व्यक्ति अपनी या अपने कुटुम्ब समूह की बात कहता था या चुप रहकर असहयोग का अपना इरादा जताता था। गाँव की आठ जातियों के बँटाईदार और सम्पन्न शिल्पकार, जाति वरिष्ठताक्रम में आनुष्ठानिक रूप से और ऊँची स्थिति सुनिश्चित करके अपने आर्थिक लाभों को मजबूत करने का प्रयास कर रहे हैं; अपने प्रयासों में उन्हें गाँव के बाहर के पुराने जाति-क्रम बढ़ानेवाले आन्दोलनों का समर्थन मिल रहा है। लेकिन ज्यादातर जातियाँ और कुटुम्ब एकसाथ आगे बढ़ने पर भी एकमत नहीं हो पाते क्योंकि आन्तरिक प्रतिद्वन्द्विताओं के कारण वे ब्राह्मणों की ही तरह बँटे हुए हैं, यह प्रतिद्वन्द्विताएँ अपने हाल के परिवर्तनों के साथ, आर्थिक

स्थिति की घुसपैठों का प्रतिनिधित्व करती हैं। कई किस्म की आनुष्ठानिक सेवाएँ और दान माँगना जो एक पीढ़ी पहले तक दस जातियों का विशेष दायित्व और अधिकार हुआ करते थे, अब धीरे-धीरे छोड़े जा रहे हैं क्योंकि वे दासत्व का असहनीय बोध कराते हैं।

'ठीक बर्ताव' और 'इज्जत करना' गाँव की भाषा में समानार्थक हैं। पदक्रम और इज्जत को लेकर नई असहमति को बूढ़े लोग अदब-कायदे में कमी और अपने समाज में सभी व्यवस्थित सम्बन्धों के दरकने के प्रमाण के रूप में देखते हैं। कुछ ग्रामीणों की इस बात में शायद कुछ सच्चाई है कि जाति के आनुष्ठानिक वरिष्ठताक्रम और व्यवस्था एक ही हैं क्योंकि आर्थिक और राजनीतिक निर्भरता के कारण बने खंडों के अलावा आनुष्ठानिक वरिष्ठताक्रम ही उन गिने-चुने तन्त्रों में से एक है जिससे गाँव के बहुसंख्यीय, सर्वोच्च कुटुम्ब समूहों को किसी समझ में आ पानेवाले सामान्य प्रारूप में डाला जा सकता है। व्यक्तिगत सम्मान पर आधारित, वर्गों का एक अधिक लचीला सामान्य प्रारूप तभी उभर सकता है जब पुराने आनुष्ठानिक वरिष्ठताक्रम की इकाइयाँ, आनुष्ठानिक मूल्य और कौटुम्बिक समूह और भी कमजोर हो जाएँ।

मैत्री समूहन

अलग-अलग कौटुम्बिक समूहों के लोगों के बीच नियमित मैत्री सम्बन्ध किशनगढ़ी में हमेशा से ही मुट्ठी-भर लोगों तक सीमित रहे दिखते हैं, अपवाद सिर्फ कुछ सामूहिक गतिविधियाँ थीं। परम्परागत रूप से अधिकांश मैत्री समूहनों का अस्तित्व आनुष्ठानिक आवश्यकताओं के कारण होता था। छोटे, सीमित और अनुष्ठानीकृत होते हुए भी ऐसे मैत्री समूहन महत्त्वपूर्ण और काफी संख्या में होते हैं। वे औपचारिक रूप से अलग रखे गए कौटुम्बिक समूहों और अलग-अलग जाति पदक्रमों के लोगों को जोड़ते हैं।

स्त्रियाँ और पुरुष अपने जीवन एकदम अलग-अलग बँटे क्षेत्रों में जीते हैं। यह विलगाव हर परिवार के सम्पर्कों में और धुँधलापन लाता है क्योंकि पति और पत्नी के सम्पर्क एकदम अलग-अलग दिशाओं में हो सकते हैं। इसी तरह बच्चे भी, हालाँकि माता-पिता उन्हें उनके संगतियों को लेकर डाँटते ही रहते हैं, अपने माता-पिता की मैत्रियों या गुटों के आधार पर दोस्तियाँ नहीं करते।

किशनगढ़ी में द्वितीयक सम्बन्धों के विकास में बाधक यह भावना भी है कि अपनी जाति और कुटुम्ब के बाहर कोई भी प्रबल, धनात्मक जुड़ाव, एकनिष्ठता की उस समूह की प्राथमिक माँग के लिए सम्भावित खतरा हो सकती है। वयस्क जब कभी अपने प्राथमिक समूह के बाहर मैत्रियों या गुटों में जुड़ते भी हैं तो वे ऐसा छिपे तौर पर करते हैं और कभी-कभी तो ऐसे सम्बन्धों के अस्तित्व तक से इनकार करते हैं। कौटुम्बिकता, पद और शक्ति के अन्तरों को अनदेखा करके, बिना किसी औपचारिक कारण के अक्सर मिल बैठनेवाले लोगों को मूर्ख या शरारती माना जाता है। कौटुम्बिकता और पद

के परे जाकर जुड़ाव ढूँढ़ने का एक बड़ा कारण प्राथमिक औपचारिक समूहों के अन्दर गम्भीर झंझट होते हैं, उन समूहों के अन्दर के विखंडन सदस्यों को मजबूर करते हैं कि वे अपने सहयोगी कहीं बाहर ढूँढ़ें। लेकिन गहरी असहमतियों के कारण सामाजिक स्तरों में भारी अन्तरवाले मैत्री सम्बन्ध कम ही दिखते हैं। छिटपुट गुटों और मैत्रियों को छोड़ दें तो स्थायी स्वैच्छिक जुड़ाव नहीं ही होते।

औपचारिक समारोह, बहुत ही अलग-अलग औपचारिक जुड़ावोंवाले लोगों के लिए कम अवधि की मैत्रीपूर्ण मुलाकातों के लिए कई स्वीकृत सन्दर्भ उपलब्ध कराते हैं। पारिवारिक उत्सव, खासतौर पर विवाह से जुड़े समारोह, कौटुम्बिकता के बन्धनों के परे, बहुत सघन और व्यापक भागीदारी की माँग करते हैं। हर विवाह से दस दिन पहले से एक से चार दर्जन तक स्त्रियों का समूह बिना विशेष निमन्त्रण के शादीवाले घर में गीत गाने के लिए जमा हो जाता है। लेकिन पुरुष बारात और दावत में सिर्फ निमन्त्रित किए जाने पर ही शामिल होते हैं। निमन्त्रण भी एक स्पष्ट, निश्चित नुस्खे के आधार पर दिए जाते हैं। इस नुस्खे में सबसे करीबी कुटुम्बियों और समधियों को उत्सव में पूरी भागीदारी का अवसर मिलता है, अपनी जाति की स्थानीय वंशावलियों को प्रतिनिधि भागीदारी, समूह के रूप में दूसरी जातियों को कुछ कम प्रतिनिधित्व; और पहले मेजबान रह चुके लोगों, विवाह के खर्च में कुछ आंशिक योगदान करनेवाले गैर-कुटुम्बियों और आर्थिक, राजनीतिक सहयोगियों और नौकर-चाकरों को व्यक्तिगत भागीदारी का अवसर मिलता है। इनमें से किसी भी श्रेणी में गाँव के बाहर के लोग शामिल हो सकते हैं। लेकिन किसी भी श्रेणी के लोगों को निमन्त्रण हमेशा भेजे जाने जरूरी हैं क्योंकि निमन्त्रण में हुई गलतियों को अपमानजनक माना जाता है और उनका कड़ा जवाब दिया जाता है। लेकिन फिर भी इस नुस्खे की हर श्रेणी में व्यक्तिगत चुनाव की गुंजाइश रहती है। बच्चों के नामकरण या मृतकों की बरसी-श्राद्ध आदि जैसे पारिवारिक उत्सवों में भी निमन्त्रण इसी नुस्खे के आधार पर लेकिन छोटे पैमाने पर दिए जाते हैं।

वार्षिक या मासिक क्रम में आनेवाले हिन्दू पंचांग के त्योहार-पर्व मैत्रीपूर्ण मुलाकातों के अधिक अवसर उपलब्ध कराते हैं और व्यक्तियों की पसन्द की गुंजाइश इनमें पारिवारिक समारोहों से कहीं ज्यादा होती है। हालाँकि कोई भी पर्व-त्योहार परिवार और कौटुम्बिक संगठन से पूरी तरह असम्बद्ध नहीं कहा जा सकता फिर भी पंचांग के इन उत्सवों पर सामाजिक संगठन की औपचारिक श्रेणियाँ उतनी हावी नहीं रहतीं। दीवाली, होली और अमावस्या पर होनेवाले पाठों और हवनों में प्राथमिक रूप से पुरुष साथी शामिल होते हैं। इन ऐच्छिक समारोहों में पाँच से पच्चीस तक कुटुम्बी और साथी शामिल होते हैं, कभी-कभी भोज भी दिया जाता है जो शादी की दावत जैसा बड़ा भी हो सकता है। हर साल होली से पहले के महीने में कुछ और पर्वों के दिन पुरुषों की दो-तीन अनौपचारिक गानमंडलियाँ मिल बैठती हैं। दर्जन-भर अन्य वार्षिक पर्वों में प्रमुखतः स्त्रियाँ और बच्चे शामिल होते हैं, लगभग हर घर में मनाए जानेवाले इन पर्वों में पड़ोसिनें, कुटुम्बी स्त्रियाँ और खेल के दोस्त-साथी शामिल होते हैं। प्रतियोगी खेलों

के कुछ वार्षिक दिनों में, करीब आधे युवाओं की मुक्त, खुली भागीदारी होती है। स्त्रियों के लिए ऐसा अवसर साल में दो बार, गीत गाने के दिनों में आता है। सभी छोटे-छोटे देवताओं की तुष्टि के वार्षिक उत्सव स्त्रियों और गाँव के किसी मन्दिर-समाधि का वार्षिक मेला सभी लोगों की बड़े पैमाने पर भागीदारी के मौके होते हैं। और अन्त में होली का विकट वार्षिक हुल्लड़—प्रेम और जोर-जबर्दस्ती की अभिव्यक्ति के तीन दिन—जब सामान्य सामाजिक संगठन एकदम उल्टा-पुल्टा हो जाता है।

किशनगढ़ी में समारोहों पर जमा होनेवाले ये कई छोटे-छोटे और कमजोर मैत्री समूह आर्थिक, जाति और कौटुम्बिक विभाजन की औपचारिक रेखाओं के परे, लोगों के बीच धनात्मक अन्तर्समूह सम्बन्धों का एक खाका सा बनाए रखते हैं। लेकिन अतीत में इनसे अधिक व्यापक संगठन कभी नहीं रहा है। लगता है कि गाँव में इस तरह के मैत्री-संगति व्यवहार का कोई रूप कभी नहीं रहा जो गाँव को एक ऐसी इकाई मानता हो जिसमें सभी समूहों की हिस्सेदारी है या जो गाँव की समस्याओं को सबकी समस्या मानता हो। जमींदारों और साहूकारों के अनुशासित अनुयायियों में काफी बल भी होता था और उनमें सभी वर्गों के लोग भी रहते थे, लेकिन ये पूरे गाँव को कभी संगठित नहीं कर पाए। कई जातियों की अनौपचारिक पंचायतों को झगड़े सुलझाने में स्थानीय जाति समूह के गैर-सदस्य लोगों का सहयोग मुश्किल से ही कभी मिल पाता है। ब्राह्मण बँटाईदारों की पंचायत जो सभी पंचायतों में सबसे मजबूत है, सिर्फ अपनी ही बात मनवाती और जमींदारों का विरोध करती है। हाल के चुनाव में गाँव के लोग कई और धुँधली निष्ठाओं के आधार पर समूहों में बँटे, उन्होंने स्थानीय जमींदार की जाति के उम्मीदवारों की पाँच मंडलियों के बीच से चुनाव किया और बहुमत से घोषित किया कि शासक दल ही हर समूह के अलग-अलग हितों का प्रतिनिधित्व करता है।

वर्तमान समस्याएँ

अगर ऐसा गाँव जिसके सामाजिक सम्बन्ध किशनगढ़ी की तरह संगठित हों, जल्दी ही यू.पी. पंचायत राज एक्ट में वर्णित सक्रिय गाँव पंचायत बना ले या एक प्रभावी पंचायती अदालत के गठन में योगदान दे; तो किसी को हैरानी नहीं होगी। गाँव की आधिकारिक पंचायत में सभी जातियों के लोगों का ठीक-ठाक प्रतिनिधित्व है लेकिन इस पंचायत की बैठक कभी नहीं होती। सार्वजनिक मुद्दों पर विचार और नए एक्ट द्वारा दी गई सत्ता का उपयोग असल में तो पुरानी स्थानीय अनौपचारिक ब्राह्मण पंचायत ही कर रही है जो गाँव की एक-चौथाई जनसंख्या और आधे से कुछ ज्यादा बँटाईदारी अधिकारों का प्रतिनिधित्व करती है। भूतपूर्व जमींदार शान के मारे इस पंचायत में हिस्सा नहीं लेते, वे अपने बचे-खुचे अनुयायियों के माध्यम से तिकड़में भिड़ाते हैं या बाकी छूट गए समूहों के साथ गठबन्धनों के प्रयोग करते रहते हैं। गाँव की पंचायत की भूमिका में उतरी ब्राह्मण पंचायत लोगों में इतना भी विश्वास नहीं जमा पाई कि अपने मामूली से पंचायत

कर का आधा भी जमा कर सके या करीब तीन साल में किए गए जुर्मानों का एक हिस्सा भी वसूल पाए। बहुत मुश्किल से वह गाँव के दो कमरों के स्कूल की छत की मरम्मत के लायक पुआल जुटा पाई। सरकार द्वारा पंचायत के नियुक्त सचिव की सलाह पर झिझकते हुए शुरू की गई तीन ग्राम सुधार परियोजनाओं में से एक भी पूरी नहीं हो पाई है। अब तक वह ब्राह्मण जाति के अन्दर ही एक छोटे-मोटे दुर्व्यवहार और नीची जाति के लोगों द्वारा ब्राह्मणों के विरुद्ध दो हल्के अपराधों के मामले में ही सजा दे पाई है। बाकी सभी मामलों में विरोध रहा है जिनके कारण पंचायत को पुलिस या पास के किसी जमींदार से अनाधिकारिक प्रताड़णा का सहारा लेना पड़ा या मामले को पूरी कानूनी कार्रवाई के लिए अदालत में भेजना पड़ा।

विवादों को सुलझाने में पंचायत के असफल रहने का अर्थ यह नहीं है कि विवाद किसी भी तरह कम हुआ है। अपनी आधिकारिक शुरुआत से गाँव पंचायत ने अब तक तीस मामले दर्ज किए हैं यानी औसतन हर महीने एक नया मामला। इन तीस में से पच्चीस ब्रिज गढ़ी की पंचायती अदालत में भेजे गए हैं। मामलों के स्रोत अक्सर बहुत छोटे होते हैं; अपमान, धमकियाँ और षड्यन्त्र का सन्देह, मुकदमा दायर करने के सामान्य उकसावे हैं हालाँकि औपचारिक रूप से चोरी, मार-पिटाई या कर्ज न चुकाने के आरोप लगाए जा सकते हैं। मामला शुरू करने की फीस और उपहार बहुत मामूली होते हैं। जैसे-जैसे प्रभावित कुटुम्ब समूह के सदस्य और उनके सहयोगी 'गवाहों' के तौर पर जुड़ने लगते हैं, कोई अस्पष्ट-सा मुद्दा कई दूसरे मुद्दों में तब्दील हो जाता है। आधिकारिक रूप से एक-दूसरे से अलग-थलग दो या तीन मुकदमे हमेशा ही चलते रहते हैं, लेकिन एक विवादी गुट को असली मुद्दों पर जहाँ कुछ बढ़त मिली कि सारे मामले एकदम सुलझ जाते हैं। दूसरा पक्ष, अगर कर पाता है तो, अगले ही दिन तीन नए मामले गढ़कर दायर कर लेता है। पंचायती अदालत में एक औसत मामला दो महीने चलता है। साल-भर में, एक औसत ग्रामीण हर महीने में एक पूरा दिन अदालत के चक्कर में बिता देता है।

ब्रिज गढ़ी की पंचायती अदालत, किशनगढ़ी के अलावा क्षेत्र की चार और पंचायतों से ऊपर है। पंचायती अदालत में किशनगढ़ी के प्रतिनिधियों का चुनाव उसी तरह हुआ है जैसे पंचायत का होता है, चुनाव अधिकारी द्वारा गाँव की जातियों, वंशावलियों और गुट समूहों से मोलतोल करके चुने हुए उम्मीदवारों के एक पैनल को हाथ खड़े करके चुन लिया जाता है। पंचायती अदालत के पच्चीस सदस्यों में से लगभग सभी जमींदार हैं। लेकिन खुद जमींदारों के वर्चस्व का वरिष्ठताक्रम कुछ अरसे से टूटने-फूटने लगा है, किशनगढ़ी के मुकदमेबाज बँटाईदारों की तरह प्रतिद्वन्द्विता ने उन्हें भी बाँट दिया है और वे लगातार बदलते गुटों में बँधे हैं। अकेले ही विवाद सुलझाने में अब अक्षम हो चुके ये ग्रामीण न्यायाधीश मुकदमेबाजों को मोहरा बनाकर आपस में युद्ध छेड़े रहते हैं। उनकी विवादप्रिय अदालत में नए मुकदमेबाजों का स्वागत होता है लेकिन अपने समक्ष प्रस्तुत मामलों को सुलझाने में उनकी रुचि शायद ही रहती हो। उसके द्वारा मुकदमा

'खारिज' करने के पीछे अक्सर मुकदमे को ऊँची अदालत में पहुँचने में देर लगाना ही उद्‌देश्य रहता है; उसके 'फैसले' अक्सर सिर्फ आगे अपील का तकनीकी आधार उपलब्ध कराते हैं। फिर भी भूतपूर्व जमींदारों की कानून की छिटपुट जानकारी और ऊँचे सम्पर्क आनेवाले कुछ समय तक पंचायती अदालतों पर उनकी पकड़ बनाए रखने के लिए काफी हैं। पंचायती अदालतों से आनेवाले मुकदमों की संख्या से त्रस्त तहसीलदार और सबडिवीजनल ऑफिसर अक्सर ग्रामीणों को भ्रष्ट मानते हैं और बड़ी हसरत से उन दिनों को याद करते हैं जब हर गाँव में कम-से-कम एक इतना मजबूत आदमी होता था जो छोटे-मोटे झगड़ों को सख्ती से निबटा देता था। बीते दिनों के मजबूत आदमी आज के शौकिया वकील हैं।

किशनगढ़ी के आन्तरिक विभाजन सरकारी प्रशासन के लिए एकदम ही नुकसान की बात नहीं हैं; असल में तो गुटबन्दियाँ अस्थायी रूप से सरकारी अमले के लिए फायदे की ही बात हैं, ऐसा न हो तो अक्सर उन्हें कई आधिकारिक कानूनों के खिलाफ संयुक्त विरोध से दो-चार होना पड़े। पिछले कुछ सालों में तहकीकात के लिए पुलिस तक पहुँची। किशनगढ़ी में हुए तीन बड़े अपराध सिर्फ फिरकों के बीच की दरारों को और चौड़ा करके और दोनों पक्षों से एक दूसरे के खिलाफ सूचनाएँ जुटाकर ही हल किए जा सके। इसी तरह राजनीतिक दलों के नेताओं ने भी, जिन्हें जमींदारी उन्मूलन मुआवजे वसूलने में राजस्वकर्मियों की सहायता करनी थी और चुनाव में वोट बटोरने थे, किशनगढ़ी के फिरकों के बीच प्रतिद्वन्द्विता का उपयोग किया।

अगर राष्ट्रीय अर्थव्यवस्था निर्विघ्न रूप से बेहतर ग्रामीण जीवन और सुधरी हुई जीविका के लक्ष्य की ओर बढ़ रही होती तो किशनगढ़ी जैसे गाँवों में एकजुट प्रयास की समस्या इतनी विकट न मानी जाती। लेकिन स्थिर उत्पादक स्रोतों और स्थिर सामाजिक कल्याण के लिए प्रबल और असमान प्रतियोगिता के लिए अब कुछ एकजुट प्रयास की जरूरत है। तकनीकी या ग्रामीण भारत के आर्थिक विकास के ज्यादातर कार्यक्रमों की सफलता के लिए प्राथमिक समूह जुड़ावों के परे कुछ न्यूनतम स्थानीय सहयोग आवश्यक हैं। सभी स्तरों के कर्मचारी गाँव के सामाजिक ढाँचे के विखंडन को, किसी भी कार्यक्रम के रास्ते की प्रमुख बाधा के रूप में स्वीकृत करते हैं।

किशनगढ़ी के कुटुम्ब समूहों के बीच आजकल दिखनेवाली सहयोग की कुव्यवस्था और उसे निश्चित करनेवाले संरचनात्मक लक्षण बताते हैं कि भविष्य में अधिक एकजुट प्रयास सिर्फ आधारभूत संरचना के अभूतपूर्व रूप से अस्थिर होने पर ही सम्भव हो पाएगा। कुटुम्ब समूहों की ऊर्जा अपनी इज्जत और समृद्धि को सुरक्षित रखने और विवाह के दावों को पेश और पूरा करने को समर्पित है। वे असमानताएँ जो कभी काम के क्षेत्र में जाति और वंश-परम्परा को उजागर करती थीं और सत्ता और सम्पत्ति में उन्हें एक-दूसरे के अधीन करती थीं, अब सम होने की राह ढूँढ़ रही हैं। आनुष्ठानिक युक्तियाँ जो जातियों को क्रम के एक स्वीकृत वरिष्ठताक्रम में टिकाती थीं, अब अंशतः असहाय हो चली हैं। खुद कौटुम्बिक समूहन कई सर्वोच्च राज्यों की स्थिति को प्राप्त

हो गए हैं—कुछ कार्य सम्बन्धों, कुछ गिनी-चुनी मैत्रियों, एक पुरातन चक्र के अनुष्ठानों से ढीले-ढाले बन्धनों से बँधे किशनगढ़ी की छियालीस वंश-परम्पराओं से यह कहने का कि वे यूँ ही अपनी निष्ठाएँ बदलते हुए जीती रहें, अर्थ है सहयोग की बजाय निष्क्रियता या वैरद्वेष को सुनिश्चित करना। अपनी निष्ठाओं के कुछ अंश को गाँव के काम के लिए लगाने के लिए लुभाने का अर्थ है—पुराने सामाजिक ढाँचे को निश्चित विनाश के लिए फुसलाना।

एक उड़िया पहाड़ी गाँव-I

एफ.जी. बेली

बिसिपाड़ा, कटक के सौ मील पूर्व और महानदी के चालीस मील दक्षिण में स्थित है। यह पूर्व से पश्चिम तक दो मील लम्बे और उत्तर से दक्षिण तक एक मील चौड़े एक अंडाकार मैदान के दक्षिणी छोर पर है। मैदान समुद्रतल से 1750 फुट की ऊँचाई पर है और आसपास की पहाड़ियाँ 500 से 1000 फुट तक ऊपर उठी हुई हैं। सालकी नदी मैदान में दक्षिण से उत्तर को जाती है और गाँव सालकी उसकी एक उपधारा के बीच बसा है, इन दोनों नदियों ने दस से बीस फुट तक गहरी नहरें काट दी हैं। सालकी नदी का पाट करीब अस्सी गज चौड़ा है; उपधारा की अधिकतम चौड़ाई, जहाँ उसे धान के खेतों की सिंचाई के लिए बाँध नहीं दिया गया है, करीब दस गज है।

मैदान में पेड़ों से ढके करीब पचास फुट ऊँचे टीले हैं, इन्हीं में से एक टीले पर बिसिपाड़ा बसा है। गाँव के पश्चिम में नदी को धान के खेतों की सिंचाई के लिए बाँधा गया है। उत्तर की तरफ एक मील पर एक झरना फूटता है जो खेतों के एक अर्द्धचन्द्राकार समूह को सींचता है जो गाँव की उत्तर-पूर्वी सीमा से सटे हैं। पूर्वी दिशा में सिर्फ बारिश से सिंचनेवाले, समतल, 'सूखे' धान के खेत हैं। चावल के अलावा और तरह की सूखी खेती के लिए टीले के किनारों, दूसरे टीलों पर पेड़-झाड़ काटकर तैयार मैदानों और नालों के तटों का इस्तेमाल किया जाता है।

आसपास की पहाड़ियाँ जंगलों से ढकी हैं जिनमें बाघ-तेंदुए घूमते रहते हैं। भालू जंगल की पगडंडियों को खतरनाक बनाते हैं। दिमागी मलेरिया कई बच्चों को मार डालता है। क्षेत्र की ख्याति 'रोगों और मौत के डेरे' के रूप में है।

क्षेत्र का इतिहास

अनन्तकाल से इन पहाड़ियों में 'कुइ' भाषी लोग बसे हैं। उड़ियाभाषी मैदानी इलाकों के राजाओं का नियन्त्रण तराई तक ही सीमित रहा जहाँ उंनके योद्धा सरदारों ने उपनिवेश बनाए। कई उड़िया गाँव इस तरह स्थापित हुए। उपनिवेशों और राज का सम्बन्ध स्पष्ट नहीं है; लेकिन हम जानते हैं कि पहाड़ी सरदार प्रशासन करनेवाले प्रतिनिधि नहीं 'रणवीर' थे।

बिसिपाड़ा के संस्थापक एक और पहाड़ी गाँव बोलस्कूपा के रास्ते, उत्तर के एक गाँव बौड से आए थे। शासक जाति का कुलनाम बिसि है जो कभी उड़ीसा के राजाओं के पदाधिकारी हुआ करते थे। वंशावलियाँ इंगित करती हैं कि वे दो सौ साल से बिसिपाड़ा में हैं लेकिन यह प्रमाण अनुमान ही है। लेकिन यह तो तय है कि बिसि लोग यहाँ सौ साल से सुस्थापित हैं और उन्होंने ईस्ट इंडिया कम्पनी के सिपाहियों से लोहा लिया।

1840 और 1850 के बीच, दक्षिण में रसेलकोंडा से, हर साल नरबलि की प्रथा रोकने के लिए, पहाड़ों पर चढ़ाई होती थी। नरबलि 'कुइ' भी देते थे और उड़िया प्रवासी भी। 1850 में तहसीलदार दीनबन्धु पट्टनायक ने, जो पहले पुलिस अधिकारी रह चुके थे, नियमित प्रशासन शुरू किया जिसका मुख्यालय अन्ततः बिसिपाड़ा में स्थापित हुआ। पन्द्रह बरस बाद वे राय बहादुर का खिताब पाकर और नपी-तुली क्रूरता और लूट के आधार पर चले प्रशासन की तमाम उपलब्धियाँ बटोरकर रिटायर हुए; अब भी कुछ लोग उनके वंशनाश की चर्चा बहुत सन्तोष से करते हैं।

1850 के बाद बहुत पहले उत्तर से चले आए लोगों के पीछे दक्षिण से उड़िया लोग इस प्रान्त में आने लगे। बिसिपाड़ा प्रशासनिक मुख्यालय बन गया। पुलिसवाले और राजस्व कर्मचारी यहाँ बस गए। दीनबन्धु तहसीलदार ने ब्राह्मणों को पहाड़ों में बसने को प्रेरित किया जहाँ उनके लिए जमीनें मिल सकती थीं। उसने एक मन्दिर बनवाया। एक बाजार खुला। बिसिपाड़ा फैलता चला गया, फिर 1904 में सब डिविजनल ऑफिसर ए. जे. ओलेनबाख अपना मुख्यालय फूलबनी ले गया। अब बिसिपाड़ा में कोई कर्मचारी नहीं रह गए हैं; कुछ के वंशज बचे हैं; बाकी परिवार नई राजधानी चले गए।

इन सालों में सबसे ज्यादा लाभ परम्परागत रूप से शराब चुआनेवाले सुंडियों को हुआ है। आदिवासियों के बीच साहूकार और कलवार का किस्सा खूब सुना-सुनाया जाता है; लेकिन इस क्षेत्र में 1910 में ही शराब की दुकानें बन्द करवा दी गई थीं। फिर 1920 में उड़िया गाँवों का बन्दोबस्त हुआ और हालाँकि यह एकदम दोषहीन नहीं है लेकिन इसने उस कानून को मजबूत किया कि बिना आज्ञा के, आदिवासी के अलावा कोई भी जमीन नहीं खरीद सकता।

गाँव का संगठन

यह इतिहास गाँव के मकानों की अवस्थिति में झलकता है। गाँव में छह मुख्य मुहल्ले हैं—कुम्हारसाइ, सूदोसाइ, पाणोसाइ, सुंडीसाइ, खोडलसाइ और हाटोपोडेरा, जिनमें 750 लोग रहते हैं।

कुम्हारों का मुहल्ला कुम्हारसाइ कुइ तर्ज पर बना है; एक-दूसरे से सटे मकानों की दो कतारें, जिनके पीछे साग-भाजी की बाड़ियाँ हैं। कुइ मुहल्ले के छोरों पर अक्सर रात के समय शत्रुओं और पशुओं से बचाव के लिए ऊँचे-ऊँचे लट्ठों की बाड़ होती थी।

आधिकारिक रूप से कुम्हार आदिवासी हैं, और हालाँकि अब उनका पूरी तरह हिन्दूकरण हो चुका है, फिर भी हम अन्दाज लगा सकते हैं कि वे असली आदिवासी हैं, इस स्थल के पहले निवासी, उनकी वंशावलियों से भी उनके इस इलाके में लम्बे अर्से से रहने का पता चलता है। कुम्हारसाइ के छोरों पर अब लट्ठों की बाड़ें नहीं रहीं और मकान उड़िया तर्ज पर (कुइ लोगों के मकान चौड़े, क्षैतिज लकड़ी के फट्टों से बने होते हैं। उड़िया लोगों के मकान लम्बवत फट्टों से बनाए जाते हैं। ऊपर से मिट्टी का लेप किया जाता है। दोनों की छतें दोहरी होती हैं—मिट्टी की छत, हवा के लिए जगह छोड़कर ऊपर से घासफूस का छप्पर) बन गए हैं, लेकिन उनकी अवस्थिति अब भी विशिष्ट रूप से कुइ है।

बिसि और बोड राजा के कर्मचारियों के वंशज, जाति से सूदो हैं। उनके मुहल्ले सूदोसाइ में एक-दूसरे से लगे मकानों की दो समानान्तर कतारें हैं, जिससे पता चलता है कि इनकी स्थापना उन दिनों में हुई जब युद्ध होते थे और जब आज की अपेक्षा जंगली जानवरों से सुरक्षा की बहुत जरूरत थी। आजकल बिसी मुहल्ले के बीच में रहते हैं, बाहरी छोर पर 1850 के बाद आए बाहरी लोग बसे हैं। एक गउड (अहीर) स्कूल-मास्टर जिनके पिता दक्षिण की तरफ से आए कांस्टेबल थे; एक ब्राह्मण और एक नाई परिवार; एक ईसाई जिसके पिता हेडक्लर्क थे; एक गउड; और एक महान्ति दुकानदार जो पिछले साल ही आया है।

अन्त्यजों का मुहल्ला पाशोसाइ; बाकी गाँव से अलग-थलग है। यह भी कुइ तर्ज पर बसा है। वंशावलियों से पता चलता है कि इनका और सूदो लोगों का मूल और निवास की अवधि एक-सी ही है, सम्भावना इस बात की है कि सूदो और पाणो उत्तर की तरफ से एकसाथ ही पहाड़ों में आए।

सुंडीसाइ का नक्शा भी ऐसा ही है लेकिन कतार के बीच मकान ढहने से छूटी खाली जगहों से मुहल्ले की समृद्धि का क्षीण होना झलकता है। वंशावलियाँ इंगित करती हैं कि सुंडी भी सूदो और पाणो लोगों के साथ-साथ ही यहाँ आए।

यह चार मुहल्ले, कुम्हारसाइ, सूदोसाइ, पाणोसाइ और सुंडीसाइ एक से ही अभिलक्षण प्रस्तुत करते हैं। मकानों की अवस्थिति और वंशावलियों से पता चलता है कि यह पुराने मुहल्ले हैं। दूसरे, उनमें उसी जाति के घरों की स्पष्ट बहुलता है।

बाकी दो मुहल्लों—खोडलसाइ और हाटोपोडेरा—में ऐसा नहीं है। हाटोपोडेरा के सभी वासी या तो प्रवासी हैं या प्रवासियों की सन्तानें। उनके मकान अनियमित रूप से कई छोटी गलियों या चौकों में अवस्थित हैं; लोग अलग-अलग जातियों के हैं, प्रमुखतः सुंडी (कलाल) और कूली (जुलाहे) लेकिन कुछ गउड़ (अहीर), ब्राह्मण और केउटो (मछुआरे) भी, जैसाकि नाम से मालूम होता है यह (अब बन्द हो चुके) बाजार का मुहल्ला था और सभी मामलों में लोग व्यापार या मुख्यालय में काम की वजह से यहाँ आकर बसे, गाँव के पश्चिमी पर बिखरे मकानों का समूह खोडलसाइ है, कभी इसी छोर पर सरकारी इमारतें थीं, आज उनका नामनिशान तक नहीं बचा है। यहाँ दक्षिण

से आए दो पाणो परिवार हैं, एक घासी (भंगियों) परिवार; एक ब्राह्मण परिवार जो दीनबन्धु तहसीलदार के बनवाए मन्दिर में पूजापाठ करता है; और कई कुइ परिवार जो पिछले दस वर्षों में मजदूरी की तलाश में यहाँ आ बसे हैं।

इस तरह मुहल्ले दो किस्म के हैं—एक पुराने और एक ही जाति की बहुलतावाले; दूसरे नए, आर्थिक और राजनीतिक कारणों से, मिले-जुले।

आर्थिक गतिविधियाँ

यह निश्चित रूप से नहीं कहा जा सकता कि 1850 से पहले बिसिपाड़ा के जीवन का आर्थिक पक्ष कैसा था ? हम जानते हैं कि वहाँ बाजार नहीं थे और कहा जाता है कि हर गाँव आर्थिक रूप से आत्मनिर्भर था। यदि ऐसा हो तो उसकी आमदनी पूरी तरह जमीन से ही होगी और खेतिहरों और उनके खेतों पर काम करने के साथ-साथ परम्परागत पेशों, जैसे—नाईगिरी, तेलीगिरी वगैरह करनेवालों के बीच सीमित आदान-प्रदान होगा। गाँव में जो चीजें उत्पादित की जातीं, वही इस्तेमाल की जातीं। या यूँ कहिए कि विदेश-व्यापार नहीं ही था।

1850 के बाद गाँव की कुछ आमदनी करों के रूप में गाँव से बाहर जाने लगी। इसका एक हिस्सा तनख्वाहों और सरकारी खर्चे के रूप में लौटकर गाँव में खर्च होने लगा। पैसा अपेक्षाकृत खुले ढंग से चलने लगा और काश्तकार अपनी उपज का एक हिस्सा पुलिसवालों और चपरासियों जैसे नए विशेषज्ञों को देने लगा, बदले में मिले पैसों से वह कर चुकाता और उत्पादकों की नई जरूरतें पूरी करता। एक बाजार स्थापित हुआ, दुकानें खुलीं और आसपास के कुइ गाँवों के साथ व्यापार करके बिसिपाड़ा बाहर से कुछ आमदनी जुटाने लगा। दूसरे शब्दों में, 1850 से, दूसरे गाँवों से आमदनी हासिल करके और बाहर से आई सेवाओं और वस्तुओं पर खर्च करके बिसिपाड़ा एक वृहत्तर आर्थिक ढाँचे में शामिल हो गया है।

चार पुराने मुहल्लों—सूदोसाइ, कुम्हारसाइ, पाणोसाइ और सुंडीसाइ के वासी प्राथमिक वस्तुओं के उत्पादक हैं जबकि हाटोपोडेरा और खोडलसाइ के निवासी ज्यादातर निर्माता या बिचौलिए हैं। बिसिपाड़ा की अस्सी प्रतिशत दुकानें हाटोपोडेरा में हैं। एक गडड व्यापारी है, दूसरा नसवार बनाता और बेचता है। कुलियों में से तीन, कपड़ा बनाकर बेचते हैं। केउटो चावल का चूड़ा बनाकर कुइ लोगों से धान के लिए विनिमय करता है। खोडलसाइ में पाणो गाड़ीवानी करते हैं और कुइ या तो खेत मजदूर हैं या टोकरियाँ बुनते हैं।

लेकिन नए और पुराने मुहल्लों के बीच यह आर्थिक अन्तर मिटने लगा है। एक तरफ, बिचौलियों और निर्माताओं के रूप में लाभ उठानेवालों—खासकर सुंडियों ने—अपने पैसे का निवेश जमीन में किया जिस पर वे बँटाईदारी या मजूरी पर खेती करवाते हैं। दूसरी तरफ, भूस्वामी परिवार की वंशवृद्धि होने पर जब जमीन कम पड़ने लगे तो उसके पुरुष कुइ गाँवों से व्यापार करने लगते हैं। अपने ही पैसे से या जिला मुख्यालय फूलबनी

के महाजनों से कर्ज लेकर वह हल्दी, सरसों और अन्य फसलें खरीदकर महाजनों को या फुलबनी के बाजार में बेचता है। उसकी पत्नी मूढ़ी (मुरमुरे) बना सकती है या नमक और सूखी मछली खरीदकर आसपास के गाँवों में उन्हें बेच सकती है। 91 प्रतिशत परिवार अपनी भूमि के अलावा अन्य स्रोतों से नियमित आमदनी पाते हैं।

वृहत्तर आर्थिक ढाँचे में गाँव की स्थिति आजकल ऐसी है—बिसिपाड़ा कपड़ा, चाय, चीनी, नमक, धातु की बनी वस्तुएँ, मिट्टी का तेल, कुछ सब्जियाँ और कर चुकाने के बदले मिली कुछ सेवाएँ आयात करता है; वह निर्यात करता है थोड़ा सा धान, अपने करघों पर बने कपड़े और कुछ अन्य निर्मित वस्तुएँ, गाँव में या गाँव से दूर पुलिसकर्मियों, स्कूल-मास्टरों या चपरासियों के तौर पर काम करनेवालों की सेवाएँ और कुइ गाँवों में उगाई गई हल्दी, सरसों और कुछ फसलें पुनर्निर्यात करता है।

गाँव की एकता

गाँव की जनसंख्या कई दृष्टियों से मिली-जुली है। कुछ लोग नए-नए यहाँ आए हैं; कुछ पुश्तों से यहीं हैं। कुछ आदिवासी हैं; कुछ उड़िया। आदिवासियों में से भी कई की मुख्य भाषा उड़िया है, वे कुइ भूल चुके हैं; बाकी जरूरत पड़ने पर उड़िया बोलते हैं लेकिन उनके घर में कुइ ही बोली जाती है। कुछ उड़िया उत्तर से आए हैं, कुछ दक्षिण से। कुछ ऊँची जातियाँ हैं, कुछ नीची जातियाँ, कुछ अन्त्यज और कुछ आदिवासी हैं जो जातिप्रथा के अधिकारक्षेत्र से एकदम बाहर हैं। यहाँ शिल्पकार हैं, बिचौलिए हैं और काश्तकार हैं। व्यापारी और दुकानदारों की होड़ एक-दूसरे से और अपने ग्राहकों से चलती है। यहाँ गरीब भी हैं और अमीर भी।

लेकिन, मूल, पेशे, भाषा और स्वार्थों की विभिन्नता के बाद भी गाँव की जनसंख्या में एकता रहती है। उदाहरण के लिए, अक्तूबर महीने के बीच में पता चला कि धान की पकती फसल में कीड़ा लग गया है। लेप्टो कोरिस्सा एसपीपी नाम का यह कीड़ा उड़ीसा में अपरिचित नहीं है लेकिन लोगों की याद में गाँव की फसल पर इसका यह पहला ही आक्रमण था। गाँव के मुखिया ने कृषि विभाग को खबर की। गाँव के लोगों ने आई बला को टालने के लिए 'रुगो बोलाणी' का आयोजन करना तय किया। यह अनुष्ठान एक आदिवासी कुम्हार गुणिया ने किया। अनुष्ठान में हिन्दू पद्धति से चावल, नारियल, घी और आम की पत्तियों का चढ़ावा चढ़ा; कुइ परम्परा के विपरीत पशुबलि नहीं हुई। गुणिया के साथ पूजा में मदद की एक सुंडी ने, गाँव के सूदो मुखिया ने और एक और कुम्हार ने। गाने-बजाने का काम एक घासी (भंगी) और तीन पाणों ने किया। उत्सव के खर्चे के लिए गाँव के ईसाई परिवार को छोड़कर हर परिवार ने दो-दो पैसे दिए।

साल के इन दिनों में जब छिटपुट बौछार से जमीन पंजों के निशान दिखने लायक नर्म हो जाती है गाँव शिकार पर निकलता है। पाँच बन्दूकें शिकार के लिए जाती हैं, चार सूदो लोगों की और पाँचवीं ईसाई गृहस्थ की। जिसे भी फुर्सत होती है वह हाँका

लगाने चला जाता है। शिकार करते हुए सभी जातियों के लोग कन्धे से कन्धा मिलाकर जुटते हैं लेकिन लौटते हुए, ऊँची जाति के सूदो, अन्त्यजों के मुहल्ले पाणोसाइ के बाहर-बाहर से लम्बा चक्कर लगाकर निकल जाते हैं।

कई मामलों में गाँव के एक होकर काम करने का तीसरा उदाहरण है–गाँव के ब्राह्मण पुरोहित का। गाँव में दो मन्दिर हैं जिनमें रोज देवपूजा होती है। एक बूढ़ा सूदो भी अपने घर में रोज देवपूजा करवाता है। बड़े मन्दिर की देखरेख करनेवाले ब्राह्मण परिवार को वर्तमान मुखिया के दादा ने दो खेत भेंट में दिए थे। गाँव के मन्दिर में और बूढ़े सूदो के घर देवपूजा एक दूसरा ब्राह्मण करता था। करीब साल-भर पहले इस ब्राह्मण ने चार खेतों की माँग की, दो गाँव से और दो बूढ़े सूदो से। बूढ़े ने खेत दे दिए; लेकिन गाँव ने सभा करके निर्णय लिया कि ब्राह्मण को खेत नहीं दिए जा सकते, उसे हर परिवार से मिलनेवाले धान से–जो उसे पूजा के एवज में मिलता है–ही सन्तुष्ट रहना होगा। इस पर ब्राह्मण ने हड़ताल करके, पूजा करने से इनकार कर दिया, इस पर गाँव ने एक और सभा करके तीसरे ब्राह्मण परिवार को देवपूजा के लिए नियुक्त कर दिया; पुराने पुरोहित का वह वार्षिक दक्षिणा पाने का अधिकार भी छीन लिया गया जो मृत्यु या उत्सवों के कार्य सम्पन्न कराने के लिए हर परिवार उसे दिया करता था। लोग उससे बातचीत तो अब भी करते हैं लेकिन उससे पूजापाठ कोई नहीं करवाता।

ऐसे एकजुट कार्यकलापों को रेखांकित करनेवाले घटक हैं ये:–एक, बहुसंख्यक ग्रामीणों की पृष्ठभूमि एक ही होती है। वे एक-दूसरे के साथ पले-बढ़े होते हैं और उनका पीढ़ियों पुराना साझा अनुभव होता है। यह एक यथार्थ घटक है। दूसरा, यह कि अपने आर्थिक जीवन में उनकी रुचि साझी होती है। कीड़ा सभी के खेतों में लगा था। व्यापारी प्रतिद्वन्द्वी होते हैं लेकिन हल्दी के दामों और एक उद्यमी कुइ पुरुष के खुद हल्दी और सरसों बेचने को लेकर वे समान रूप से चिन्तित हैं। तीसरा, लोगों के बीच कई स्तरों पर सम्बद्धताएँ हैं। उदाहरण के लिए, मुखिया के बेटे को ही लें। वह उन्नीस साल का है, पिछले साल उसने स्कूली पढ़ाई पूरी की। पिछले दस बरसों से फूलबनी में रहकर पढ़ने की वजह से गाँव में उसका मेलजोल अपनी उम्र के बाकी लड़कों से कम है। वह उड़िया है, बउड से आए पहाड़ी सरदारों का सूदो वंशज। वह एक बड़े और रसूखदार परिवार का सदस्य है। अन्य सन्दर्भों में वह सूदो जाति का पुरुष है। गोछापाड़ा से आए आगन्तुकों के सत्कार की जिम्मेदारी जिस समूह की बनती है उसका वह सदस्य है, क्योंकि उसकी माँ गोछापाड़ा की है। एक श्रेणी विशेष, जो आनुष्ठानिक मैत्री से उसके माता-पिता से जुड़ी है, से सहायता पाने का वह अधिकारी है और उनकी सहायता करना उसका दायित्व है। अपनी आयु के चार-पाँच किशोरों से, जो स्थानीय स्कूल में उसके साथ पढ़े थे, उसकी खास दोस्ती है। वे सब अलग-अलग जातियों के हैं। वह पढ़-लिख सकता है और कुछ अंग्रेजी भी जानता है इसलिए वह उस समूह का हिस्सा है जो गाँव को जरूरत पड़ने पर आवेदन लिखने या खाते रखने के लिए जमा होता है। इस दृष्टि से हम उसे–और गाँव के लगभग सभी लोगों को–उन समूहों के बीच की कड़ी के

रूप में देख सकते हैं जो वैसे एक-दूसरे से जुड़े नहीं होते।

इस सूदो किशोर के पड़ोस में एक विधवा और उसका बेटा रहते हैं। इन दो के बीच की कड़ियाँ ये हैं—वे एक ही जाति के हैं; वह उसकी रिश्ते की ताई है क्योंकि उसका पति इस किशोर के पिता का कुटुम्बी भाई था; विधवा की बेटी इसी गाँव में ब्याही गई है, इस तरह वह किशोर की गोतिया सास और उसका बेटा किशोर का गोतिया साला लगा; विधवा बहुत गरीब है और किशोर की माँ का धान कूटकर बराबर मजदूरी पाती है; विधवा का बेटा और किशोर का छोटा भाई स्कूल में एक ही कक्षा में हैं; स्कूल से फुर्सत पाने पर विधवा का बेटा किशोर के चाचा के यहाँ नौकर के तौर पर काम करता है। यह कुछ परिस्थितियाँ हैं जिनमें यह दो व्यक्ति प्रत्यक्ष या परोक्ष रूप से एक-दूसरे से व्यवहार रखते हैं। किशोर के सम्बन्धियों और मित्रों और विधवा के सम्बन्धियों और मित्रों के बीच की कड़ियाँ भी ढूँढ़ी जाएँ तो सूची शैतान की आँत की तरह खिंचती चली जाएगी।

गाँव की एकता कई सूत्रों से बटी गई रस्सी है। गाँव ने जब अपने ब्राह्मण को अनुशासित करने का निर्णय लिया तो आशा के विपरीत उसके सजातीय ब्राह्मणों ने उसका साथ नहीं दिया। वे गाँव से कई तरह से बँधे थे। वह जाति के एक सूत्र को खींचकर पूरी रस्सी को नहीं तोड़ सकता था।

भविष्य

मैं यह नहीं कहता कि गाँव सम्पूर्ण एकात्मता का आदर्शलोक है। गाँवों की कहावत है कि अमीर के सामने गरीब बेसहारा होते हैं। वर्तमान समय तक अमीर लोगों में से ज्यादातर गाँव से ऐसे ही जुड़े हैं जैसाकि मैंने ऊपर बताया है। लेकिन एक अमीर आदमी, जिसके खेत यहाँ हैं और फुलबनी में फलता-फूलता व्यवसाय है, बरसों से अच्छे व्यवहार के नियम भंग करता आ रहा है। यह खासतौर पर कहा जाता है कि जमीन के मामले में उसने कई लोगों को ठगा है। पंचायत बेबस है। उसका एक शिकार उसके विरुद्ध मुकदमा जीत गया, लेकिन बाकी लोग इतने गरीब हैं कि कानून का सहारा नहीं ले सकते। वह इतना सम्पन्न है कि फसल की कटाई या रोपनी या हारी-बीमारी में उसे मित्रों-सम्बन्धियों पर निर्भर नहीं रहना पड़ता।

मुद्दा यही नहीं है कि इस आदमी में सामाजिकता की भावना नहीं है बल्कि यह भी है कि उसके स्वार्थ गाँव के बाहर हैं। इसलिए वह बिसिपाड़ा के बाकी लोगों की अपेक्षा अपने ग्रामीण भाइयों पर कम निर्भर है। इससे तो लगता है कि इस किस्म के पुरुषों के व्यक्तिगत उपक्रम से गाँव जितना ही वृहत्तर अर्थतन्त्र से एकात्म होंगे, एकता उतनी ही कम होती जाएगी।

इस क्षेत्र में विकास के लिए बनीं योजनाएँ बिसिपाड़ा को आर्थिक भारत का हिस्सा कहाँ तक बनने देंगी, यह देखा जाना अभी बाकी है।

एक उड़िया पहाड़ी गाँव-II

एफ.जी. बेली

1

अध्ययन के लिए चुना गया विषय सिर्फ स्थानीय रुचि का ही नहीं है बल्कि यह खुद को भारत के अन्य प्रान्तों में भी और कमोबेश संसार के सभी भागों में व्यक्त करता है। हमारे सामने समस्या है—एक कृषीय भरण-पोषण अर्थतन्त्र पर वाणिज्यवाद के प्रभाव की—जब गाँव देश के और अन्ततः विश्व के वृहत्तर अर्थतन्त्र का अंग बना दिया जाता है तो क्या होता है ? इस बड़े तन्त्र में गाँव की पहलकदमी कैसे होती है ? कौन से संघर्ष उठते हैं और उनसे गाँव का आन्तरिक ढाँचा कैसे बदलता है ?

समस्या का विश्लेषण हम ओड़िसा के एक पहाड़ी गाँव की जाति-व्यवस्था के सन्दर्भ में कर रहे हैं। इस उद्देश्य के लिए यह क्षेत्र विशेष रूप से ठीक है क्योंकि यह भौगोलिक और ऐतिहासिक रूप से सीमांकित है।

2

एकदम शुरू के भूलेखों में जंगलों से ढका वह पहाड़ी इलाका जिसका उत्तरी भाग आज कन्धमाल कहा जाता है, उत्तर में बउद और दक्षिण में गुम्सूर (गंजाम) के बीच एक सुनसान-वीरान इलाका दिखता है जिस पर किसी का दावा नहीं था। इन राज्यों के बाशिन्दे उड़िया थे। ऊँचे पहाड़ी इलाके में एक गैर-हिन्दू आदिवासी जनजाति कन्ध रहती थी। उस जमाने की परम्परा के अनुरूप ही बउद के राजा का किस्सा है, इस राजा ने एक बहुत बड़ी सेना के साथ पहाड़ियों को पार करके गुम्सूर के दक्षिणी पड़ोसी किमेडी के राजा से लम्बा युद्ध लड़कर उससे महासिंघी की पवित्र मूर्ति छीन ली। इस मूर्ति की स्थापना उसने बउद के मैदानों से ऊपर को, पहाड़ियों की उत्तर-पूर्वी सीमा पर बोलस्कूपा में की, जहाँ यह अब भी स्थित है। किस्से में कन्धों का जिक्र कहीं नहीं आता।

बोलस्कूपा क्षेत्र में उत्तर-पूर्व की तरफ से फैलनेवाले ओड़िया उपनिवेशों की शुरुआत थी। इन पहाड़ियों के बारे में मिले शुरुआती ब्रिटिश विवरण आग्रहपूर्वक कहते हैं कि असल में यह बउद के मैदानों की कन्ध घुसपैठियों से रक्षा के लिए बनी सीमान्त

चौकियाँ थीं लेकिन स्थानीय मत जनसंख्या के दबाव और गुटों की लड़ाइयों की बात कहता है।

कन्धों ने प्रवासियों की इस बाढ़ का विरोध किया। लोगों को युद्धों की याद है। गाँवों का नक्शा इस तरह है जैसे वे आक्रमण के लिए तैयार हों। हमारी जानकारी इतनी कम है कि वह कन्धों और ओड़ियाओं के बीच के बाद के सम्बन्धों का पूरा वर्णन नहीं कर पाती—वे हमेशा अलग-अलग गाँवों में रहते थे। एक-दूसरे से विवाह सम्बन्ध हुए हैं लेकिन बहुत नहीं, क्योंकि इस तरह के विवाह जाति के नियमों का उल्लंघन करते हैं। खातों से यह भी स्पष्ट है कि नरबलि की कोंड प्रथा में ओड़िया लोग भी पूरी तरह शामिल थे—आज भी ओड़िया गाँवों के कई अनुष्ठान मूलतः कन्ध अनुष्ठान हैं। जहाँ तक राजनीतिक सत्ता की बात है, 1830 के आसपास जब तक ब्रिटिश सेनाएँ आईं ओड़िया लोगों का कन्धों पर वर्चस्व जम गया दिखता था। ब्रिटिश लोगों के विरुद्ध लड़ी गई लम्बी लड़ाइयों के मुखिया ओड़िया नामोंवाले थे। अब यह साफ नहीं है कि यह वास्तविक वर्चस्व का प्रमाण है या इस बात का परिणाम है कि ईस्ट इंडिया कम्पनी के कर्मचारी ओड़िया ही बोल पाते थे, कन्ध भाषा नहीं।

1850 में जब से एक कायदे के प्रशासन की स्थापना हुई, प्रशासक की भाषा बोलने के सुखद संयोग ने ओड़ियाओं को कन्धों पर ऐसा वर्चस्व उपलब्ध कराया है जो आज भी, कन्धों के पक्षधर और उनके संरक्षणकारी विधेयकों के तीस से भी ज्यादा वर्षों से लागू रहने के बाद भी, जस का तस बना हुआ है।

3

जिस गाँव में मैं रहता था (और जो कन्धमाल के केन्द्र में है) उसे जब बउद के ओड़ियाओं ने पहले-पहल उपनिवेश बनाया—शायद तीनेक सौ साल पहले—तब यहाँ सात जातियाँ रहती थीं। घुसपैठिया समूह में मुख्यतः योद्धा/क्षत्रिय जातियाँ थीं। वे अपने साथ विशेषज्ञ जातियों—ब्राह्मण, नाई, ग्वाला, कलाल और अछूतों को लाए। ये लोग या तो अपने परम्परागत धन्धों में लगे (अछूत लोग गाने-बजाने का काम करते थे) या खेत मजदूरों या क्षत्रियों के जजमानों के तौर पर काम करते थे।

ईस्ट इंडिया कम्पनी के शुरू के कर्मचारी बाजारों और बाकी व्यापारिक संस्थानों के एकदम अनुपस्थित होने की बात करते हैं। गाँव अपने-आप में भरी-पूरी एक कृषीय इकाई था। क्षत्रिय जमीन के मालिक थे और सैनिक होने के साथ-साथ खेतीबाड़ी की व्यवस्था भी देखते थे। अछूत उनके दास थे (इस सन्दर्भ में प्रोजा यानी प्रजा शब्द का प्रयोग होता है), बाकी जातियाँ अपने परम्परागत धन्धे करती थीं। सम्पत्ति का स्रोत जमीन थी। जिस पर क्षत्रियों का एकाधिकार था। ब्राह्मणों सहित बाकी जातियाँ आर्थिक निर्भरता, राजनीतिक अधीनस्थता और शायद सिर्फ अछूतों को छोड़कर, संख्या की दृष्टि से हीनता की स्थिति में थीं।

उपलब्ध प्रमाण के आधार पर यह वर्णन तत्त्वतः ठीक ही है, लेकिन गलती की

गुंजाइश इंगित कर देना उचित रहेगा। पेशेवर जातियों की सूची अधूरी हो सकती है। उदाहरण के लिए, गाँव में ओड़िया कुम्हार जाति के रहने का इतिहास नहीं है। हो सकता है कुम्हार जाति रही हो या यह भी हो सकता है कि आज की तरह तब भी गाँव पड़ोस की बस्ती के कुम्हारों पर निर्भर रहा हो। दूसरे, पेशेवर जातियों, खासतौर पर ब्राह्मणों के बीच कोई ऐसा व्यक्तित्व उभरा हो जिसने अस्थायी रूप से ही सही, राजनीतिक अधीनता की उस स्थिति को सुधारा हो जिसमें आज उसकी जाति (क्षत्रियों के मुकाबले) है। इन सम्भावनाओं के पक्ष में कोई प्रमाण नहीं है, लेकिन इन्हें नकारा भी नहीं जा सकता। लेकिन जातियों के बीच सम्बन्धों के बारे में बयान के तौर पर, क्षत्रियों के वर्चस्व पर सन्देह नहीं किया जा सकता।

4

करीब 1850 से 1900 तक गाँव, प्रशासन का मुख्यालय रहा। शुरू के तहसीलदार आव्रजकों, खासतौर पर ब्राह्मणों को सक्रिय प्रोत्साहन देते थे, लेकिन बाकी जातियों के लोग खुद ही नए अवसरों का लाभ उठाने के लिए आए। शुरू-शुरू में उत्तर की तरफ से, बउद से आए ओड़ियाओं के विपरीत, 1850 के बाद आनेवालों में से ज्यादातर दक्षिण में गंजाम से आए। हालाँकि नवागन्तुक भी पुराने बाशिन्दों की ही भाषा बोलते थे, वे जाति, मूलस्थान और आर्थिक कौशल की दृष्टि से अलग थे। आज गाँव की कुल जनसंख्या 685 में से सत्तावन प्रतिशत बउद ओड़िया हैं और गंजाम के ओड़िया और एक आदिवासी समूह तैंतालीस प्रतिशत हैं।

पहले सम्पत्ति का एकमात्र स्रोत जमीन थी। 1857 से, प्राथमिक उत्पादों, खासकर हल्दी और महुआ, का एक व्यापक व्यापार विकसित हुआ है और मशीन से बुने कपड़े, मिट्टी का तेल, चाय, चीनी आदि जैसे उत्पादनों की माँग बढ़ी है। 1920 तक, शराब का व्यापार बहुत फायदे का काम था। लेकिन आज काफी लोग स्कूल-मास्टरों, चपरासियों, चौकीदारों, मुखियाओं और पुलिसवालों के तौर पर रोजगार कमा रहे हैं और इनकी संख्या बढ़ रही है। इन वाणिज्यिक स्रोतों से कमाई गई सम्पत्ति का निवेश जमीन में होता पाया गया है। यहाँ का पर्यावरण काश्त की जमीन पर एक सीमा लागू किए जाने की माँग करता है और यह सीमा 1850 तक पूरी हो चुकी थी इसलिए किसी को तो जमीन से हाथ धोना ही था। जमीन लगातार खेतिहरों के हाथ से निकलकर उन लोगों के हाथ में जा रही है जिनके पास आय का कोई और साधन भी है। शुरू में जमीन बउदवालों के हाथों से गंजामवालों के हाथों में पहुँची होगी। लेकिन हाल ही में जमीन पर पुनर्वितरण होने लगा है, जिनकी सम्पत्ति जमीन थी उनके हाथों से निकलकर यह उनके हाथों में जा रही है जो और आर्थिक अवसरों का लाभ उठा सकते हैं : और इसमें मूलस्थान बहुत गौण हो गया है।

5

इस प्रक्रम के पीछे के तन्त्र को आज बारीकी से देखा जा सकता है क्योंकि आज भी धीरे-धीरे लेकिन निश्चित रूप से, जमीन क्षत्रियों के हाथों से निकल रही है। किसान अपनी जमीन क्यों बेचता है, इस समस्या का कभी ठीक से निदान नहीं हो पाया है और एक तरफ तो कुछ लेखक ब्याज की दरों के महत्त्व को समझ पाने की उसकी अक्षमता की बात करके ही सन्तुष्ट हैं तो दूसरी तरफ साहूकारों-महाजनों की मक्कारी की भी बहुत चर्चा होती है। निस्सन्देह इन घटकों का भी योगदान है लेकिन और क्षेत्रों में जो भी होता हो, कन्ध माल में, जमीन बाजार में, विरासत की पद्धति और जीवन के कई संक्रान्ति कालों में उपभोग के प्रारूप को बनाए रखने के सामाजिक आग्रहों के संयुक्त क्रिया से आती है।

कई किसानों की आमदनी का स्तर ऐसा है कि वे अचानक आ पड़नेवाली आर्थिक या सामाजिक आवश्यकताओं—विवाह, मृत्यु या बैल खरीदने—के लिए जरूरी पैसा सिर्फ जमीन बेचकर ही जुटा पाते हैं। बाजार में आनेवाली ज्यादातर जमीन इसी आयवर्ग के लोगों से आती है।

बेटी का विवाह करना सबसे महँगा अनुष्ठान है क्योंकि इसमें दहेज देना पड़ता है। बेटे के विवाह और किसी सम्बन्धी के मृत्यु-सम्बन्धी संस्कारों के खर्चों में से बड़ी राशि अवश्यम्भावी भोजों में खर्च होती है। इन अनुष्ठानों में होनेवाले खर्चों की सीमा में बहुत उतार-चढ़ाव सम्भव है—इनकी ऊपरी सीमा है किसी धनी आदमी की दिखावे की इच्छा। लेकिन दूसरी ओर बहुत ही कम गरीब लोग एक सीमा से नीचे जाने की सोच पाते हैं, भले ही इसके कारण उन्हें जमीन बेचनी पड़े।

शुद्ध रूप से आर्थिक संकटों—जिनमें से सबसे सामान्य बैल का मर जाना है—के खर्चे, सामाजिक दायित्वों के कारण उठनेवाली जरूरतों के खर्चों से कम ही रहते हैं। इनका भी एक निश्चित क्रम है—(क) किसी विवाह का खर्च उठाने के लिए एक खेत बेच देगा लेकिन फालतू आमदनी से वह बैल खरीद सकता है। (ख) हल के बैल खरीदने के लिए एक खेत खो देगा लेकिन उसे धान उधार लेने की जरूरत बहुत कम ही पड़ती है, (ग) धान उधार ले सकता है क्योंकि उधार देनेवालों का विचार है कि कर्ज डूबेगा नहीं, लेकिन (घ) को पेटभर अनाज जुटाने के लिए खेत बेचने पड़ रहे हैं। जब कोई आदमी पेट भरने के लिए खेत बेचने लगे तो जमीन के मालिक के तौर पर उसके दिन गिने-चुने हैं।

यह किसी वास्तविक सम्पत्ति के पराभव का नहीं है, एक आर्थिक नमूने की कार्यपद्धति का ब्यौरा है। इस नमूने की शर्तों के अनुसार किसी भी तरह की जरूरत को पूरा करने के लिए जमीन बेचने पर मजबूर कोई भी व्यक्ति ऐसी रपटीली ढलान पर आ गया है जिस पर फिसलकर नीचे जाने से वह बच नहीं सकता। हर बिक्री से उसकी सम्पत्ति से होनेवाली आय कम होती जाती है और वह ऐसे दुष्चक्र में फँस जाता है जहाँ छोटी-छोटी जरूरतें उसे और-और मजबूर बनाती रहती हैं। वास्तव में तो और

भी कई घटक ऐसे हैं जो जब कोई भूसम्पत्ति किसी जरूरत को पूरा करने के लिए जमीन बेचने के कगार पर हो तो उसके विखंडन को बढ़ा या रोक सकते हैं।

एक महत्त्वपूर्ण घटक है—जमीन के अलावा अन्य रूपों जैसे सोने या चाँदी के गहनों के रूप में किसी व्यक्ति की पूँजी। यह महत्त्वपूर्ण इसलिए है क्योंकि तब वह इनके आधार पर नकदी जुटा लेगा और जमीन बेचने से बच जाएगा। गहने एक महत्त्वपूर्ण निवेश हैं, सिर्फ इसीलिए नहीं कि इनसे किसी आदमी की प्रतिष्ठा बढ़ती है और उसके घर की स्त्रियाँ उस पर दबाव डालती हैं, लेकिन इसलिए भी कि नकद बचत का अवमूल्यन होता रहता है और वह अस्थिर है। रुपयों का ढेर एक-एक दो-दो करके खर्च हो जाता है लेकिन सोना गिरवी रखने से पहले काफी सोच-विचार किया जाता है। यह बेटियों के विवाह के लिए बचत भी है। गहनों का दूसरा स्रोत है—पत्नी का लाया दहेज, और वैसे तो यह गहने पत्नी और उसके बाद उसके बच्चों के होते हैं लेकिन असलियत में तो आदमी पत्नी के आते ही उसके गहने बेचने या गिरवी रखने को तैयार रहते हैं।

गहनों को नकदी में बदलने का एक तरीका यह है कि उन्हें बेच दिया जाए, जमीन बेचने के बजाय गहने बेचने में कई फायदे हैं। गहने छोटी रकम पाने के लिए भी बेचे जा सकते हैं। जबकि कोई अपनी जमीन की जो सबसे छोटी इकाई बेच सकता है वह उसका सबसे छोटा खेत होगा जिसकी कीमत उसे जितने पैसे की जरूरत है, उससे कहीं ज्यादा हो सकती है। दूसरे—गहनों के खरीदार हमेशा ही मिल जाते हैं और धातु की शुद्धता और उसके भार के आधार पर कीमत तय हो जाती है, बेचनेवाले को अन्दाज रहता है कि उसे कितने पैसे मिल जाएँगे। लेकिन जमीन की तो निश्चित कीमत नहीं होती और अक्सर देखा जाता है कि कोई खेत उसकी वार्षिक उपज की आधे से भी कम कीमत पर बिक गया। तीसरे—गहनों का बाजार, जमीन के बाजार से कहीं बड़ा है। जमीन तो सिर्फ अपने ही गाँव के लोग खरीदेंगे, जिन्हें बेचनेवाले की हालत पता है और जमीन का बाजार निर्दय, खरीदार का, बाजार है। गहने कहीं भी, किसी को भी बेचे जा सकते हैं। चौथा—और सबसे महत्त्वपूर्ण—फायदा यह है कि गहने पूँजी का अनुत्पादक रूप हैं, इसलिए उनकी बिक्री से बेचनेवाले की वार्षिक आय में कमी नहीं आती। जमीन बेचने से जुड़ी एक समस्या यह है कि वह जिस समस्या को सुलझाने के लिए बेची जा रही है, उसे बढ़ा देती है—आमदनी की कमी की वजह से जमीन बेची जाती है और हर बिक्री से, आमदनी कुछ और कम हो जाती है।

लेकिन गहनों का एक भावनात्मक मूल्य है और अक्सर स्त्रियों के दबाव के कारण पुरुष गहनों को बेचने के बजाय गिरवी रख देते हैं। इसके कारण चौथा फायदा निरस्त हो जाता है क्योंकि ब्याज की दरें पच्चीस प्रतिशत से कम कभी नहीं होतीं। रोचक बात यह है कि कर्ज बिना जमानत के कभी नहीं दिए जाते और इस जमानत की कीमत कर्ज दी गई रकम से हमेशा कहीं ज्यादा होती है। इसका एक आम उदाहरण है—एक सौ बीस रुपए के सोने के हार को गिरवी रखकर अस्सी रुपए का कर्ज देना जिस पर पच्चीस प्रतिशत वार्षिक ब्याज वसूला जाता है। इस प्रक्रम के कारण 'कर्ज के कारण

बँधुआ मजदूरी' का वह तन्त्र नहीं चल पाता जिसका क्लासिक विवरण डार्लिंग के 'द पंजाब पीज़ेंट इन प्रॉस्पेरिटी एंड डैट' में मिलता है। क्योंकि जैसे ही कर्ज देनेवाले को और ब्याज मिल पाना सन्देहास्पद लगने लगता है वह जमानत जब्त कर लेता है और सौदा खत्म हो जाता है। इस सम्बन्ध को लम्बा लटकाने और ब्याज से ज्यादा फायदा कमाने में किसी की कोई रुचि नहीं दिखती।

आर्थिक संकट पड़ने पर कोई व्यक्ति एक सीमा तक कौटुम्बिक सम्बन्धों का सहारा लेकर जमीन बेचने से बच सकता है, लेकिन उसके यह अधिकार सीमित ही होते हैं। सबसे ज्यादा बड़ी जरूरतें विवाह और मृत्यु के समय उठती हैं। इनमें सब तरह के रिश्तेदारों की भूमिका तय है और उन्हें तयशुदा उपहार देने होते हैं। लेकिन उपहारों की कीमत शादी के खर्चे का छोटा सा ही हिस्सा होती है। मैंने कभी नहीं सुना कि किसी ने भी अपने किसी रिश्तेदार से इन अनुष्ठानों का खर्च उठाने के लिए ही पैसा माँगा हो। ऐसा लगता है कि जैसे यह आनुष्ठानिक अवसर हैं और इनके आर्थिक महत्त्व की तरफ ध्यान नहीं दिया जाना चाहिए। शुद्ध रूप से आर्थिक संकटों में—इनमें सबसे सामान्य है बैल का मर जाना—किसी को अपनी माँ या पत्नी के मायकेवालों से ब्याजमुक्त कर्ज मिल जाना आम बात है। अपने वंशवालों से वह इतनी सहजता से कर्ज नहीं माँग सकता। इसका कारण स्पष्ट नहीं है लेकिन शायद वंश-परम्परा और खासतौर पर पिता की भूमि के लिए प्रतिद्वन्द्विता का यह परिणाम हो (पिता की मृत्यु होने पर भूमि पर बँटवारा आम बात है) कहावत है कि 'भाई दुश्मन होते हैं' और भाई की आर्थिक कठिनाइयों को लेकर भाई का रुख यह रहता है कि 'उसे भी वही मौके मिले थे जो मुझे मिले थे। अपना काम वह खुद सँभाले।'

आर्थिक मॉडेल की प्रक्रिया में सबसे महत्त्वपूर्ण चर बिन्दु है—भूस्वामित्व के तन्त्र के परे भी पैसा कमा सकने की किसी व्यक्ति की क्षमता। इसके लिए बहुतेरे अवसर भी हैं। दूसरों की जमीन पर काम करने जैसी सीधी कृषि गतिविधियों के अलावा व्यापार का विस्तृत तन्त्र है जिसमें व्यापारी-दुकानदार से लेकर कन्ध गाँवों में नमक और चिउड़ा बेचकर ज़ैसे-तैसे जीविका कमानेवाले बूढ़े लोग तक शामिल हैं। फिर महुआ और हल्दी का मौसमी व्यापार भी है, सरकार और ठेकेदारों की दिहाड़ी मजदूरी है; धान के साहूकार, शिल्पकार और ओझा-पुरोहित-वैद्य हैं। शायद ही कोई भूस्वामी ऐसा होगा जिसकी आमदनी का और साधन न हो। आमदनी के यह दूसरे जरिए ही भूमि को लोगों के हाथों से पूरी तरह निकलने से बचाते हैं। क्योंकि अगर यह नए आर्थिक अवसर कुछ ही लोगों तक सीमित रह जाएँ तो आज की स्थितियों में, बहुत जल्दी ही सारी जमीन उनके हाथों में पहुँच जाए। लेकिन जब तन्त्र ठीक-ठाक काम करता है तो किसान अपनी भूसम्पत्ति का क्षय ही नहीं रोक सकता, अक्सर वह हाथ से निकल चुकी जमीन भी वापस पा सकता है। जमीन क्षत्रियों के हाथ से निकलती जा रही है, लेकिन अगर क्षत्रिय भी बदले हुए आर्थिक वातावरण का फायदा न उठाते तो जमीन और भी तेजी से उनके हाथों से निकल जाती।

बाजार में आनेवाली जमीन की मात्रा को कई घटक तय करते हैं—अच्छी या बुरी फसल; भूस्वामियों के संकटों के बीच अन्तराल; अन्य प्रकार की पूँजियों का स्वामित्व; भूमि के अलावा अन्य स्रोतों से उनकी आय; और उनकी भूसम्पत्ति का आकार।

6

सभी घटकों को ध्यान में रखते हुए देखा जाए तो ऊपर बताए संकटों को, छोटी भूसम्पत्ति के बजाय बड़ी भूसम्पत्ति बेहतर ढंग से झेल पाती है। इस तथ्य को देखते हुए यह लग सकता है कि एक निश्चित आकार से छोटी तमाम भूसम्पत्तियों का अस्तित्व खत्म हो जाना चाहिए और बड़ी भूसम्पत्तियों को और बड़ा हो जाना चाहिए। यह घटना वैसी ही होगी जैसे परिवर्तन आर्थिक जगत में आए हैं, जहाँ बड़े-बड़े सुपर मार्केटों के कारण छोटी दुकानों का धन्धा बन्द हो गया। असलियत यह है कि गाँव की जमीनों के मामले में ऐसा न होने देने के लिए कुछ प्रक्रम हैं। एक ओर तनख्वाह या वणिज-व्यापार से पैसा बनाने का अवसर, जिसका लाभ कमोबेश सभी उठाते हैं, ज्यादा जमीन को बाजार में आने से रोकता है। यह छोटे भूपतियों के लिए जमीन खरीदना भी सम्भव बनाता है। दूसरी ओर एक धनात्मक प्रक्रम बड़ी भूसम्पत्तियों को तोड़ने में जुटा है।

यह प्रक्रम है उत्तराधिकार का तन्त्र। दो वयस्क, विवाहित पुरुष, चाहे वे भाई ही हों, भूमि के साझे स्वामी हों, यह बिरले ही होता है। क्लासिकी संयुक्त परिवार जिसमें सारी जमीनें साझी होती थीं और जहाँ सम्पत्ति की व्यवस्था परिवार के वरिष्ठ सदस्य करते थे, देखने में नहीं आती। लेकिन साझी भूसम्पत्ति रखने का चलन कुछ परिवारों में देखा जाता है, खासतौर पर जब खेत दूर के गाँवों में हों और उन पर मजदूरों से खेती करवाई जाती हो।

पिता की मृत्यु पर जमीन का बँटवारा, जमीन की बिक्री की समस्या के लिए महत्त्वपूर्ण है क्योंकि इससे हम स्पष्ट कर सकते हैं कि भूसम्पत्तियाँ उस आकार की कैसे हो जाती हैं जहाँ उनका स्वामी खेत बेचने पर मजबूर हो जाता है। किसी भूसम्पत्ति के आकार के स्थायी बने रहने का एक ही कारण हो सकता है—उसका एक ही उत्तराधिकारी हो। दो-तीन पीढ़ियों तक एक ही उत्तराधिकारी होने की सम्भावना बहुत ही कम है, खासतौर पर बढ़ती जनसंख्या के बीच।

पाँच लोगों की भूसम्पत्ति धान की एक सौ पचास इकाई या अधिक उपज देती है (औसत उपज पचास इकाई प्रति भूसम्पत्ति है) इनमें से चार तो इकलौते उत्तराधिकारी थे और पाँचवें ने कुछ ऐसी तरतीब भिड़ाई थी कि वह प्रभावी रूप से इकलौता उत्तराधिकारी रह गया था।

तरतीब भिड़ाए जाने से साफ है कि भूस्वामी कई उत्तराधिकारियों के होने के नतीजों, सम्पत्ति और सत्ता के सम्बन्ध से, परिचित हैं। जिस वंश की हम बात कर रहे हैं वह गाँव और जिले के मुखियाओं का वंश है। अन्तिम मुखिया के पाँच बेटे थे। उसने

चार बेटों को गुजारे-भर के लायक जमीन दी; बाकी सारी जमीन सबसे बड़े बेटे को मिली, उसका हिस्सा बाकी भाइयों से कम-से-कम पाँच गुना बड़ा था। एक और सम्पन्न आदमी का इरादा अपने तीन बेटों को पढ़ा-लिखाकर उन्हें नौकरी पर लगा देने का है, चौथा बेटा स्कूल में फेल हो गया था, सारी जमीन उसी को मिलेगी। पिता की योजना ऐसी वसीयत कर जाने की है। लेकिन ऐसा अभी विरले ही होता है। ऐसे उपाय किए बिना, गाँव का कोई सम्पन्न आदमी पीछे चार सम्पन्न बेटे नहीं छोड़ पाएगा।

7

जमीन के बाजार में आने के और भी तरीके हैं। मुकदमेबाजी, सट्टे या अन्य दुर्भाग्यों के कारण कुछ समृद्ध लोग कंगाल हुए हैं। लेकिन यह विरली घटनाएँ हैं। सबसे सामान्य प्रक्रम है--उत्तराधिकार में जमीन का बँटवारा, और बँटते-बँटते भूसम्पत्तियों का आकार इतना घट जाना कि सभी के जीवनों में आनेवाले संकटों के खर्च झेल पाने के लिए खेत बेचना जरूरी हो जाए।

आज यही प्रक्रम जमीन को बाजार में लाता है। मैं सोचता हूँ कि पिछले सौ बरस से यही प्रक्रम चला आ रहा है। विवरण, खासकर आर्थिक विवरण, समय-समय पर बदलते रहे हैं। 1920 तक, शराब का व्यापार सम्पत्ति का प्रमुख स्रोत था; पिछले कुछ बरसों में तेंदू पत्ते के ठेकेदारों की नौकरी से भी अच्छी आमदनी होने लगी है; मुखियाओं की विशेष सुविधाएँ लगातार कम हुई हैं आदि-आदि। लेकिन पूरे दौर में महत्त्वपूर्ण चरित्र किसान रहा है जिसकी आमदनी का कोई दूसरा साधन न हो तो वह दो जून का खाना न पा सके।

8

जमीन के इस हस्तान्तरण में प्रवृत्ति क्षत्रियों के हाथ से जमीन निकलने की थी। अब गाँव की कुल जोत का अट्ठाईस प्रतिशत उनके पास है। कभी-कभी सम्पत्ति व्यक्तियों को मिलती थी; कभी-कभी पूरी जाति समृद्ध हो जाती थी।

कलालों की दो जातियों का इतिहास दिखाता है कि सम्पत्ति कैसे हस्तान्तरित होती थी और यह हस्तान्तरण मौजूदा सामाजिक व्यवस्थापनों को कैसे उलट-पुलट करता है। बउद के कलाल गाँव की स्थापना के आसपास ही आए और ऐसा कोई प्रमाण नहीं मिलता कि 1850 से पहले उन्हें बहुत मुनाफा होता रहा हो। लगता नहीं कि वे मुनाफा कमाते रहे हों। क्षत्रिय शराब नहीं पीते। उनके ग्राहक सिर्फ कन्ध या अछूत ही हो सकते थे और ये लोग अपने लिए शराब खुद बना सकते थे।

1850 के कुछ बाद इस क्षेत्र में कारखानों में बनी शराब का चलन आया। बउद के कलालों और गंजाम के कलालों (जो अब तक यहाँ बस चुके थे) ने शराब की दुकानें खोल लीं और ढेरों मुनाफा कमाया। उन्होंने गाँव में जमीनें खरीद लीं और कुछ ने तो कन्ध गाँवों में लम्बी-चौड़ी भूसम्पत्तियाँ खड़ी कर लीं। फिर, कई बरस चली आधिकारिक

बहसों के बाद, 1920 में, शराबबन्दी लागू करके शराब की दुकानें बन्द कर दी गईं।

तब से बउद के कलाल किसानों और छोटे-मोटे व्यापारियों के तौर पर काम करते हैं। उनकी औसत भूसम्पत्ति क्षत्रियों जितनी ही है और वे उसी तरह अपनी रोजी-रोटी कमाते भी हैं। लेकिन शराब के व्यापारी होने के कारण उनका सामाजिक स्तर बहुत नीचा था। इसलिए 1920 से, उन्होंने अपनी हैसियत बढ़ाने के लिए कड़े और सफल प्रयास किए। वे शराब नहीं छूते, उनकी पंचायत ने मांस-मछली खाने की मनाही की है (असल में तो गाँव में सभी, यहाँ तक कि ब्राह्मण भी, जब भी मिल पाए, मांस-मछली खाते हैं) वे ब्राह्मणों के अलावा किसी भी जाति का छुआ नहीं खाते-पीते, हालाँकि खुद ब्राह्मण क्षत्रियों और अहीरों का छुआ पानी पी लेते हैं।

1920 के बाद गंजाम के कलाल व्यापार करने लगे। गाँव की पाँच दुकानों में से तीन इन्हीं लोगों की हैं। जमीन से उनकी आमदनी क्षत्रियों के औसत से चार गुनी है, वे गाँव की सबसे समृद्ध जाति हैं। इसके बावजूद, हालाँकि वे खुद को जाति वरीयताक्रम में ऊँचा मानते हैं, उन्होंने खुद पर कोई पाबन्दियाँ नहीं लगाई हैं और न ही बउद के कलालों की तरह अपने सद्‌गुणों की प्रदर्शनी लगाई हैं। उनमें से एक ही गाँव की पंचायत में शामिल होता है और वह भी नियमित नहीं। गाँव के उत्सवों और सिंचाई की गूल की मरम्मत जैसे सार्वजनिक कामों के लिए वे बड़ी तत्परता से चन्दा देते हैं। लेकिन सचाई यह है कि वे गाँव में बाहरी लोग हैं हालाँकि एक को छोड़कर वे सब यहीं जन्मे हैं। विवाद की स्थिति में वे गाँव की पंचायत की राय मानने के बजाय सरकारी अदालत में जाते हैं। उनके कुटुम्बी मैदानी इलाके में रहते हैं और ये लोग अक्सर उन्हें मिलने जाते हैं। वे पत्नियाँ मैदानी इलाकों से लाते हैं। गाँव उनकी दुकानों को सुविधा और आमदनी के स्रोत के रूप में लेता है। दुकानदार गाँव को मजदूरों और ग्राहकों के स्रोत के रूप में देखते हैं। दोनों के बीच चौकन्ने सम्मान का सम्बन्ध है। गंजाम के कलालों की इस पीढ़ी में से कोई भी अपनी सम्पत्ति का उपयोग गाँव के अन्दर राजनीतिक प्रभाव या पिछलग्गुओं की जमात जुटाने में नहीं कर रहा। जहाँ तक मेरी जानकारी है उनके पिताओं ने भी ऐसा नहीं किया था।

अपने नए आर्थिक स्तर से बउद के कलालों ने जैसा तालमेल बैठाया है, वह गंजाम के कलालों के तालमेल से बहुत अलग है। बउदवालों ने एक नए आर्थिक स्तर की स्वीकृति गाँव की जाति और राजनीतिक व्यवस्था के अन्दर उठकर पाई है। उन्होंने न तो विद्रोह करके खुद को व्यवस्था में सबसे ऊपर रखने की कोशिश की है न ही क्रान्ति करके व्यवस्था का तख्ता पलटने की। कहा जाना चाहिए कि उन्होंने वैधानिक उपायों से, अपनी सम्पत्ति के अनुरूप सत्ता पा ली है। दूसरी ओर गंजाम के कलाल अपनी सम्पत्ति का इस्तेमाल गाँव की राजनीतिक व्यवस्था से बाहर रहने के लिए करते हैं। वे ऐसा कर सकते हैं क्योंकि अब गाँव अन्तिम राजनीतिक सत्ता नहीं रह गया, और वे इतने समृद्ध, पढ़े-लिखे और आत्मविश्वास से भरे हैं कि और ऊँची सत्ता, सरकारी अदालत में, सफलता से अपना प्रतिनिधित्व कर लें।

यह अलग-अलग तालमेल क्यों हुआ ? एक साफ कारण तो यह है कि बउद के कलालों ने गाँव में गहरी जड़ें जमा ली हैं। गंजाम के लोगों के सम्बन्ध अभी भी मैदानी इलाके से हैं। बउदवालों के ऐसे सम्बन्ध नहीं रह गए। दूसरी बात यह है कि बउद के कलाल इतने सम्पन्न नहीं हैं कि वे लगातार सरकारी अदालतों में जाकर खुद को गाँव से अलग कर लें। यहाँ यह महत्त्वपूर्ण है कि उनमें से वह इकलौता आदमी जो गंजाम के कलालों जितना ही समृद्ध है—वह इमारतों का ठेकेदार है—गाँव से चला गया है और उसके प्रबन्धन में भागीदारी छोड़ दी है, हालाँकि अब भी उसकी जमीनें गाँव के पास हैं।

9

यह दो तालमेल पूरे हैं। क्षत्रियों और बाकी गाँववालों के दोनों कलाल जातियों से सम्बन्धों में पूरा सन्तुलन है। अब संघर्ष हो रहा है बउद के अछूतों और गाँव के बीच।

इस बात के क़ाफी प्रमाण मिलते हैं कि मूल गाँव में अछूतों का स्तर बहुत ही नीचा था। वे अलग-अलग क्षत्रिय परिवारों के नौकर और जजमान थे। गाँव में उनका परम्परागत पेशा गाना-बजाना था। अतीत में कन्धों के साथ हुए युद्धों के, अछूतों के अपने नायक और गाथाएँ हैं; लेकिन अपने आर्थिक स्तर की जो कहानी वे सुनाते हैं, वह उनकी नीची हैसियत को बयान करती है। वे दूसरों की जमीन पर मेहनत करते थे। लेकिन वे कहते हैं कि उनकी अपनी जमीनें नहीं थीं क्योंकि वे उनकी सार-सँभाल कभी न कर पाते। फिर, जैसाकि वे कहते हैं, इस सदी की शुरुआत में प्रशासन ने उनमें रुचि ली और धीरे-धीरे वे जमीन पर सार-सँभाल करना और, और तरीकों से रोजी-रोटी कमाना सीख गए हैं।

क्षत्रियों और बाकी 'शुद्ध' जातियों से उनके सम्बन्धों में आज भी यह तथ्य महत्त्वपूर्ण है कि उनका स्पर्श 'अशुद्ध' करता है। वे किसी 'शुद्ध' घर के बरामदे पर नहीं बैठ सकते। वे हाथों की अंजलि बनाकर ऊपर से छोड़ी गई चीजें लेते हैं ताकि उनके छूने से अशुद्धि का खतरा न रहे। लेकिन इस सबके बाद भी दोनों समूहों के व्यक्तियों के बीच सम्बन्ध दोस्ताना ही हैं। क्षत्रियों की गली में अक्सर दो-तीन अछूत आदमी बैठे घर के मालिक से बतियाते मिल जाएँगे। जजमानी के दो उदाहरण बचे रह पाए हैं और बउद के अछूतों और क्षत्रियों के परिवारों के बीच अनौपचारिक आर्थिक सम्बन्ध भी हैं। फसल की कटाई और धान की रोपाई के समय कई अछूत क्षत्रियों के खेतों में मजदूरी करते हैं, कुछ लोग पूरे मौसम के लिए होल्या (कृषि दास) बन जाते हैं। लेकिन जजमानी के अलावा और सभी सम्बन्ध अनौपचारिक हैं, बदलते रहते हैं और शुद्ध आर्थिक बन्धन से आगे कभी नहीं जाते।

बउद के अछूत पर्वों में हिस्सा लेते हैं और गाँव के मन्दिर में भेंट भी चढ़ा सकते हैं लेकिन वे मन्दिर के अन्दर नहीं जाते। गाँव की बाकी सभी सार्वजनिक जगहों पर वे जा सकते हैं।

संख्या की दृष्टि से उनका और क्षत्रियों का अनुपात 4:3 है, लेकिन जमीन से उनकी आमदनी का औसत क्षत्रियों से आधा है।

मौजूदा संघर्ष इस सामाजिक पृष्ठभूमि में हो रहा है। नीचे कुछ घटनाओं का वर्णन दिया गया है जो मुझे इस संघर्ष के लक्षण सी लगती हैं।

पहले बउद के अछूत गाँव के आधिकारिक संगीतकार थे। किसी पर्व पर बाजे बजाने के बाद वे घर-घर जाकर अपनी उजरत माँगते थे। उन्हें खाने-पीने की चीजें या कुछ पैसे दिए जाते। साल में कुछ ऐसे मौके होते हैं जब ब्राह्मण से लेकर भंगी तक, सभी विशेषज्ञ जातियाँ हर घर से दान माँगने की अधिकारी होती हैं। पिछले पाँच बरसों से बउद के अछूतों को यह विशेषाधिकार नहीं दिया जा रहा। गाने-बजाने का काम अब गंजाम के अछूत करते हैं और गाँव की पंचायत ने घोषणा की है कि बउद के अछूतों को दान देनेवाले घर पर पच्चीस रुपए जुर्माना किया जाएगा। गाँव की पंचायत का कहना है कि ऐसा इसलिए किया गया है क्योंकि बउद के अछूतों का पूरा मोहल्ला ही दान माँगने चला आता था और सबको दान दे पाना गाँव के बूते की बात नहीं थी। यह बात सच तो है लेकिन पंचायत के कदम के पीछे सिर्फ यही कारण नहीं है। अगर यही एकमात्र या असली कारण होता तो पंचायत सिर्फ संगीतकारों को ही दान देने का आदेश दे सकती थी या बउद के अछूतों को दान लेने के लिए अपने प्रतिनिधि चुनने की बात कह सकती थी। ऐसा लगता है कि इस आदेश के पीछे सजा देने का इरादा था और इसकी जड़ें इस घटना में थीं।

जब मन्दिर प्रवेश आन्दोलन की खबर गाँव में पहुँची तब बउद के अछूत झुंड बनाकर आए और बड़े मन्दिर में प्रवेश का अधिकार माँगने लगे। यह मन्दिर हालाँकि गाँव के पास है और इसकी देखभाल गाँव के लोग ही करते हैं, लेकिन यह पूरे कन्धमाल के लिए बनाया गया था। क्षत्रियों ने अछूतों की माँग ठुकरा दी। इस पर बउद के अछूतों ने पुलिस को बुलवा लिया। एक सरकारी अधिकारी ने मामला ठंडा करने की कोशिश की लेकिन क्षत्रिय अड़े रहे कि पूरे कन्धमाल की राय और सहमति से ही अछूत मन्दिर में प्रवेश कर पाएँगे। मामला वहीं खत्म हो गया। किसी से राय नहीं ली गई। अछूतों ने फिर अपनी माँग नहीं दोहराई। उन्होंने अपने मोहल्ले में वैसा ही मन्दिर बना लिया और वे वैसे ही अनुष्ठान करते हैं जैसे मूल मन्दिर में किए जाते हैं।

लगभग इसी दौरान उन्होंने अपना स्तर सुधारने की कोशिशें शुरू कीं। उन्होंने घोषणा की कि अब से वे अछूत नहीं हरिजन कहलाएँगे। उन्होंने शराब, मांस-मछली और मवेशियों के चमड़े का व्यापार छोड़ देना तय किया। अब वे मरे हुए मवेशियों को नहीं छूते, न ही गोमांस खाते हैं लेकिन ज्यादातर लोग बाकी नियमों का उल्लंघन करते हैं।

इस आन्दोलन के अगुवा सम्पन्न गृहस्थ हैं। एक पुलिस का सिपाही है, पाँच स्कूल मास्टर हैं। इस दल में दो धड़े हैं—एक अपने लिए तय किए गए नियमों का कड़ाई से पालन करता है और क्षत्रिय लोग न चाहते हुए भी उसका सम्मान करते हैं; दूसरा

धड़ा मानता है कि अस्पृश्यता एक ऐसी बाधा है जिसका हल मुश्किल है, ये लोग सीधी कार्रवाई में विश्वास करते हैं। यही लोग नीचे बताई गई घटना के अगुवा हैं।

एक क्षत्रिय किशोर धान के खेतों में से मछलियाँ पकड़कर लौट रहा था। एक तंग पगडंडी पर उसे बाजार से घर लौटता एक बूढ़ा अछूत मिला। कहा जाता है कि बूढ़े ने लड़के को धक्का देकर खेत में गिरा दिया। लड़का कीचड़ में लथपथ और रोता हुआ घर लौटा। जब वह गाँव के पहले मोहल्ले—बउद के कलालों के मोहल्ले—में पहुँचा तो एक आदमी ने उससे पूरी बात पूछी और शोर मचा दिया। सब लोग दौड़े चले आए और उस अछूत को ढूँढ़ने लगे जो भागकर अपने मोहल्ले में चला गया था।

गाँव की पंचायत बैठी और अछूत को पंचायत में हाजिर होकर अपनी बात कहने का आदेश दिया। शाम हो चुकी थी, अछूत ने कहा कि वह सुबह पंचायत में पेश होगा।

लेकिन रात को अछूत लोग क्षेत्र के मुख्यालय पर गए और उन्होंने पुलिस-सुरक्षा की माँग की। अगले दिन उन्होंने क्षेत्र का दौरा कर रहे, कटक से आए एक मन्त्री को रोककर उसे आवेदन दिया। पुलिस मध्यस्थ बनकर आई और मामला खारिज कर दिया। अछूतों ने न्यायाधीश के समक्ष अपील की, जब तक मैं उस क्षेत्र से लौटा तब तक अपील पर फैसला नहीं हो पाया था।

इस पूरी घटना के दौरान, जिसका मैं गवाह हूँ, क्षत्रियों के खेतों में काम करनेवाले अछूत क्षत्रियों के मोहल्ले में आते रहे और मैंने बउद के अछूतों को उस मोहल्ले के रास्ते बाजार जाते हुए देखा। सिर्फ वही लोग क्षत्रिय मोहल्ले से दूर रहे जोकि बाहरी हस्तक्षेप को बुलाने के लिए जिम्मेदार कहे जाते थे। साफ-साफ दिख रहा था कि लोगों के बीच तनाव के बाद भी जातियों के जजमानी सम्बन्ध चलते रह सकते हैं।

अलगाववादी प्रवृत्तियाँ भी इतनी ही स्पष्ट हैं। दो मौकों पर अछूतों ने बाहरी सत्ता को बुलवाया क्योंकि उनके विरोधी गाँव की पंचायत में प्रतिवादी भी थे और न्यायाधीश भी। ऐसा करते हुए उन्होंने खुद पर गाँव की पंचायत के अधिकार को नकार कर खुद की गाँव की सदस्यता को नकारा। मन्दिर में प्रवेश नहीं मिला तो, उन्होंने अपना मन्दिर बना लिया। वे एक अलग राजनीतिक सत्ता के अभिलक्षण अपनाते जा रहे हैं। उनके अपने बीच एक जाति वरीयताक्रम भी पनपता दिखने लगा है, इसमें सबसे ऊपर नई पाबन्दियाँ शुरू करने और उन्हें अपनानेवाला दल है, जो असल में सम्पन्न लोगों का दल है।

अगर अस्पृश्यता की न पटनेवाली खाई न होती तो बउद के अछूतों को भी वही हल मिल जाता जो बउद के कलालों को मिला—वे गाँव के जाति वरीयताप्राप्त में ऊपर उठ सकते थे। इस सम्भावना के दरवाजे बन्द कर दिए जाने के कारण वे एक अलग तन्त्र खड़ा करके अपना अस्तित्व घोषित कर रहे हैं। गंजाम के कलालों की तरह आज वे भी गाँव से बाहर हैं, लेकिन यह उन्होंने खुद नहीं चुना था। अशुद्धता ने उन्हें बाहर निकाला है।

यहाँ यह तर्क दिया जा सकता है कि अपना स्तर सुधारने की अछूतों की कोशिश

वैसी ही है जैसी पूरे भारत में दिखती है और यह स्थानीय आर्थिक स्थितियों के कारण नहीं, प्रचार और कानूनी प्रोत्साहन से उभरी है। लेकिन यह कहना ज्यादा सही होगा कि कानून ने अछूतों को कार्रवाई के लिए प्रेरित किया है क्योंकि आर्थिक स्थितियाँ समुचित हैं। अछूतों की सहायता के अभियान ने, जिसकी पृष्ठभूमि में गाँधी की महान मूर्ति है, संघर्ष को एक शालीनता का आवरण दिया है और इससे यह बात दब सी गई है कि यह मूलतः आर्थिक रूप से सत्ता पाने की योग्यता रखनेवाले लोगों का उस सत्ता को सामाजिक मान्यता दिलवाने और उस सत्ता का प्रयोग कर पाने के लिए समुचित वातावरण प्राप्त करने का प्रयास है।

इस अनुमान को इस तथ्य से बल मिलता है कि गंजाम के अछूत, जो एक को छोड़कर सभी बहुत गरीब हैं, बउद के अछूतों के खिलाफ संघर्ष में, गाँव की शुद्ध जातियों के साथ हैं।

10

इस गाँव का इतिहास आर्थिक बदलावों के संस्थान के रूप में जाति पर प्रभाव के बारे में हमें क्या बताता है ?

मूल गाँव में जातियों का सम्बन्ध सिर्फ आनुष्ठानिक ही नहीं था; सम्पत्ति का बँटवारा और राजनीतिक सत्ता का जातिक्रम से समानुपातिक सम्बन्ध था। ब्राह्मणों के इकलौते परिवार को छोड़ दें तो क्षत्रिय जाति-अनुष्ठान वरीयताक्रम में सबसे ऊपर थे; वे गाँव का सम्पन्न वर्ग थे और उनके पास राजनीतिक सत्ता थी। संक्षेप में कहें तो जाति, राजनीतिक तन्त्र के रूप में काम करती थी।

फिर चरम राजनीतिक सत्ता का पीठ गाँव से बाहर चला गया। उसी दौरान सम्पत्ति के फिर से हुए बँटवारे ने गाँव के अन्दर के राजनीतिक ढाँचे को उलट-पुलट कर दिया। अब सम्पत्ति जाति की अनुगामिनी नहीं रह गई थी। दोबारा तालमेल बिठाना जरूरी था क्योंकि, सीधे शब्दों में, सम्पन्न लोग खुद को दोयम दर्जे में रखे जाना पसन्द नहीं करते।

एक नौरईस जाति की प्रतिक्रिया पुरानी क्लासिकी तर्ज की रही और उसने मौजूदा जाति वरीयताक्रम के अन्दर ही अपना स्तर सुधार लिया। दूसरे शब्दों में, स्थितियों की आन्तरिक अदला-बदली हुई, लेकिन फिर भी जाति-व्यवस्था सम्बद्ध दलों के राजनीतिक सम्बन्धों को व्यवस्थित और उनके आर्थिक स्तर को प्रतिबिम्बित करती रही।

लेकिन बाकी दो उदाहरणों में जाति यह काम नहीं करती। गंजाम के कलालों से क्षत्रियों के राजनीतिक सम्बन्ध जाति वरीयता-क्रम में उनकी स्थितियों पर निर्भर नहीं हैं। वह सरकारी अदालतों में तय होते हैं। क्षत्रियों और बउद के अछूतों के राजनीतिक सम्बन्ध भी उसी राह पर जा रहे हैं। आर्थिक बदलावों के दबाव के चलते जाति के राजनीतिक क्रियाकलाप जैसाकि आशा की जाती है, अन्तिम राजनीतिक सत्ता, भारत सरकार ने अधिगृहीत कर ली है।

मैसूर के एक गाँव के नेतृत्व में परिवर्तन

एलन आर. बील्स

हट्टरहल्ली*, दक्षिणी भारत के एक बड़े शहर से करीब पन्द्रह मील की दूरी पर, एक मध्यम आकार का (जनसंख्या 620) गाँव है। करीब 70 बरसों से यह शहर से आते शहराती प्रभावों से प्रभावित होता रहा है। स्कूल, अदालतें, सिनेमा, होटल, फौजी पड़ाव, रेलमार्ग, बसें और मोटर लॉरियाँ जीवन के लगभग हर पहलू में बदलाव लाई हैं। हट्टरहल्ली के लोगों के लिए सबसे महत्त्वपूर्ण बदलाव आया है गाँव के सामाजिक और आर्थिक जीवन को नियन्त्रित करनेवाले लोगों की जाति और चरित्र में।

1890 में हट्टरहल्ली करीब 300 जनसंख्यावाला छोटा गाँव था। इस पर पाँच परिवारों का वर्चस्व था जिनका शासन वयोवृद्धि, उत्तराधिकार में मिले विशेषाधिकार और आर्थिक शक्ति पर आधारित था। 1952 में हालाँकि आयु, विरासत और सम्पत्ति किसी की सामाजिक स्थिति को निर्धारित करने में अभी भी महत्त्वपूर्ण घटक हैं, गाँव में वर्चस्व पढ़े-लिखे छोटे व्यापारियों, किसानों, अध्यापकों और फैक्टरी में काम करनेवाले लोगों के एक मध्यवर्गीय समूह का है। यह समूह, जिसकी पढ़ाई उन स्कूलों में हुई है जहाँ अंग्रेजी और प्रजातन्त्र और सामाजिक समानता के गाँधीवादी आदर्श सिखाए जाते थे, जाति और सामाजिक वर्गीकरण के परम्परागत आदर्शों में आस्था नहीं रखता। उनकी अभिलाषा अपने नए शहरी आदर्शों के अनुरूप गाँव के विकास की दिशा तय करना था। 1952 में हट्टरहल्ली में प्रजातन्त्र पूरी तरह नहीं 'आया' था न ही जातिप्रथा खत्म हो पाई थी; लेकिन परम्परागत निरंकुशता और सामाजिक वरीयता-क्रम से दूर होने के लिए एक आन्दोलन चल रहा था, इसका विरोध वे लोग कर रहे थे जिन्हें पुराने तौर-तरीकों की तरफ लौटने में फायदा होना था। 1952 जैसे सूखे और असन्तोष के साल में, गाँव के मामलों पर नियन्त्रण के लिए परम्परावादी और प्रगतिवादी धड़ों के बीच संघर्ष हिंसक होता चला गया। गाँव का पटेल, वंश-परम्परा के आधार पर सरकार द्वारा चुना गया 'मुखिया', अपनी जाति की श्रेष्ठता स्थापित करके खुद को गाँव की

---

* गाँव को काल्पनिक नाम दिया गया है। जातियों के नाम वही हैं जो साधारण रूप से इस्तेमाल किए जाते हैं। वैसे ज्यादातर जातियों के दूसरे सम्मानजनक नाम भी हैं; कुरुबा लोग हालुमता कहलाना पसन्द करते हैं, लिंगायत शिवभक्तरु और माडिगा आदि कर्नाटका या हरिजन।

—सम्पादक

सर्वोच्च सत्ता घोषित करने का प्रयास कर रहा था। इस घटना पर गाँव के मध्यवर्गीय समूह की प्रतिक्रिया और अपने आधुनिक आदर्शों के बचाव का उनका तरीका उस सीमा का एक महत्त्वपूर्ण उदाहरण था जिस तक गाँधी और नेहरू के बताए हुए प्रगतिशील शहराती आदर्श भारतीय गाँव के जीवन में पैठ बना सकते हैं।

1952 में हट्टरहल्ली में घटी, घटनाओं के वर्णन से पहले हट्टरहल्ली की जाति व्यवस्था और गाँव के सामाजिक आचार-व्यवहार पर उसके प्रभाव पर विचार करना उपयोगी रहेगा। गाँव के प्रमुख जाति समूह हैं—लिंगायत, पांचाला, कुरुबा, तोगरा, गानिगा, मुस्लिम और माडिगा। सामाजिक और आर्थिक स्तर पर गाँव के सामाजिक संगठन में प्रमुख विभाजन माडिगाओं और अन्य तमाम जातियों के बीच है। चमड़े का काम करनेवाले माडिगा गोमांस खाते हैं और गाँव के मन्दिर या दूसरी जातियों के घरों में उनका प्रवेश वर्जित है। उनमें से ज्यादातर खेतिहर मजदूर हैं जिनके पास जमीनें लगभग नहीं ही हैं। इनमें से एक-दो परिवार अपवाद हैं क्योंकि उनके पास काफी जमीन और अन्य सम्पत्ति है।

बाकी जातियों में से लिंगायत कभी गाँव की सबसे सशक्त जाति रहे हैं। उनमें दो स्पष्टतः अलग समूह हैं—जंगम और साधारण लिंगायत। जंगम, लिंगायतों के पुरोहित हैं, ब्राह्मणों के लिंगायत संस्करण, वे अन्य लिंगायतों से शादी-ब्याह नहीं करते लेकिन उनका छुआ खा लेते हैं। इसके अलावा, लिंगायतों को शाकाहारी ही होना चाहिए और उन्हें दूसरी जातियों का छुआ नहीं खाना चाहिए। लेकिन हट्टरहल्ली के लिंगायत ब्राह्मण होटलों में खा-पी लेते हैं और उनमें से ज्यादातर माडिगा और अन्य दलितों के अलावा बाकी सभी का छुआ पानी, मिठाइयाँ, गैरमादक पेय और तला हुआ खाना खा-पी लेते हैं, उनमें से कई तो ईसाइयों और मुस्लिमों तक से यह चीजें ले लेते हैं। हट्टरहल्ली में जाति के नियमों का ऐसा उल्लंघन आम है। गाँव पर कई शहरी प्रभाव पड़े हैं और इस मामले में यह कुछ अनूठा है।

हट्टरहल्ली में दूसरी शाकाहारी जाति (जिसकी सदस्य संख्या काफी है) पांचाल हैं। पांचाल शिल्पकारों की जाति है, जिसमें लोहार, सुनार, बढ़ई और पत्थर का काम करनेवाले हैं; वे क्षत्रियों के वंशज होने का दावा करते हैं और जनेऊ पहनते हैं। उनका गुरु या धार्मिक नेता कोई ब्राह्मण या जंगम नहीं, उनकी अपनी ही जाति का होता है। पांचालों, मांसाहारी गानिगाओं (तेलियों) और माडिगाओं के परम्परागत सम्बन्ध हैं जिनके अन्तर्गत पांचालों और गानिगाओं को माडिगाओं के झगड़ों का निपटारा करने का विशेषाधिकार है। बीते जमानों में वे माडिगाओं की शादियाँ तय करते थे और उनके धार्मिक समारोहों की निगरानी भी करते थे। गानिगाओं और पांचालों के गुरु एक ही होते हैं।

कुरुबा और तोगरा मांसाहारी हिन्दू जातियाँ हैं। दोनों के गुरु जंगम होते हैं लेकिन उनके शादी-ब्याह ब्राह्मण पुरोहित करवाते हैं। कुरुबा का शाब्दिक अर्थ है—गडरिया, लेकिन इसका कोई खास अर्थ नहीं लगता क्योंकि साधारणतः कुरुबा अपनी जमीनों

वाले खेतिहर हैं। तोगरा बुनकर हैं लेकिन ज्यादातर लोगों ने अपना खानदानी व्यवसाय छोड़ दिया है क्योंकि अब इसमें फायदा नहीं रहा। कुछ के पास छोटी-मोटी जमीनें हैं लेकिन बाकी मजदूर बन गए हैं।

पांचालों और गानिगाओं को सिर्फ ब्राह्मणों का छुआ खाना चाहिए लेकिन वे लिंगायतों का छुआ खा लेते हैं, जबकि बहुत कम लिंगायत पांचालों का पकाया खाना खाते हैं। ज्यादातर कुरुबा और तोगरा सिर्फ लिंगायतों या ब्राह्मणों का छुआ या एक-दूसरे का छुआ खाते हैं। मुस्लिम सिवाय माडिगाओं के सभी जातियों का छुआ खा लेते हैं। हट्टरहल्ली में माडिगाओं को छोड़कर, सभी जातियाँ सभी जातियों की छुई मिठाइयाँ, पकवान और पेय खा-पी लेते हैं। यह एक टिपिकल उदाहरण है और शहराती प्रभावों का परिणाम दिखता है। माडिगाओं के अलावा सभी जातियाँ एक-दूसरे के घरों में जा सकती हैं लेकिन किसी भी जाति के लोग अपनी ही जाति के करीबी रिश्तेदारों के अलावा किसी को भी अपनी रसोई में नहीं आने देते। यहाँ तक कि तोगराओं और कुरुबाओं के जंगम गुरुओं तक का प्रवेश अपने अनुयायियों की रसोइयों में वर्जित है।

माडिगाओं सहित सभी जातियों में एक या दो धनी लोग हैं। तोगराओं और माडिगाओं को छोड़कर गाँव के ज्यादातर परिवारों के पास पाँच-छः एकड़ असिंचित जमीन, आधा या चौथाई एकड़ बाग-बगीचा और करीब चौथाई एकड़ धान के खेत हैं। तोगरा और माडिगाओं के पास जमीन कम है और उनमें से कई खेतिहर मजदूर हैं। गाँव के आर्थिक संगठन के तीन घटक हैं—धनी लोग जिनके पास 20-30 एकड़ असिंचित भूमि 1-2 एकड़ बाग और 2-3 एकड़ धान के खेत हैं; मध्यवर्ग खेतिहर जिनके पास गुजर-बसर और बच्चों को पढ़ा-लिखा पाने भर की जमीन है; और कृषि मजदूर जिनके पास या तो बहुत कम जमीन है या है ही नहीं।

छहों प्रमुख जातियों का मुख्य व्यवसाय खेती है हालाँकि हर जाति के कुछ लोग अपने परम्परागत व्यवसायों से जुड़े हुए हैं। इस तरह गानिगाओं की आमदनी का एक खासा हिस्सा तेल के व्यापार से होता है और उनकी खेतीबाड़ी का काम ज्यादातर मजदूर ही करते हैं। बाकी जातियों के लोगों में से ज्यादातर को अपने परम्परागत व्यवसायों से लगभग कुछ भी आमदनी नहीं होती। तीन पांचाल लोहार हैं लेकिन उनके बेटे-बेटियाँ ज्यादातर फैक्टरी मजदूर, स्कूल टीचर या खेतिहर हैं। एक जंगम पुरोहित है जिसे पौरोहित्य से साल-भर में दस से बीस रुपए मिलते हैं। ज्यादातर जंगम खेतिहर हैं; एक दर्जी है, दो स्कूल टीचर हैं, एक नमक का व्यापारी है। गाँव की बाकी जातियाँ भी इसी तरह के काम-धन्धे करती हैं।

गाँव में कई जातियों का प्रतिनिधित्व एक या दो छोटे परिवार करते हैं। गाँव का ब्राह्मण शानबॉग कहीं और चला गया है और पास के गाँव के एक सम्पन्न ब्राह्मण ने भूलेख का हिसाब-किताब रखने का उसका काम सँभाल लिया है। ब्राह्मण स्कूल टीचरों के बाहर से आए दो परिवार हैं लेकिन गाँव के मामलों में उनका दखल नहीं रहता। एक नाई है और एक धोबी, दोनों की गाँव में महत्त्वपूर्ण आनुष्ठानिक भूमिकाएँ हैं;

लेकिन गाँव के मामलों में दोनों की ही नहीं चलती। इसके अलावा 'शिकारी जातियों' के कुछ परिवार हैं जो गाँव में साल-दो साल रहकर चले जाते हैं। ये लोग शायद वनवासी कबीलों के वंशज हैं और अक्सर खेत-मजदूरी करते हैं।

ऐसा दिखता है कि हट्टरहल्ली में विभिन्न जातियों के सम्बन्ध एक निश्चित समय पर एक निश्चित जाति की आर्थिक स्थिति से निर्धारित होते हैं। जातियों और परिवारों के बीच वंशानुगत जजमानी का कोई जटिल तन्त्र नहीं दिखता, न ही जातियों का कड़ा वरीयता-क्रम दिखता है। लोहार, धोबी, ब्राह्मण, जंगम पुरोहित और नाइयों का चुनाव अक्सर उनके कौशल और मेहनताने के आधार पर होता है। ऐसे मामलों में भी जहाँ किसी खास समारोह में किसी व्यक्ति या जातिविशेष के लोगों की भूमिका परम्परा से नियत है, किसी विशिष्ट व्यक्ति या यहाँ तक कि जातिविशेष की अनुपस्थिति समारोह के पूरा होने में अड़चन नहीं बनती, 1952 में जब जंगम लोग एक समारोह में शामिल नहीं हुए तो उनकी जगह पुरोहित का काम एक साधारण लिंगायत ने किया, उसी समारोह में माडिगा ढोलियों के न होने पर दो लिंगायतों ने ढोल उठा लिये और समारोह सम्पन्न हुआ। हालाँकि बहुत से लोग अब भी फसल पकने पर गाँव के पटेल, शानबॉग, लोहार, नाई, धोबी, भंगी और अन्य कामगारों को अनाज में हिस्सा या मेरे देने का रिवाज निबाहते हैं, फिर भी इनमें से कई कामगारों को उनके काम का मुआवजा काम के समय नकद दिया जाने लगा है।

अकाल के प्रभाव

1887-88 के अकाल की याद हट्टरहल्ली के एक-दो लोगों को अब भी है लेकिन गाँव की जाति-व्यवस्था अब से ज्यादा जटिल थी या नहीं यह किसी को निश्चित तौर पर पता नहीं। अलग-अलग जातियों के बीच जजमानी सम्बन्धों की अनुपस्थिति का कारण यह माना जा सकता है कि गाँव के ज्यादातर लोग उन लोगों के वंशज हैं जो अकाल के कुछ समय बाद यहाँ आ बसे थे, अकाल से पहले गाँव में तीन या चार जातियाँ ही थीं और इस तरह जातियों के जटिल अन्तर्सम्बन्धों के विकसित होने के बानक नहीं बने। गाँव में कई जातियों के आ बसने के बाद भी ऐसे जटिल अन्तर्सम्बन्धों का विकसित न हो पाना साफ तौर पर शहराती प्रभावों और अकाल से ग्रामीण अर्थतन्त्र में आए बदलावों की वजह से था।

अकाल के एकदम बाद के सालों में जमीन की बहुतायत थी और मजदूरों की कमी थी। खाने-पीने की इफरात थी और वह सस्ता भी था लेकिन शादी-ब्याहों और लगान चुकाने के लिए नकद पैसे की बहुत कमी थी, गाँव के बहुत से लोग एकदम निर्धन प्रवासी थे या उन परिवारों के थे जो अकाल के कारण गरीब हो गए थे। गाँव के सामाजिक जीवन पर उन परिवारों का वर्चस्व था जो गाँव में लम्बे समय से स्थापित थे और जिनके पास अच्छी जमा-पूँजी थी या जो ऐसे धन्धों में लगे थे जिनमें पैसा

मिलता हो। इनमें लिंगायतों के, जो परम्परा से गाँव के अग्रणी होते थे, तीन परिवार और तोगटाओं के दो परिवार थे जिनके हथकरघे पर बुने कपड़े की बिक्री से नकद पैसा आता है।

मध्यवर्ग की शुरुआत

गाँव के इस परम्परागत संगठन को अकाल और हाल ही में लागू किए गए ब्रिटिश तर्ज के प्रशासनतन्त्र के मिले-जुले प्रभाव हिलानेवाले थे। पाँच प्रमुख परिवार गाँव में अपनी पूरी भूमि नहीं रख पाए; लगान न चुका पाने के कारण काफी जमीन जब्त कर ली गई, बाद में यही जमीन प्रवासियों को दे दी गई। यह गाँव में मध्यवर्ग की स्थापना का पहला पग था। दरअसल कहा जा सकता है कि हट्टरहल्ली में छोटे किसान की स्थापना एक प्रशासनिक भूल से, जिसका नतीजा भारी लगान, जमीनों का जब्त होना और फिर से बँटना था; हुई।

बीसवीं सदी के शुरू के सालों में पाँच सम्पन्न परिवारों की गाँव पर पकड़ मजबूत रही। ज्यादातर प्रवासी परिवार इन सम्पन्न परिवारों के कर्जदार थे, वे उनके लिए कुछ मुफ्त की मजदूरी करते और अपनी उपज का कुछ हिस्सा भी उन्हें देते। लेकिन जमीनें खो बैठने के बाद धीरे-धीरे इन सम्पन्न परिवारों का आर्थिक पराभव हुआ। पहले विश्वयुद्ध के दौरान और उसके बाद, छोटे किसानों ने धीरे-धीरे अपने कर्ज चुका दिए और खुद को गाँव के मध्यवर्ग के रूप में स्थापित कर लिया, वे न तो मजदूर थे न ही गैर-खेतिहर भूस्वामी।

शिक्षा का प्रसार

पहले और दूसरे विश्वयुद्धों के बीच गाँवों में छोटे किसान वर्ग के क्रमशः विकास के समानान्तर ग्रामीण क्षेत्रों में जन शिक्षण का एक तन्त्र भी विकसित हो रहा था। 1910 में हट्टरहल्ली में एक प्राइमरी स्कूल खुला और 20 के दशक में पड़ोस के एक गाँव में मिडल स्कूल खुला। इस मिडल स्कूल के छात्रों के पहले बैच ने 1924 में परीक्षा पास की और ज्यादातर स्कूल मास्टरी करने लगे। 1930 तक सम्भावित मास्टरों का उत्पादन माँग से ज्यादा बढ़ गया और गाँव में 30-40 पढ़े-लिखे बेरोजगार युवक हो गए। यह युवक 'पढ़े-लिखे तबके' का होने के अपने नए स्तर के अनुरूप नौकरियाँ पा नहीं सकते थे और गाँव में जो काम मिलता उससे सन्तुष्ट नहीं थे, अपने असन्तोष का प्रदर्शन उन्होंने पश्चिमी देशों के सुपरिचित शरारती किशोरों के 'गिरोहों' में संगठित होकर किया। वे आसपास के गाँवों के ऐसे ही गिरोहों से लड़ते-झगड़ते, बगीचों और लकड़ी के ढेरों पर हाथ साफ करते, यानी कुल मिलाकर गाँववालों को परेशान किए रखते।

जनसंख्या का दबाव

गाँव में शिक्षा के विकास के समानान्तर ही जनसंख्या में तेजी से वृद्धि और परिणामस्वरूप जोतों का विखंडन चल रहे थे, 30 के दशक में हालाँकि गाँव में छोटी जोतों के किसानों की संख्या बढ़ रही थी लेकिन अपने परिवारों के लिए पूरा अन्न उगा पाना उनके लिए दिनोदिन मुश्किल हो रहा था। मध्यवर्गीय किसानों के पास गाँव छोड़कर चले जाने या बड़े भूस्वामियों की जमीनों पर मजदूर बन जाने के अलावा कोई चारा नहीं रह गया था, उनके पढ़े-लिखे बच्चों के सामने बेरोजगारी मुँह बाए खड़ी थी।

युद्ध लाया रोज़गार

दूसरे विश्वयुद्ध के आने और गाँव के पास ही एक बड़ी फौजी छावनी की स्थापना ने गरीबी की इस बाढ़ को रोका। गाँव के पढ़े-लिखे युवक छावनी में रोजगार पा गए और छोटे किसान ने विलायती सब्जियों (टमाटर, पत्ता गोभी, गाजर, चुकन्दर) की खेती करना सीख लिया, जो महँगी बिकती थीं। युद्ध खत्म हुआ तो गाँव के कई पढ़े-लिखे लोगों को स्कूल टीचरों और फैक्टरी मजदूरों के तौर पर रोजगार मिल गया। छोटे किसानों ने काफी नकदी जमा कर ली थी और उन्हें उस दिन का इन्तजार था जब उनके हाईस्कूल पास बेटे नए बने कारखानों में रोजगार पाकर अपनी तनख्वाहों से घर के खर्च में हाथ बँटाया करेंगे।

गाँव के नेतृत्व को चुनौती

1952 में गाँव में 10 सरकारी कर्मचारी, 30 स्कूल मास्टर, 15 कारखाना मजदूर और तीस से ज्यादा पढ़े-लिखे छोटे किसान थे। साहूकार गायब से ही हो चले थे और कर्ज आर्थिक रूप से कुछ (ही) बेहतर पड़ोसियों से लिये जा रहे थे। दूसरी तरफ, आर्थिक स्थितियाँ और खराब हुई जा रही थीं। बारिश नहीं हुई थी, रागी की फसल की उपज चौथाई रह गई थी और बहुत से छोटे किसान कर्ज लेने पर मजबूर हो गए थे। 30 के दशक की ही तरह, एक बार फिर, गाँव के मध्यवर्ग का अस्तित्व खतरे में पड़ गया था। इसी दौरान, जब मध्यवर्ग का सितारा डूब रहा था, गाँव के पटेल ने अपनी जाति को गाँव की सबसे ऊँची जाति और खुद को गाँव के शासक के रूप में स्थापित करना तय किया। पटेल हालाँकि पढ़ा-लिखा था और एक जमाने में गाँव के पढ़े-लिखे समूह का सदस्य था, लेकिन वह पूरी तरह अपनी माँ के कहे में था। उसकी माँ एक दबंग बुढ़िया है जिसका मानना है कि उसकी जाति सबसे ऊँची है। वह अपने बेटे की दो बीवियों को घर से निकाल चुकी है और बुढ़ा जाने पर भी अपने बेटे की हर गतिविधि नियन्त्रित करती है।

आग पर चलने का समारोह

अपनी जाति की श्रेष्ठता घोषित करने के लिए पटेल ने पहला काम आग पर चलने का समारोह आयोजित करने का किया, ऐसा समारोह गाँव में पिछले साठ साल में नहीं हुआ था। लम्बी-चौड़ी तैयारियाँ हुईं जिनमें गाँव का एक चन्दन का पेड़ काटा जाना भी शामिल था, पटेल ने इसका औचित्य यह बताया कि समारोह से पूरे ही गाँव का कल्याण होगा। इसके साथ ही, पटेल गैर-लिंगायतों को समारोह में शामिल न करने पर अड़ गया। समारोह करवाने के लिए आए लिंगायत गुरु ने इसका विरोध किया क्योंकि दूसरी जाति के लोगों के आने से उसे ज्यादा दक्षिणा मिलती। पटेल ने, जो समारोह का ज्यादातर खर्च उठा रहा था, इसकी अनुमति नहीं दी। जब दूसरों ने एक निजी समारोह के लिए एक सार्वजनिक पेड़ काटने का विरोध किया तो पटेल ने जवाब दिया कि वह गाँव का शासक है और उसकी सहमति के बिना सरकार भी गाँव में दखल नहीं दे सकती।

हालाँकि पटेल की करतूत और बातों से गाँव के गैर-लिंगायत बहुत नाराज हुए लेकिन उन्होंने अपना अलग समारोह करके और जहाँ आग पर चलने का समारोह चल रहा था, वहाँ से ग्राम देवता गोपालस्वामी का जलूस जोर-शोर से नारे लगाते हुए निकालकर सन्तोष कर लिया। आग पर चलने के समारोह की रात मूसलाधार बारिश आई, अगले हफ्ते ज्यादातर किसान खेती-बाड़ी के धन्धों में जुटे रहे, इसलिए पटेल की हरकत के बारे में सोचने का उनके पास समय नहीं था। लेकिन अगले चालीस दिनों में एक बूँद पानी नहीं बरसा, फसलें सूख गईं और खेती का काम ठप्प हो गया। जिनके पास अनाज और जमीनें थीं, उन्हें चोरों का डर सताने लगा, जिनके पास कुछ नहीं था, उन्हें भुखमरी का। सूखे की वजह से जैसे-जैसे रागी की पत्तियाँ झुलसने लगीं, गाँव में तनाव बढ़ने लगा। कई लोग पटेल की हरकत पर सोच-विचार करके उसे सजा देने के तरीकों के बारे में सोचने लगे।

आयुध पूजा

गाँव के बढ़ते तनाव का चरम आयुध पूजा (दशहरे पर हथियारों की पूजा) रहा। इस समारोह की शुरुआत में कई भेड़ों की बलि देकर उनका खून गाँव की गाड़ियों पर मला जाता है, समारोह के अन्त में गोपालस्वामी का जलूस गाँव के बाहरी छोर पर ले जाया जाता है और अपने अज्ञातवास के अन्त में अपने त्यागे हुए शस्त्रास्त्रों को फिर से लेकर कौरवों से युद्ध की तैयारी करनेवाले पांडवों की स्मृति में शमी (छौंकर, प्रॉस्पिस स्पाइकागारा) के पेड़ की टहनियों पर तीर चलाया जाता है। फसल की कटाई से पहले के 'तंगी के महीनों' की शुरुआत में आनेवाला यह समारोह कभी छोटे युद्धों और सीमा पर आक्रमणों का संकेत हुआ करता था। अंग्रेजों के आने और जैसाकि पटेल की माँ

कुछ पछतावे के साथ कहती है, 'तमाम छोटे युद्धों के एकदम बन्द हो जाने' से पहले तक तंगी के महीनों से जुड़े तनाव सीमाओं पर आक्रमण और छोटी-मोटी मुठभेड़ों में निकल जाते थे। इन युद्धों की खरोंचें आसपास के कई गाँवों में अब भी मौजूद मिट्टी के किलों की ढहती दीवारों पर देखी जा सकती हैं। खुद हट्टरहल्ली के चारों तरफ कभी काँटेदार झाड़ियों की बाड़ हुआ करती थी। आज भी आनेवाले तंगी के महीनों की सम्भावना वैसे ही तनाव पैदा करती है जिनके कारण कभी युद्ध होते थे, लेकिन अब इन तनावों का निवास सिर्फ गाँव में ही है।

पहले हम की लड़ाई

आयुध पूजा से जुड़ी पहली घटना इसको लेकर घटी कि पहले कौन सी जाति चढ़ावा चढ़ाए। पटेल और उसके बहनोई सहित सभी जातियों के गण्यमान्य लोग गाँव की दुकान के बरामदे में जमा हुए और यह फैसला लिया कि चौदह साल में पहली बार आयुध पूजा का पूरा समारोह आयोजित किया जाए। तय पाया गया कि पहली पूजा कुरुबा करें, फिर माडिगा, लिंगायत, गानिगा और पांचाल जातियाँ। यह क्रम हर जाति के सदस्यों की संख्या को ध्यान में रखकर किया गया था, लेकिन पांचाल–जो कि संख्या की दृष्टि से चौथे नम्बर पर हैं–पाँचवें दिन पूजा करनेवाले थे क्योंकि पाँच–उनका पवित्र अंक है। जिस दिन यह निर्णय लिया गया उसके अगले ही दिन पटेल और कई लिंगायत परिवारों ने समारोह के लिए पैसे देने से मना कर दिया। उनका कहना था कि उनकी जाति सबसे ऊँची है और पहली पूजा उन्हें ही करनी चाहिए। इसके परिणामस्वरूप गाँव के बाकी लोगों ने अपना कुछ छोटा समारोह अलग आयोजित करना तय किया जिसमें कुछ ही लिंगायत परिवार शामिल होनेवाले थे। उन लिंगायतों को, जो गाँव की बाकी जातियों के साथ थे, रियायत देते हुए कुरुबा लोगों ने पहली पूजा नहीं की। उनकी जगह पहली पूजा पांचालों ने की।

आयुध पूजा के लिए पैसे देने से मना करने के बाद पटेल और उसके साथियों ने समारोह रोकने के लिए कई प्रयास किए। सबसे पहले उसने माडिगा ढोलियों को रोकने की कोशिश की, यह ढोली सरकार द्वारा नियुक्त किए गए गाँव के ताबेदार होते हैं जिनका निरीक्षक पटेल होता है, इसलिए यह काम आसानी से हो गया। जब ढोली नहीं आए तो पटेल का विरोध करनेवाले दो लिंगायतों ने ढोल थाम लिये और समारोह चलता रहा। उसके बाद पटेल ने अपनी जातिवालों को हुक्म दिया कि वे गोपालस्वामी की प्रतिमा को गाँव से बाहर ले जाने से पहले गाँव के द्वार पर होनेवाली पूजा का पौरोहित्य न करें। अन्त में वह बसवन्ना (शिव की सवारी नन्दी बैल का अवतार माने जानेवाले लिंगायत पन्थ के संस्थापक) की मूर्ति ले आया और आयुध पूजा की स्पर्धा में एक अलग समारोह किया। इस समारोह में उसने नाइयों को बुलवाया जो ज्यादातर समारोहों में तुरही बजाते हैं। नाइयों ने बसवन्ना पूजा का मुहूर्त न बदले जाने पर पूजा में शामिल

होने से इनकार कर दिया। इसका परिणाम यह हुआ कि बसवन्ना पूजा और आयुध पूजा अलग-अलग समयों पर हुईं।

बाधा डालनेवाला इमली का पेड़

पूजा के लिए गोपालस्वामी की मूर्ति को चार लोग उठाकर गाँव के बाहर पूजा की जगह पर लाते हैं। इस बार मूर्ति को एक छकड़े पर रखा गया, छकड़े पर रखे जाने से मूर्ति बारह फुट से ज्यादा ऊँची हो गई। गोपालस्वामी की मूर्ति को छकड़े पर रखे जाने के फैसले से जो बात निस्सन्देह जुड़ी थी वह यह कि जुलूस के रास्ते में पटेल के एक रिश्तेदार का इमली का पेड़ पड़ता था।

जुलूस चला तो पाया गया कि मूर्ति इमली के पेड़ के नीचे से नहीं निकल पाएगी। जुलूस में शामिल कुछ लोग जो दारू पीकर तैयार थे, माँग करने लगे कि पेड़ की सड़क पर आनेवाली शाखा काट दी जाए। पटेल और अन्य जंगम दौड़े आए और बोले कि पेड़ की पत्ती तक को न छुआ जाए। जुलूस में कुछ शान्ति बनाए रखनेवाले भी थे, वे रस्सी से बाँधकर शाखा को एक तरफ को खींचने लगे। पटेल को लगा कि यह नशे में धुत, शरारती भीड़ का पेड़ पर बदनीयती से किया गया आक्रमण है। उसने रस्सी खींच रहे एक पांचाल को पकड़कर छुपाए गए हथियारों के लिए उसकी तलाशी लेनी शुरू की। जुलूस में पांचाल का एक भूतपूर्व सेवक भी था, अपने भूतपूर्व मालिक पर आक्रमण होते देख वह नंगी तलवार लेकर पटेल की तरफ लपका। उसके दोस्तों ने ऐन मौके पर उसे पकड़कर उससे तलवार छीन ली। अब तक दोनों तरफ से कुछ लोग गुस्से से पागल हो गए थे और दंगा होने ही वाला था। सौभाग्य से तभी शाखा एक तरफ खींच ली गई, गुत्थमगुत्था हुए लोगों को अलग कर दिया गया और जुलूस आगे बढ़ गया।

झुटपुटे में, जुलूस गाँव के पास की टेकरी की चोटी पर पहुँचा और कौरवों तथा पांडवों के बीच युद्ध की शुरुआत का प्रतीक तीर शमी के पेड़ की शाखों पर चला दिया गया। यह समारोह पूरा हुआ कि गाँव से सन्देश आ गया कि कुछ जंगम और लिंगायत स्त्रियाँ लौटकर इमली के पेड़ के नीचे से गुजरते जुलूस पर आक्रमण करने के लिए झाड़ू वगैरह लिये तैयार खड़ी हैं। जब जुलूस गाँव के बाहर तक पहुँचा तो पांचाल और कुरुबा जातियों की घबराई हुई स्त्रियों ने गुजारिश की कि जुलूस मन्दिर में किसी दूसरे रास्ते से लौटे। इस गुजारिश का उल्टा ही असर हुआ और जोर-जोर से चिल्लाते लोग उसी रास्ते से जुलूस ले गए।

जब जुलूस पेड़ के आधे रास्ते पर पहुँचा तो पटेल पर तलवार लेकर झपटनेवाला आदमी बेकाबू हो गया, इस चीखते-चिल्लाते और भाग छूटने को छटपटाते आदमी को उसके हितैषी पकड़कर पास के एक घर के बरामदे में ले गए जहाँ वह बेहोश हो गया। इस नाटकीय घटना से तनाव छँट गया, पटेल और उसके साथियों ने बिना झंझट के जुलूस को पेड़ के नीचे से निकलने दिया, उन्होंने सिर्फ जोर-जोर से गालियाँ ही दीं।

कानून के दरवाजे पर गुहार

इस जुलूस के अगले दिन गोपालस्वामी की प्रतिमा को गाँव में घुमाए जाने और हर परिवार द्वारा चढ़ावा चढ़ाए जाने की परम्परा है। मामला शान्ति से निबटाने की नीयत से एक बूढ़े पांचाल भक्त ने कहा कि वह बच्चों से प्रतिमावाला छकड़ा खिंचवाकर अकेले ही समारोह निबटा लेगा। इस योजना की भनक पड़ते ही पटेल के घर की कुछ स्त्रियाँ पिसी मिर्च की थैलियाँ लेकर पेड़ के नीचे बैठ गईं और धमकी दीं कि वे जुलूस पर पिसी मिर्चें फेंकेंगी। इसी के साथ पटेल जुलूस निकालनेवालों के खिलाफ रपट लिखवाने के इरादे से तालुका मुख्यालय पहुँचा। वहाँ पहुँचकर उसने पाया कि दूसरा पक्ष पहले ही वहाँ पहुँचकर तालुका के कर्मचारियों को अपनी तरफ कर चुका है। अगले दिन एक सिपाही आया, उसने इमली के पेड़ की शाखा काट दी और समारोह पूरा होने तक गाँव में ही बना रहा।

इमली की शाखा कटने से पटेल की बहुत किरकिरी हुई लेकिन बौखलाए हुए गाँववाले यहीं नहीं रुके। वे पटेल के खिलाफ आन्दोलन करते रहे, उन्होंने उसकी जातिवालों के कामकाज करने और कर चुकाने से एकदम मना कर दिया। आखिर पटेल की पटेलई छिन गई। जब उसने आमिलदार (तहसीलदार) से शिकायत की तो आमिलदार चिल्लाया, 'नॉनसेंस, शटअप (बेकार की बात, चुप हो जाओ), पटेल ने जोकि अंग्रेजी नहीं बोलता इसे भयानक अपमान समझा और डर के मारे फिर नहीं बोला। पटेल की जाति भावनाओं को और भी अपमानित करते हुए, आमिलदार ने गाँववालों की राय लेकर कुरुबा जाति के एक आदमी को नया पटेल बना दिया, इस चुनाव के पीछे कारण यह था कि संख्या की दृष्टि से कुरुबा गाँव की सबसे बड़ी जाति है।

विरासती विशेषाधिकारों का तख्ता-पलट

आयुध पूजा की इस घटना का महत्त्व दोनों पक्षों के चरित्रों को ध्यान में रखते हुए ही समझा जा सकता है। पटेल के पक्ष में उसकी अपनी जंगम जाति के लोग थे। अब तो जंगम जाति का औसत आर्थिक स्तर है लेकिन पहले यह गाँव की सबसे सम्पन्न जाति थी। पटेल का नाना गाँव की ज्यादातर जमीन का मालिक था, उसके सोलह किराएदार थे और घर में सात दास। इस तरह पटेल का दल गाँव के उस अंश का प्रतिनिधित्व करता है जो विरासत में मिले विशेषाधिकारों और धार्मिक परम्परा पर आधारित सामन्ती किस्म के सामाजिक वरीयता-क्रम को फिर से स्थापित करना चाहता है। यह कहना अतिशयोक्ति नहीं होगी कि पटेल गाँव का पुरोहित-राजा बनना चाहता है।

पटेल का विरोध करनेवाला दल कई जातियों के सदस्यों का पंचमेल समूह था। उसकी एकता का आधार थे—लोकतन्त्र और सामाजिक समानता के कुछ आदर्श। यह

आदर्श सरकारी स्कूलों, दूसरे विश्वयुद्धों के दिनों की फौजी छावनी और शहर की शहराती संस्कृति की उनकी जानकारी से लिये गए थे।

संक्षेप में, आयुध पूजा की घटना कट्टर परम्परावादियों और हट्टरहल्ली के नगरोन्मुखी मध्यवर्गीय स्कूल-टीचरों, कारखाना मजदूरों, छोटे किसानों और दुकानदारों के सीधे संघर्ष का प्रतिनिधित्व करती है। गाँव के इस मध्यवर्ग की हाल ही में पाई कई सुविधाओं पर पटेल का हमला ऐसे समय में हुआ जब फसल चौपट हो गई थी और हट्टरहल्ली के छोटे किसान जिन्दा रहने के लिए आधापेट खा रहे थे और कर्ज ले रहे थे। आर्थिक कमज़ोरी के बावजूद मध्यवर्ग के लोग पटेल और उसके दल से जीत गए और अपने सदस्य को गाँव का मुखिया बना सके। जैसाकि आयुध पूजा की घटना से साबित हुआ, मध्यवर्ग हट्टरहल्ली में संख्या की दृष्टि से ही सबसे बड़ा वर्ग नहीं है, वह गाँव के प्रशासनिक तन्त्र को भी नियन्त्रित करता है। जाहिर है कि खराब आर्थिक स्थितियाँ भी हट्टरहल्ली के मध्यवर्ग की शक्ति को नष्ट नहीं कर सकतीं। पटेल और उसके साथियों की हरकतों पर गाँववालों की प्रतिक्रिया की मजबूती दिखाती है कि हट्टरहल्ली में धनी भूस्वामियों, पुरोहित जातियों और साहूकारों के राज के दिन लद गए हैं।

पंजाब का सामाजिक ढाँचा

मेरियन डब्ल्यू. स्मिथ

भारतीय गणराज्य के सामाजिक ढाँचे के कई पहलू इस शृंखला के लेखों में स्पष्ट रूप से प्रस्तुत किए जा चुके हैं। डॉ. श्रीनिवास ने गाँव के ढाँचे के सामान्य लक्षणों का बेहतरीन ब्यौरा दिया है और जैसा कि डॉ. कारस्टेयर्स ने इंगित किया है, यह लक्षण दक्षिण के अलावा भी भारत के और हिस्सों में पाए जाते हैं। विशिष्ट गाँवों के कई विस्तृत विवरण स्थानीय परिस्थितियों में इन सामान्य लक्षणों के कार्य के तरीकों के बारे में महत्त्वपूर्ण सूचनाएँ उपलब्ध करवाते हैं। कुलू के 'संन्यासियों' के गाँव तक में जो बाकी गाँवों से अलग-थलग अकेला है, डॉ. रॉसर बताते हैं कि काणेट और लोहार एक-दूसरे पर अन्तर्निर्भर हैं, उनका स्तर एक-दूसरे के सापेक्ष है। न्यायिक सत्ता ग्राम पंचायत में निहित है और मूलतः अ-दमनकारी है। इन्हीं, और ऐसे ही दूसरे लक्षणों की उपस्थिति से ही हम भारतीय ग्राम्य जीवन की स्पष्ट छाप को पहचान पाते हैं। ऐसा लगता है कि अलग-अलग रंगों के कुछ ही धागे हैं, लेकिन अलग-अलग करघों पर उनके अलग-अलग संयोजन से नए नमूने बुने गए हैं। शायद भारत की विभिन्नता के बावजूद अनुभव होनेवाली एकता यही है।

लेकिन इस एकता पर जरूरत से ज्यादा बल दिया जा सकता है, मिस्टर न्यूएल ने एक जिले की दूसरे जिले से अलग पहचान बनानेवाली विलक्षणताओं की तरफ ध्यान दिलाया है और उनके महत्त्व पर बल दिया है। बंगालियों, पंजाबियों और मद्रासियों के बारे में कही जानेवाली बातें हमेशा यूँ ही नहीं कही जातीं। और एक छोटे खंड में, एक अकेला रिवाज चीजों के सन्दर्भ ही बदल दे सकता है। अध्ययनों की इस शृंखला का विविध विषयवस्तु इस बात का खास प्रमाण है कि भारत के एक भाग से परिचय के आधार पर यह नहीं मान लेना चाहिए कि आपको किसी दूसरे भाग की पूरी जानकारी है।

इस शृंखला में जिस तीसरे घटक पर बल दिया गया है, जोकि कई मामलों में शीर्षक से ही स्पष्ट होता है, वह परिवर्तन है। ग्रामीण जीवन में इतनी तेजी से परिवर्तन आ रहे हैं कि उनकी दिशा और प्रकृति पर सावधानी और विस्तार से ध्यान दिया जाना जरूरी है। यह खासतौर पर सच है क्योंकि आर्थिक क्षेत्र में ज्यादा उत्पादकता की जरूरत ने ग्रामीण जीवन में नियोजित परिवर्तन के एक भारतीय कार्यक्रम को जन्म दिया है।

हालाँकि मौजूदा हालात अपने आप में ठीक नहीं होंगे लेकिन वे कई वर्षों में हासिल किए गए सामाजिक शक्तियों के एक सन्तुलन का प्रतिनिधित्व करते हैं। बिना सोचे-विचारे बनाई गई योजनाएँ इस सन्तुलन को अस्थिर कर सकती हैं लेकिन उत्पादन के लिए सापेक्ष मूल्य वाला इसका प्रतिस्थापक प्रस्तुत नहीं कर सकतीं। अक्सर अकुशल योजना के माध्यम से लोगों के आपसी सम्बन्धों पर अतिरिक्त दबाव डाले बिना भी अनियोजित परिवर्तनों के प्रभाव दूरगामी होते हैं। लेकिन इस तथ्य को कभी भी परिवर्तन के विरुद्ध तर्क के रूप में नहीं देखा जाना चाहिए, क्योंकि यथास्थिति में ऐसा कोई गुण नहीं है जो अवश्यम्भावी रूप से मूल्यवान हो। लेकिन परिवर्तन के अ-पूर्वघोषित परिणाम अक्सर विचलित करनेवाले हो सकते हैं खासतौर पर महीन सन्तुलनवाले भारतीय समाज में।

एकता का आधार

डॉ. श्रीनिवास पहले हीं बता चुके हैं कि गाँव के अन्दर जातियों की अन्तर्निर्भरता गाँव की एकता का एक कारक है। वे इसे 'कई जातियों की लम्बवत एकता' कहते हैं और जातियों की 'क्षैतिज एकता' से इसका वैषम्य दिखाते हैं जिसमें जाति के बन्धन 'गाँव के परे' जाते हैं। जातियाँ गाँव के अन्दर ही एक-दूसरी से गुँथकर एक पूरी श्रृंखला ही नहीं बनातीं बल्कि कई गाँवों में जातियों के फैले होने से एक जटिल संजाल बनता है। गाँवों के आरपार सम्बन्ध इतने मजबूत हो सकते हैं कि गाँव की एकता खतरे में पड़ जाए। डॉ. मिलर ने दिखाया है कि अब केरल में एक स्पष्ट रूप से सीमांकित ग्राम समुदाय की बात करना कितना कठिन हो गया है और वे यह भी दिखाते हैं कि जातियों के बीच जजमानी की 'लम्बवत' प्रणाली गाँव तक ही सीमित नहीं है।

इस लेख में पंजाब के एक भाग में दिखे सामाजिक ढाँचे के अलग-अलग पहलुओं पर बल दिया जाएगा। ब्रिटिश राज के तहत पंजाब उनतीस प्रशासनिक जिलों में बँटा था। इनमें से छः इस खंड में, जिस पर चर्चा होगी, शामिल हैं। यह वह खंड है जो कभी सिख जनसंख्या का केन्द्रक था, लुधियाना और फीरोजपुर सहित सतलज नदी के दक्षिण से ब्यास नदी के परे तक का क्षेत्र इसमें शामिल है। अमृतसर और लाहौर शहर इसी क्षेत्र में पड़ते हैं। पूर्वी और पश्चिमी पंजाब की विभाजक रेखा इस खंड के हृदय प्रदेश से गुजरती है और भारतीय उपमहाद्वीप के पश्चिमी भाग के किसी भी इलाके को शायद विभाजन ने इतने त्रासद और गहरे ढंग से प्रभावित नहीं किया होगा जितना कि इस खंड को किया है। पिछले छः बरसों के लाए उन बड़े परिवर्तनों के बाद भी जो इस क्षेत्र के परिवारों और गाँवों को प्रभावित कर रहे हैं, हम परिवर्तन की बात नहीं करेंगे। हमारा ध्यान समाज के निरन्तर चले आ रहे लक्षणों पर केन्द्रित रहेगा। पिछले सौ साल पंजाब के लिए घटनाओं से भरे रहे हैं फिर भी इस काल के पूरे साहित्य में ग्राम्य जीवन के कुछ स्थायी सूत्र दिखते हैं। विभाजन के एकदम बाद किया गया क्षेत्रकार्य उन गाँवों

पर केन्द्रित था जहाँ जनसंख्या के संगठन में बहुत कम परिवर्तन आया था। स्पष्टतः यह इस खंड के, पाकिस्तान में पड़नेवाले मुख्यतः मुस्लिम गाँव और भारत में पड़नेवाले मुख्यतः हिन्दू और सिख गाँव थे। डॉ. मिलर ने उत्तरी केरल के गाँव का जैसा सामान्य अध्ययन किया है उसी तरह यह भी पंजाब के सामाजिक ढाँचे की साधारण तस्वीर है। कुछ खास मामलों में यह निश्चित ही उस खंड के बाहर तक फैली है जिसमें काम किया गया। फिर खंड के अन्दर भी विभिन्नताएँ हैं और यह समझ लिया जाना चाहिए कि ज्यादा विस्तृत सूचनाएँ जनसंख्या के सिख खंड के बारे में हैं। जहाँ भी यह सच होगा, प्रदत्त के सिख उद्‌भव स्पष्ट कर दिए जाएँगे।

नक्शा

भारत के कई अन्य हिस्सों की तरह ही पंजाबी गाँव की भौतिक एकता एकदम साफ झलकती है। एक-दूसरे से सटे-सटे से मिट्टी के मकान एक ठोस इकाई बनाते हैं। साथ-साथ लगे मकानों के दालानों की दीवारों से बनी गलियाँ गाँव के अलग-अलग हिस्सों को जोड़ती हैं। वे एक-दूसरी में खुलती हैं इसलिए उनमें से कुछ चौड़ी गलियों को प्रमुख गलियों के रूप में पहचाना जा सकता है। साधारण रूप से गाँव में इन्हीं प्रमुख गलियों से प्रवेश किया जाता है। भले ही वे कितनी ही सँकरी हों, और कितना भी घूम-घुमाकर वहाँ पहुँचें, यह एक खुले क्षेत्र में पहुँचा देती हैं जहाँ कुछ दुकानें और/या गाँव की चौपाल होती है। गाँव के अन्दर या उसके छोर पर तालाब हो सकते हैं। क्योंकि खेती सिंचाई से होती है इसलिए खेत पानी के स्रोत, चाहे कुएँ हों या नहरें, के चारों ओर फैले रहते हैं। ज्यादा सूखे और कम आबादी वाले क्षेत्रों में गाँव के चारों ओर खेत फैले रहते हैं जो रेगिस्तान तक पहुँचते-पहुँचते विरल होने लगते हैं। हवाई जहाज से देखने पर यह नमूना साफ दिखता है, वहाँ से धरती अनियमित आकार के पैबन्दों से ढके भूरे कम्बल सी दिखती है। पैबन्दों के बीच में मिट्टी के मकानों का गाढ़ा भूरा रंग है जो किनारों पर जहाँ खेती है अचानक हरा हो जाता है और फिर फीका पड़ने लगता है क्योंकि फसल के लिए जरूरी मात्रा में पानी वहाँ तक नहीं पहुँच पाता। उर्वर क्षेत्रों में एक गाँव के खेत दूसरे गाँव से जुड़े होते हैं और गाँव अलग-अलग नहीं दिख पाते। कुछ गाँवों के बाहर चारदीवारी होती है। लेकिन हर सूरत में, आवासीय क्षेत्र बाहरी दालान की दीवारों के साथ ही रुक जाता है। फैली बिखरी इमारतें कम ही दिखती हैं और आप या तो सीधे गाँव के अन्दर होते हैं या गाँव के बाहर।

अवधारणात्मक सीमाएँ

सिखों की प्रवृत्ति अनुष्ठान को धर्म के एक बहुत छोटे हिस्से तक सीमित रखने की

रही है और अनुष्ठानात्मक सीमाओं की बात कहीं नहीं आती। फिर भी, गाँव की अपनी स्पष्ट अवधारणात्मक सीमाएँ होती हैं। और बरसों गुजरने के बाद गाँव ने जो भी रूप ले लिया हो, सिख उसे एक ऐसी इमारती इकाई के रूप में देखते हैं जिसे उत्तर से दक्षिण को और पूरब से पश्चिम को जाती चौड़ी सड़कों ने चार हिस्सों में काट दिया है। इस तरह उनके दिमागों में वह चार बराबर हिस्सों में बँटा है। इस अवधारणा में गाँव की चौपाल गाँव की उस जगह पर स्थित है जहाँ चौड़ी सड़कें एक-दूसरे को काटती हैं, इसके चारों तरफ दुकानें हैं, और जहाँ पर सड़कें गाँव से बाहर निकलती हैं, वहाँ, मकानों से आगे, गाँव के बाहर, गुरुद्वारे हैं। वास्तव में तो कई मुस्लिम मकबरे और मजारें और हिन्दुओं और सिखों के कई धार्मिक स्थल गाँव के आवासीय क्षेत्र के बाहर, रास्तों के किनारे हैं। उन गाँवों में भी, जिनके चारों तरफ चारदीवारी नहीं है, मुझे कई बार यह बताया गया कि पंचायत ने गाँव के 'द्वार' पर सजा सुनाई। इस तरह भौतिक रूप से और अवधारणात्मक रूप से भी, गाँव एक इकाई है।

पूर्वी और पश्चिमी पंजाब के बारे में बात करते हुए एक समस्या उठती है और वह यह कि हम गाँव के 'हिन्दू', 'मुस्लिम' या 'सिख' लक्षणों की बात करते हैं। पंजाब के हाल के इतिहास ने उसकी जनसंख्या के धार्मिक अन्तरों पर इतना जोर दिया है कि दिमाग में एकदम यह प्रभेद उभरते हैं। मेरा खुद का प्रदत्त यह निश्चित नहीं करता कि असलियत में यही वह सबसे महत्त्वपूर्ण विभाजन हैं जिन पर विचार किया जाना चाहिए।

कबीलाई/जनजातीय समूह

पूर्वी और पश्चिमी पंजाब की जनसंख्या कभी जाति और कभी कबीला कहे जानेवाले कुछ समूहों में बँटी है। क्योंकि कई बार खुद लोग ही इन्हें जाति से अलग देखते हैं और अक्सर कहा जाता है कि मूलतः इनकी शुरुआत कबीलों से हुई है इसलिए पंजाब के अधिकारी विद्वान कबीला शब्द का प्रयोग अधिक करते हैं। यह कबीले जातीय रूप से अलग नहीं हैं, न ही यह बहुसंख्य लोगों से रीति-रिवाज या विश्वासों के स्तर पर अलग-थलग हैं, बल्कि अधिकांश जनसंख्या इनके बीच बँटी है। अमृतसर और लाहौर के आसपास के इलाकों में सबसे महत्त्वपूर्ण और सबसे बड़ी संख्या में पाए जानेवाले कबीले जाट और राजपूत हैं। इसी तरह अरोड़ा और अरैण भी बहुत हैं। इन कबीलों के लोगों की धार्मिक आस्था कुछ भी हो सकती है। जाट हिन्दू, सिख और मुसलमान होते हैं। सिखधर्म में जाटों का वर्चस्व है और सबसे महत्त्वपूर्ण राजपूत समूह मुसलमान हैं। जाटों की ख्याति बढ़िया किसानों के रूप में है और वे पंजाब के 'हलधर' कहे जाते हैं। राजपूत भी खेतिहर हैं। सिख जाट और राजपूत, दोनों ही, और काम-धन्धे भी करते हैं और दोनों ही योद्धाओं और सैनिकों के रूप में प्रसिद्ध हैं। हालाँकि इस मामले पर और शोध की जरूरत है लेकिन मुझे ऐसा लगता है कि कबीलों के घरों का नमूना एक

सा ही है। आवासीय क्षेत्र के नमूने के विस्तार को देखें तो एक ही गाँव में बहुत से अन्तर दिखेंगे : कुछ परिवार मवेशियों को घर के आँगन में बाँधते हैं, कुछ घर के एकदम बाहर अलग गौशाला में; कमरों का क्रम और खाना पकाने के इन्तजाम तो बहुत ही अलग हैं। फिर भी जाट-घर काफी हद तक एक से ही होते हैं। यह समानता हिन्दू-मुसलमान, सिख सभी जाटों में है। मैंने ऐसी समानता और कबीलों में भी देखी है चाहे उनका धर्म या गाँव की ठीक-ठीक स्थिति कुछ भी हो। सरसरी तौर पर देखने में दिखनेवाला गाँव के आँगनों-दालानों का अनियमित आन्तरिक इन्तजाम शायद अलग-अलग कबीलों का परम्परागत गृह नियोजन से जुड़े रहना है।

गाँव के उपविभाजन

हमारी आजमायशी प्रकल्पना कि बस्तियों के नमूनों पर कबीलाई प्रभाव है, की पुष्टि लाहौर डिस्ट्रिक्ट गजेटियर (1916, पृ. 33) से होती है, "माझा के पुराने जाट गाँवों में करीब से देखने पर पता चलता है कि गाँव के मकान, पट्टी, तरफ या गाँव के संविधान में माने जानेवाले और उपविभाजनों के आधार पर एक तरह की व्यवस्था में विभाजित हैं।" इस बात की सावधानी से जाँच होनी चाहिए कि बाकी जातियों के वर्चस्ववाले गाँवों की तुलना में क्या यह जाट-गाँवों में ज्यादा स्पष्ट है ? अवधारणात्मक रूप से सिख (जो मुख्यतः जाट ही हैं) निश्चित ही अपने गाँव के चार खंडों को पट्टियों के रूप में देखते हैं। दरअसल गाँव के वासी हिन्दू हों, जाट या मुसलमान, गाँव उपविभाजित होते ही हैं। और गाँव के लोग गाँव के खंडों की सीमा रेखाएँ जानते हैं चाहे उन्हें अच्छी तरह पता हो कि खंड अ के लोग जगह की कमी जैसे कारणों से खंड ब में रह रहे हैं। गाँवों के खंडों की सुपरिचित सीमा रेखाएँ और सदस्यताएँ होती हैं भले ही वे ठीक-ठीक संगत न होती हों। हर खंड की अपनी चौपाल, दुकानों और अपने धार्मिक स्थल हो सकते हैं। मुझे बताया गया है (जाटों द्वारा) कि कुत्ते भी अपनी पट्टी की सीमा रेखा जानते हैं और दूसरे कुत्तों को उसमें घुसपैठ नहीं करने देते। गाँव ही भौतिक और अवधारणात्मक इकाइयाँ नहीं है, बल्कि देखा जा सकता है कि उसके उपखंड भी इकाइयाँ हैं। गाँव और पट्टी की एकता के और उदाहरण देने से पहले पंजाबी गाँव के निर्माण का एक और पक्ष स्पष्ट कर दिया जाना चाहिए।

साझे पूर्वज

अक्सर कहा जाता है कि गाँवों या पट्टियों के लोग एक ही पूर्वज की सन्तति हैं। ऐसा बताया जाएगा कि गाँव की चार पट्टियों की स्थापना चार भाइयों ने की, हर भाई की संतति एक-एक पट्टी में बसी है। ऐसे समूहों का एक नाम होता है जो आजकल 'परिवार का नाम' माना जाता है। यह नाम उस गाँव के लोगों के साथ साझा हो सकता

है जहाँ से उनके पूर्व पुरुष आए। एक ही कुलनाम वाले सभी लोग रिश्तेदारी का खुलासा तो नहीं कर पाते लेकिन वे एक-दूसरे को रिश्तेदार मानते हैं और आपस में शादी-ब्याह नहीं करते। इन बाह्यगामी, पितृसत्तात्मक समूहों को पंजाब के इस क्षेत्र में साधारणतः 'गोत' कहा जाता है। राजपूत गोतों के सन्दर्भ में गोत्रों और गोतों के सम्बन्ध पर चर्चा हटन ने की है (कास्ट इन इंडिया, पृ. 48-50)। पंजाब के बाकी कबीले और जाट इसी तरह बँटे हुए हैं। असलियत यह है कि शायद ही कोई गाँव ऐसा हो जिसमें एक ही गोत के लोग बसे हों। लेकिन गाँवों की चर्चा सिद्धुओं का गाँव, गिलों का गाँव कहकर होती है। ऐसा कहा जाता है कि यह गाँव सिद्धू या गिल भाइयों ने बसाया और संख्या की दृष्टि से भी और जोत की दृष्टि से भी, सिद्धुओं या गिलों का इस गाँव में वर्चस्व होगा। ऐसा ही 'जाट गाँव' का मामला है, कितना भी छोटा गाँव क्यों न हो, उसमें सिर्फ जाट ही नहीं बसे होंगे। इसी तरह जब पुराने पंजाबी गाँव हिन्दू या सिख या मुसलमान गाँव कहे जाते थे तो इसका अर्थ इतना ही होता था कि उसमें किसी धार्मिक समूह विशेष की बहुलता है। गाँवों में, साधारण रूप से कई गोत, कई कबीले और कई धर्म होते थे।

बाह्यगामी इकाइयाँ

गाँव की जनसंख्या के समांगी न होने पर भी पंजाब के गाँव बाह्यगामी इकाइयाँ हैं। पट्टियाँ भी बाह्यगामी बताई जाती हैं लेकिन वे क्योंकि गाँव के अन्दर ही होती हैं इसलिए इसका कोई अर्थ नहीं है। तीन या चार हजार लोगोंवाले गाँवों तक में गाँव के अन्दर विवाह नहीं होते। यह जाँचा जाना चाहिए कि कस्बों में, जिनका आकार बड़ा होता है, पट्टी क्रियात्मक बाह्यगामी इकाई बनती है या नहीं। फिलहाल हमारे उद्देश्य के लिए इतना जान लेना काफी है कि उसकी जनसंख्या में विविधता होते हुए भी गाँव के अन्दर अनुभव की जानेवाली एकता की भावना इतनी प्रबल है कि उसके अन्दर विवाह असम्भव हो जाते हैं।

जब यह अध्ययन चल रहा था उस समय कई गाँवों में सरकार द्वारा मान्यता प्राप्त पंचायतें थीं। कभी-कभी अनाधिकारिक पंचायतें भी देखने में आती थीं जिनके कुछ सदस्य आधिकारिक पंचायत के ही सदस्य होते। इसी तरह पट्टियों की भी अपनी पंचायतें हो सकती हैं। पट्टी के आन्तरिक मामले पट्टी पंचायत में ले जाए जाते और पट्टियों के आपसी मामले गाँव की पंचायत में। कभी यह पंजाबी ग्राम्य जीवन के सामान्य लक्षण होते थे। खिलाड़ी टीमों के गठन में पट्टी की पहचान स्पष्ट होती है। पंजाब में खेलों के मुकाबले आम हैं। टीमों का गठन गोत या पट्टी के आधार पर हो सकता है जहाँ एक गोत या पट्टी की टीम दूसरे गोत या पट्टी के विरुद्ध खेलती है और विजेता टीम, दूसरे गाँवों के साथ मुकाबले में, गाँव की प्रतिनिधि टीम बन जाती है। अलग-अलग पट्टियों के दो सदस्यों के झगड़े में उनकी पट्टियों के बाकी

सदस्य भी जुड़ जाते हैं और मामला दो पट्टियों के बीच झगड़े का बन जाता है। लेकिन गाँवों के बीच विवाद हो तो सभी पट्टियों के लोग एकजुट होकर अपनी ही जाति और धर्म तक के लोगों के खिलाफ खड़े हो जाते हैं। एक गाँव के दूसरे गाँव के विरुद्ध एकजुट होने के उदाहरण सीमा को लेकर झगड़ों, सिंचाई के पानी के अधिकार और औरतों के अपमान के मामलों में दिखाई देते हैं (इसका विपरीत उदाहरण डॉ. श्रीनिवास ने मैसूर के एक गाँव का दिया है जहाँ विवाद की जड़ आनुष्ठानिक अधिकार रहे)।

जुड़ाव

यह समझ पाने के लिए कि पंजाब में पट्टी और गाँव के जुड़ाव जाति और धर्म की सीमाओं के परे तक कैसे चले जाते हैं जबकि संगठन का औपचारिक और मान्यताप्राप्त तन्त्र लगभग है ही नहीं, डॉ. श्रीनिवास द्वारा वर्णित लम्बवत एकता की शक्ति को समझना होगा। आर्थिक रूप से यह दो घटकों पर आधारित दिखती है। इनमें से पहला है—विशिष्ट ऊँची और नीची जाति समूहों के बीच कुछ बन्धनों का स्थायित्व। इन वंश-परम्परागत जजमानी सम्बन्धों का अच्छा विवरण 'जजमानी सिस्टम फॉर उत्तर प्रदेश' (डब्ल्यू. एच. वाइज़र, लखनऊ, 1936) में दिया गया है, डॉ. श्रीनिवास ने भी मैसूर के सन्दर्भ में इसकी बात की है जहाँ 'स्वामी' अपने 'चाकर' को हलेमगा (बूढ़ा बेटा) कहता है, श्री न्यूएल ने 'बिरतोण' के बारे में बताया है। लगता है कि नाम और विस्तृत विवरणों में फर्क दिखाई देते हुए भी परम्परागत जजमानी व्यवस्था कभी पूरे भारतीय उपमहाद्वीप के कई हिस्सों में आम थी और आज भी खासी मजबूत दिखती है। लम्बवत एकता को प्रभावित करनेवाला दूसरा घटक पहले से कुछ अलग तो नहीं है लेकिन यह कुछ कम व्यक्तिगत रूप से काम करता है। डॉ. श्रीनिवास इसे जातियों की 'अन्तर्निर्भरता' कहते हैं जो उनकी सामाजिक और आर्थिक विशेषता पर आधारित है।

सिख और मुसलमान जातियाँ

बताया जाता है कि भारत के बाकी भागों में, हिन्दू बहुल क्षेत्र में रह रहे धार्मिक अल्पसंख्यकों को एक जाति ही मान लिया जाता है। ऐसे समूह के खासा बड़ा होने पर भी जाति वरिष्ठताक्रम में उसकी स्थिति ऐसे वर्णित की जाती है जैसे कि उसका क्रम एक ही जाति के रूप में तय हो। इसी तरह पंजाब में सिखों को एक जाति के बराबर माना गया है। लेकिन अगर जाति के व्यवसायगत पक्ष पर यानी उन पक्षों पर जो सामाजिक और आर्थिक विशेषज्ञता पर निर्भर हैं, विचार किया जाए तो यह पंजाबी सामाजिक जीवन के तथ्यों का अतिसरलीकरण लगता है। हालाँकि सिख और मुसलमान

वैदिक वर्ण व्यवस्था को एकदम नकारते हैं फिर भी सिख और मुसलमान जातियाँ हैं। उनकी धार्मिक आस्था के कारण गुरुद्वारे या मस्जिद की हदबन्दी में सभी लोग बराबर माने जाते हैं। फिर भी दैनिक जीवन में सिख और मुसलमान जातियों को पूरी तरह मान्यता प्राप्त थी, और है। इस प्रकार मुसलमान मोची वही व्यवसायी जाति है जो हिन्दू या सिख चमार हैं, हालाँकि मोचियों की सामाजिक स्थिति कुछ बेहतर होती है; लेकिन माछियों और झींवरों में कोई अन्तर नहीं बताया गया सिवाय इसके कि सभी माछी मुसलमान हैं और झींवरों में ज्यादातर मुसलमान (कुछ हिन्दू और सिख भी) हैं। विभाजन से पहले पंजाब में सिख और मुसलमान दो जातियाँ नहीं थे और आज भी पूर्वी और पश्चिमी पंजाब के सिख या मुसलमान क्षेत्रों में कई एक-दूसरे पर निर्भर जातियाँ होती हैं।

गाँव में आर्थिक विशेषज्ञता का काम करना देखने के लिए पूर्वी पंजाब में सतलज के दक्षिण में स्थित' डाखर गाँव में एक ऊनी कपड़ा तैयार करने की प्रक्रिया जानना काफी रहेगा। डाखर में भेड़ें नहीं पाली जाती थीं इसलिए ऊँची जाति के एक सिख किसान की पत्नी गाँव में समय-समय पर आनेवाले घुमन्तू गड़रियों से ऊन खरीदती, यह ऊन सफाई के लिए एक सिख अछूत को दी जाती, ऊन की कताई स्त्री खुद कर लेती। गाँव के रँगरेज मुसलमान थे, वे कती हुई ऊन को रँगते। बुनने का काम सिख या मुसलमान जुलाहे करते क्योंकि गाँव में बुनकरों की दो जातियाँ थीं जिनके धर्म अलग-अलग थे, उनका चुनाव परिवारों के बीच जजमानी जैसे सम्बन्धों के आधार पर होता। दर्जी सभी हिन्दू थे। इस तरह तैयार कोट कई जातियों का संयुक्त उत्पाद था। स्वार्थ न केवल जातियों बल्कि धार्मिक समूहों को भी एक सूत्र में गूँथता था। इस विशेषज्ञता को देखते हुए, 1947 की गर्मियों में डाखर के मुसलमानों के अचानक वहाँ से चले जाने के परिणामस्वरूप हुए आर्थिक गड़बड़झाले की आसानी से कल्पना की जा सकती है।

विभाजन के प्रभाव

विभाजन के बाकी विचलित कर देनेवाले प्रभावों के अलावा गाँव के स्तर पर हुए आर्थिक विस्थापन के कारण जरूरी हो गए तालमेलों ने गाँवों में जातियों की अन्तर्निर्भरता को कमजोर किया है। उदाहरण के लिए, एक सिख संयुक्त परिवार का एक सदस्य जब दिल्ली गया तो उन्होंने उससे गर्म कपड़े का एक थान मँगवा लिया जिससे गाँव के हिन्दू दर्जी ने घर के पाँच पुरुषों के लिए कोट सिल दिए। इस मामले में, कच्ची ऊन के बजाय सीधे ही, तैयार कपड़ा खरीद लिया गया। विशेषज्ञता और श्रम विभाजन तो अब भी जुड़े हैं लेकिन संजाल के प्रमुख चरित्रों के हट जाने से जुड़े हुए समूहों की संख्या कम हो गई और इससे लम्बवत एकता कमजोर पड़ी। इससे अगला कदम, सिलेसिलाए कोट खरीदना, अभी गाँवों में आम नहीं है। यह प्रदत्त क्योंकि विभाजन के एकदम बाद

जमा किया गया था इसलिए कहा नहीं जा सकता कि आनेवाले हिन्दू और सिख विशेषज्ञ समूह किस हद तक पुराने व्यवसायों को अपनाकर पुरानी अन्तर्निर्भरता स्थापित कर पाए हैं। गाँव के सदस्यों के तौर पर पूरी तरह स्वीकार्य होने में आनेवाली मुश्किलों के बाद भी यह प्रयास करने के लिए निश्चित ही कई घटक उन्हें प्रेरित करेंगे (रोजमर्रा के जीवन के लिए जरूरी कई काम... जैसे कि तेल निकालना, सरसों का तेल पंजाबी आहार का महत्त्वपूर्ण भाग है) पूर्वी पंजाब में मुसलमान तेलियों की जगह हिन्दुओं और सिखों ने जिस तेजी से ली वह हैरान कर देनेवाली थी। इस आर्थिक गतिविधि को अपनाने के लिए पूरे समूहों ने जाति मर्यादा छोड़ी।

जैसाकि डॉ. मिलर पहले ही इंगित कर चुके हैं, जाति सम्बन्धों के लाक्षणिक जजमानी सम्बन्ध गाँव से परे भी जा सकते हैं और इस तरह खुद लम्बवत एकता भी गाँव से परे तक जाती है। पूरे उत्तरी भारत में देखा जाता है कि गाँव के जीवन के लिए जरूरी, ब्राह्मण, धोबी और अन्य जातियाँ, गाँव के बाहर, पास के गाँवों में रहती हैं। पहले के एक लेख में ('द मिसाल : ए स्ट्रक्चरल विलेज ग्रुप ऑफ़ इंडिया एंड पाकिस्तान', अमेरिकन एन्थ्रोपॉलॉजी, वॉल्यूम 54, पृ. 41-56, जनवरी-मार्च 1952) मैंने बताया है कि अपने जाति समूहों की सामाजिक और आर्थिक विशेषताओं के संजाल के माध्यम से जुड़े गाँव शायद संरचनात्मक इकाइयों का गठन करते हैं जिनमें राजनीतिक स्वर सम्भव हैं। डॉ. मिलर के अनुसार, इस विचार की पुष्टि उत्तर केरल में होती है जहाँ गाँवों के बीच जजमानी सम्बन्ध 'शायद नाड की एकता के घटकों में एक रहा है।'

विशेषज्ञता पर आधारित आपसी हित अलग-अलग समुदायों को जोड़ते हैं, यह हाल ही में उड़ीसा में बारपाली में हुए चमारों की आर्थिक और सामाजिक स्थिति के एक सर्वेक्षण (द इकोनॉमिक वीकली, सितम्बर 19, 1953) से भी स्पष्ट होता है। मरे हुए मवेशियों के मालिक किसी गंडा, घासी या चमार को बुलवाते हैं जो खाल किसी बेपारी चमार को बेच देता है। सभी खालें बेपारी चमारों के पास पहुँचती हैं जो उन खालों को दूसरे गाँव के खालें खरीदनेवाले मुसलमान महाजनों तक पहुँचाने के लिए घासियों पर निर्भर होते हैं। जातियों और धार्मिक समूहों का यह परस्पर व्यापन पंजाब की स्थिति के एकदम समानान्तर है। पंजाब में धर्म की राजनीतिक रूप से विभाजक शक्तियाँ इतनी मुखर थीं कि अलग-अलग धर्मों के अनुयायियों के बीच आर्थिक जुड़ाव खीझ को बढ़ानेवाले साबित होते थे, कोई भी व्यापारिक सम्बन्ध हमेशा ही मधुर नहीं बना रहता और हर घटना एक धार्मिक और राजनीतिक शिकायत में बदली जा सकती थी। लेकिन, एक अलग वातावरण में, यही सामाजिक और आर्थिक सम्बन्ध गाँव में ही नहीं, एक वृहत्तर परिप्रेक्ष्य में भी एकता को मजबूत करने का काम कर सकते हैं। अब यह सम्भव लगता है कि अतीत में, भारत में, ऐसी स्थितियों का राजनीतिक महत्त्व रहा है। यह भविष्य में जैसा भी हो, किसी भी एक गाँव की सीमाओं से परे जानेवाली सामाजिक और आर्थिक एकता के अस्तित्व को मान्यता हमें दो दिशाओं में ले जाती है।

गाँवों की एक-दूसरे पर निर्भरता

इनमें से पहली वह है जिसे गाँव की आत्म-निर्भरता कहा जाता है। भारत के गाँवों में आज आ रहे बदलावों की बात करते हुए गाँव की पुरानी आत्मनिर्भरता की तुलना आज बाहर से औद्योगिक रूप से उत्पादित सामानों पर आज बढ़ती जा रही अपेक्षाकृत निर्भरता से की जाती है। इस परिवर्तन का क्लासिकी उदाहरण है मिल में कता सूती कपड़ा, एक और उदाहरण पहले बताई गई ऊनी कपड़े की खरीदारी है। इसमें सन्देह नहीं कि यह महत्त्वपूर्ण परिवर्तन है। लेकिन पंजाबी गाँव की आत्मनिर्भरता कुछ ज्यादा ही आँकी गई है। मसाले और धातुएँ ऐसे जरूरी सामान हैं जो सदियों से, बाहर से लगाए जाते रहे हैं। गाँव अलग-थलग हो सकता है। लेकिन ज्यादा बड़े सन्दर्भ में, यानी उन गाँवों के साथ जिनसे वह सेवाओं—सामान का आदान-प्रदान करता है; गाँव आत्मनिर्भर कहा जा सकता है लेकिन आत्मनिर्भर कहने पर जो छवि उभरती है वह ऑस्ट्रेलिया और अमेरिका के पायनियर समुदायों की है। यह समुदाय, औद्योगिक समाज से एकदम विपरीत हैं। इस दृष्टि से कि कम ही सेवाएँ या सामान ऐसे थे जिन्हें बाहर से लाया जाता हो, वे भारतीय गाँव की तरह लगभग पूरी तरह आत्मनिर्भर ही नहीं थे बल्कि उनका गठन ऐसे परिवारों से मिलकर हुआ था जिनमें जरूरत भर के सभी कौशल मौजूद थे। ऐसे समुदाय में जब किसी परिवार या व्यक्ति को आत्मनिर्भर कहा जाता है तो इसका अर्थ होता है कि वह एक बड़ी हद तक सेवाओं या कौशलों की बाहरी सहायता के बिना अपना रख-रखाव कर पाने में सक्षम है। अमेरिका में आज भी ग्रामीण समुदायों ने इस किस्म की आत्मनिर्भरता को काफी हद तक बनाए रखा है। यही वह पक्ष है जो आधुनिक शहराती और औद्योगिक जीवन से सबसे बड़ा वैषम्य प्रस्तुत करता है जहाँ सेवाएँ अन्तर्निर्भर हैं। पश्चिम में, औद्योगीकरण की दिशा में बदलाव, विशेषज्ञता की ओर और अन्तर्निर्भरता की ओर बदलाव रहा है। मनुष्य पर इसके प्रभाव के बारे में अब भी भावना का काफी अवशेष बचा रहा है; पश्चिम में, अक्सर कहा जाता है कि वह आदमी जिसे दूसरों पर निर्भर होना पड़ता है, कुछ अर्थों में पूरा आदमी नहीं है। ऐसे बयान का भारतीय ग्रामीण के लिए कम ही महत्त्व है।

विशेषज्ञता में बदलाव

भारतीय गाँव में, बाहर उत्पादित सामान स्वीकार किए जाते हैं तो सिर्फ इसलिए नहीं कि नई जरूरतें पैदा की गई हैं—कई दशकों से ग्रामीण की जरूरतें इतनी ज्यादा रही हैं कि वह उनकी पूर्ति नहीं कर पाता था—बल्कि इसलिए भी कि उनका स्वीकार किया जाना ही अपने आपमें, परम्परागत निर्भरताओं के दबाव से मुक्ति है। जैसाकि कोट के मामले में हुआ, खरीदी हुई वस्तुएँ परिवार के लिए बढ़ी हुई आत्मनिर्भरता की दिशा में एक कदम हैं, न कि उससे विमुखता। इसलिए पायनियर परिवार, जिसमें अपने बने

रहने के लिए जरूरी सभी संसाधन रहते थे और शहरवासी की आत्मनिर्भरता जो धन के अर्थतन्त्र पर निर्भरता से आत्मनिर्भरता बढ़ाए रखता है, में भेद कर पाना जरूरी है। शहराती की आत्मनिर्भरता परस्पर निर्भर सेवाओं और विशेषताओं के एक जटिल संजाल के कारण ही सम्भव है। जब तक हम भारत में आत्मनिर्भर का अर्थ वह पुरानी स्थिति लगाते हैं जिसमें बाहर उत्पादित बहुत कम सामान गाँव में लाए जाते थे, हम काफी सुरक्षित हैं। लेकिन जैसे ही हम यह इंगित करने की कोशिश करते हैं कि औद्योगीकरण की ओर जाने का अर्थ विशेषज्ञता और अन्तर्निर्भरता की ओर जाना है, हम लक्ष्य से चूक जाते हैं। औद्योगीकरण का भारतीय गाँव पर इतना ही प्रभाव पड़ा है कि वह एक किस्म की अन्तर्निर्भरता और विशेषज्ञता से दूसरे किस्म की विशेषज्ञता और अन्तर्निर्भरता की ओर गया है।

विश्व के समाजों में विशेषज्ञता की प्रकृति का काफी विश्लेषण किया जाना बाकी है। लेकिन हम औद्योगीकरण और भारतीय गाँव दोनों के बारे में इतना तो जानते हैं कि यह पहचान सकें कि गाँव पर औद्योगीकरण के प्रभाव के बारे में कही जानेवाली बातें तकलीफदेह होने की हद तक समान हैं और उनके इंगितार्थ अक्सर गुमराह करनेवाले हैं। हम जिस विशेष प्रक्रमों के बारे में सोच रहे हों उसके बारे में स्पष्ट रूप से और विस्तार से बात करना सबसे सुरक्षित है।

एक बार यह मान लेने पर कि जाति विशेषज्ञताओं के कारण अस्तित्व में आई संरचनात्मक एकता गाँव से परे तक जाती है, हमारे सामने एक दूसरी समस्या आती है। क्या गाँव एक समुदाय है जिसका समुदाय के रूप में अध्ययन किया जा सकता है ? गाँव की पहचान की उस प्रबल भावना के बारे में, जिसकी ऊपर चर्चा हुई है, कोई सन्देह नहीं है। आन्तरिक एकता और पहचान की यह भावना संसार के कई भागों के गाँवों में साझी है, पश्चिम का वासी यह बात समझ पाता है। लेकिन अगर गाँव दूसरे गाँवों से आवश्यक बन्धनों में बँधा है तो क्या एक अकेले समुदाय के तौर पर उसका ठीक-ठीक अध्ययन हो सकता है ?

इस प्रश्न के महत्त्व को जातियों की क्षैतिज एकता जो गाँव की सीमाओं के परे जानेवाले गठबन्धन रचती है, और भी प्रबल बनाती है। जाति पंचायतें कभी बहुत सशक्त थीं और भारत के बाकी हिस्सों की तरह पंजाब में भी जाति के सदस्यों के बीच साधारण सम्बन्ध रहते ही हैं।

विवाहजन्य सम्बन्ध

पंजाबी गाँव एक बाह्यगामी इकाई है। इसका अर्थ है कि हर विवाह एक गाँव को दूसरे गाँवों के सम्पर्क में लाता है और सभी विवाहजन्य सम्बन्ध उसकी सीमा के परे जाते हैं। डॉ. मैरियट ने उत्तर प्रदेश के एक गाँव में विवाह का वर्णन किया है और बताया है कि "विवाह किसी गाँव के मामलों के, एक इकाई के तौर पर अपने आर्थिक

व्यवस्थापन को सीमित कर सकता है। जिस गाँव की वह बात कर रहे थे, उसमें पंजाब की ही तरह विवाह के बाद दुल्हन पति के गाँव में बस जाती है और वह दिशा जिसमें बेटियाँ दी जाती हैं, गाँवों के बीच विवाह सम्बन्धों को निश्चित करती है। इस तरह, अगर 'क' गाँव के लड़के और 'ख' गाँव की लड़की का विवाह तय हो तो 'क' गाँव, 'ख' की तुलना में 'ऊँचा' कहा जाएगा। और भविष्य में 'ख' गाँव की बेटियाँ 'क' में ब्याही जा सकेंगी लेकिन 'क' की बेटियाँ 'ख' में नहीं ब्याही जाएँगी। 'ख' उन गाँवों से जहाँ की बेटियाँ ब्याह कर वहाँ आई हैं, 'ऊँचा' कहा जाएगा। सिखों ने शादी-ब्याहों के खर्चे कम करने का सजग प्रयास किया है; इसमें उन्हें आंशिक सफलता ही मिल पाई है लेकिन फिर भी विवाह सम्बन्धों से बने गाँवों के संजाल की सीधी तुलना उत्तर प्रदेश में बताई गई स्थिति से की जा सकती है। पंजाब में तीन भौगोलिक पट्टियाँ पहचानी जाती हैं जो एक-दूसरे के उत्तर और दक्षिण में हैं—माझा जहाँ अमृतसर स्थित है, केन्द्र में दोआबा और दक्षिण में मालवा। सिख बताते हैं कि हालाँकि ज्यादातर विवाह आस-पड़ोस के गाँवों में ही होते हैं और इन पट्टियों के अन्दर ही होते हैं, लेकिन अगर पट्टियों की सीमा के परे विवाह हों तो प्रवृत्ति बेटियाँ उत्तर में, अमृतसर की तरफ देने की रहती है। जहाँ तक विवाह तय करते हुए इसका विचार किया जाता है, इसका अर्थ यह निकलता है कि सिखों की पवित्र नगरी के पास के गाँव 'ऊँचे' हैं और दूर के गाँव 'नीचे' इसके अलावा विवाहों की दिशा के मामले में गाँव 'ऊँचे' या 'नीचे' नहीं माने जाते। लेकिन, हर गाँव के अपने कुछ तय गाँव होते हैं जहाँ उसकी बेटियाँ ब्याही जाती हैं और इसी तरह कुछ और गाँव होते हैं जहाँ से बहुएँ लाई जाती हैं। इस तरह गाँववालों के लिए एकदम साफ होता है कि वे विवाह सम्बन्धों से गठित एक संजाल के हिस्से हैं।

ऐसे संजाल के संगठन को सुनिश्चित करने और उसके अस्तित्व को जाँचने के लिए विशिष्ट प्रदत्त और सामान्य विवरण दोनों की ही जरूरत पड़ती है। आगे दी गई सामग्री अप्रैल 1949 में गुरचरण सिंह द्वारा मेरे लिए किए गए गोत ढिल्लों, पट्टी राजा राजा, तहसील तरनतारन, गाँव झबल, जिला अमृतसर, पूर्वी पंजाब के एक वंशक्रम अध्ययन से प्राप्त हुई है। 1950-51 की सर्दियों में मैक्किम मैरियॅट ने इस प्रदत्त का विश्लेषण किया। इस वंशावली में राजा राजा से शुरू होनेवाले 402 नाम हैं जिन्होंने पट्टी की स्थापना की, जो वर्तमान (दसवीं) पीढ़ी तक आते-आते कुछ ही रह गए हैं। स्त्रियों के नाम छठी पीढ़ी से दिखने शुरू होते हैं। छठी से नौवीं पीढ़ी तक 208 विवाहों की सूचना है, शायद सातवीं पीढ़ी से पूरी सूचना मिलनी शुरू होती है। अठारह गाँव ऐसे बताए गए हैं जहाँ से बहुएँ लाई जानी चाहिए। असल में तो बयासी गाँवों से सम्बन्ध दिखते हैं। अठारह पसन्दीदा गाँवों में से तेरह से ही विवाह हुए हैं और उनमें से भी दो का तो बहुत ही कम जिक्र आता है। कुल मिलाकर देखने पर करीब आधे ज्ञात विवाह पसन्दीदा गाँवों से हुए हैं, यानी, चार पीढ़ियों में हुए विवाहों में से आधे पन्द्रह गाँवों से हुए हैं और बाकी आधे करीब सड़सठ गाँवों से जिनसे सम्बन्ध अपेक्षाकृत

कमजोर रहे। पसन्दीदा गाँवों में से पाँच गाँवों और कई अन्य गाँवों से, विवाह सम्बन्ध एक ही दिशा में रहे हैं। लेकिन पूर्ण एकदिशीयता की पुष्टि नहीं होती। परम्परागत रूप से ढिल्लों और छह अन्य गोत्रों के बीच विवाह पसन्द किए जाते हैं। इनमें से पाँच ऐसे हैं जिनसे सबसे अधिक संख्या में विवाह हुए दिखते हैं जबकि छठे गोत्र से कोई विवाह हुआ नहीं दिखता। एक पसन्दीदा गोत (सन्धू) से 100 विवाह सम्बन्ध, कुल ज्ञात सम्बन्धों के करीब-करीब आधे विवाह हुए हैं; बाकी चार गोत्रों से 55 विवाह हुए हैं, कुल ज्ञात सम्बन्धों के एक-चौथाई। बाकी बचे चौथाई विवाह सम्बन्ध अठारह अन्य गोतों में हुए हैं।

विवाहों के मामले में गाँवों और गोतों का पसन्दीदा होना, वास्तविकता में और घटकों पर भी निर्भर होता है। इनमें से प्रमुख है—दूरी। झबल के चार मील के दायरे में कोई भी विवाह नहीं हुआ है। इसलिए, वास्तविकता में और सिद्धान्त रूप में, गाँव ही बाह्यगामी नहीं है, गाँव के आसपास का क्षेत्र भी, व्यवहार में बाह्यगामी है। इसका एक प्रमुख कारण निःसन्देह यह है कि दूल्हे और दुल्हन का विवाह से पहले एक-दूसरे को देखे होना अभद्र माना जाता है। साफ है कि चार मील की दूरी पर, लोगों के एक-दूसरे को देखने और जान-पहचान होने की सम्भावना नगण्य हो जाती है। लेकिन लम्बी दूरी भी विवाह में एक व्यावहारिक अड़चन बन जाती है। दो तिहाई विवाह झबल से चार से बारह मील की दूरी पर हुए हैं, उनमें से भी सबसे ज्यादा आठ मील के दायरे में हुए। सोलह मील से ज्यादा की दूरी पर बीस प्रतिशत से भी कम विवाह हुए हैं। झबल माझा में है और अमृतसर इसके विवाह क्षेत्र में आता है, यह प्रदत्त माझा और दोआबा के बीच दैशिक सम्बन्धों के बारे में कोई सूचना नहीं देते। विवाह सम्बन्धों के माध्यम से गाँवों के एक शृंखला में जुड़ने की साफ तस्वीर देख पाने के लिए हमें झबल की जनसंख्या के बाकी हिस्से के ही बारे में प्रदत्त नहीं चाहिए बल्कि झबल जिनसे जुड़ा है उन सभी गाँवों के सभी विवाह सम्बन्धों के बारे में प्रदत्त चाहिए। ऐसी किसी भी सामग्री की सम्भावनाएँ और जटिलता व्यावहारिक रूप से असम्भव ही हैं। फिर भी, हमें उपलब्ध प्रदत्त को देखने से समझ आ जाता है कि पंजाबी गाँव के हित किस हद तक गाँव की सीमाओं से परे पहुँचते हैं। झबल की एक पट्टी के एक गोत के लोगों के बीच सम्बन्धों या सामाज़िक प्रेरकों को समझ पाने का प्रयास करते हुए जिस वैवाहिक समुदाय का विचार करना होगा, वह चार मील दूर से शुरू होगा और कम-से-कम आठ मील की दूरी तक के गाँव उसमें शामिल होंगे। इस तरह का आवश्यक सम्बन्ध पश्चिमवालों को मुश्किल से समझ में आता है।

पारिवारिक बजटों पर बोझ

पंजाब में, पितृसत्तात्मक संयुक्त परिवार के अन्दर आर्थिक बन्धनों ने गाँव के सम्पर्कों को विस्तृत करने का काम भी किया है। हर गाँव को उपलब्ध हो सकनेवाली कृषियोग्य

भूमि पर लगी प्राकृतिक पाबन्दियों और लगातार बढ़ती जनसंख्या के कारण भूस्वामी संयुक्त परिवारों के पारिवारिक बजटों तक पर खासा बोझ रहा है। इस समस्या का परम्परागत समाधान रहा है, एक या अधिक छोटे बेटों का गाँव छोड़कर नौकरी करने बाहर जाना। साधारणतः यह बेटे विवाहित होते थे और इनकी पत्नियाँ और छोटे बच्चे परिवार की निगरानी में गाँव में ही रह जाते थे। नौकरी से हुई आमदनी उनके पत्नी-बच्चों के खर्चे और परिवार के संयुक्त कोष के लिए घर भेज जाती थी। यह राशि कई व्यक्तिगत घटकों पर निर्भर होती और यह परिवार के जिम्मेदार सदस्यों के नाम भेजी जाती। डॉ. बेली ने जिक्र किया है कि इसी तरह से उनके उड़िया-भाषी ग्रामीणों की आमदनी भी बढ़ती है और यह चलन भारत के और हिस्सों में भी है। फिर भी गाँव छोड़कर नौकरी की तलाश में बाहर जानेवालों की संख्या पंजाब में काफी बड़ी हो सकती है। 1916 के गजेटियर (पृ. 34) में बताया गया है, ''लाहौर शहर में बाहर से बहुत बड़ी तादाद में लोग आते हैं। शहर के हर हजार बाशिन्दों में से 436 इस शहर से बाहर जन्मे हैं...शहर में मर्दों की तादाद बहुत ज्यादा है और यहाँ एक हजार आदमियों पर सिर्फ 596 औरतें हैं।'' कई आदमी लाहौर से आगे तक गए और बड़ी संख्या में पंजाबी ब्रिटिश फौज में भरती हुए। हमेशा ही यह माना जाता था कि यह पुरुष अपने गाँवों को लौटेंगे, संयुक्त परिवारों में उनकी जगह सुरक्षित रखी जाती थी। इसका परिणाम यह है कि शायद ही कोई सिख गाँव ऐसा होगा जिसमें कुछ अनुभवी घुमक्कड़, कुछ बूढ़े सिपाही या शहर-पलट लोग न हों।

साम्प्रदायिक संगठन

आधुनिक स्थितियों में अगर हमें गाँव के जीवन को समझना है तो हमें पंजाब के साम्प्रदायिक संगठन की मजबूती को भी समझना होगा। विभाजन से पहले तक सरकार के प्रतिनिधियों और ग्रामवासियों के बीच सम्बन्ध प्रभावी रूप से, कर जमा करने और पुलिस तक सीमित थे। राशनिंग और खासकर विभाजन के बाद से पूर्वी और पश्चिमी पंजाब में सरकारी सेवाएँ और सम्पर्क काफी बढ़े हैं। फिर भी ग्रामवासी के लिए प्रशासन में भागीदारी के अवसर शून्य ही हैं। इसी तथ्य से यह विचित्र विरोधाभास जुड़ा है कि पंजाबी ग्रामीण अक्सर कुशल राजनीतिज्ञ होता है। उसका काफी समय सम्भावित आर्थिक और सामाजिक लाभों की पृष्ठभूमि में व्यक्तिगत प्रेरकों को आँकते गुजरता है। वह गुटों को भिड़ाना जानता है और उसमें नेतृत्व की चतुराई होती है। पिछले सौ बरसों में इन क्षमताओं का निकास साम्प्रदायिक संगठनों में हुआ है जिनके धार्मिक के साथ-साथ राजनीतिक पक्ष भी रहे हैं। गुरु गोविन्द सिंह के अनुयायियों, अहमदियों और आर्य समाज जैसे समूहों के बनाए संगठनों की जटिलता पर जब तक उसका अध्ययन न हो, तब तक विश्वास करना कठिन है। प्रशासनिक संगठन में जगह न मिलने पर

पंजाबियों ने अपने संगठन बना लिये हैं जिनकी गाँव के स्तर पर ऐसी पैठ है जो सरकार की नहीं है। ऊपर उद्धृत निबन्ध में मैंने उस प्रमुख प्रशासन संरचना का विवरण दिया है पंजाबी गाँव जिसके अन्दर हैं। इसके विपरीत, साम्प्रदायिक मामलों में छोटे से छोटे गाँव से लेकर नेताओं तक की रुचि और जुड़ाव लगातार रहते हैं। आश्चर्य नहीं कि यह निष्ठा ही अक्सर वोट तय करती है। स्थान की कमी के कारण गाँव के स्तर पर साम्प्रदायिक संगठनों की क्रियाशैली का यहाँ वर्णन करना असम्भव है। लेकिन पंजाबी राजनीति की हल्की-फुल्की जानकारी भी कई गाँववालों की साम्प्रदायिक रुचि का विश्वासोत्पादक प्रमाण है।

जाति गठबन्धनों की तरह, साम्प्रदायिक सम्बन्ध भी एक मजबूत क्षैतिज एकता का गठन करते हैं जो एक गाँव के मामलों को दूर के किसी गाँव के मामलों से जोड़ती है। आधुनिक जीवन की कई शक्तियों ने पुराने जाति गठबन्धनों को कमजोर किया है लेकिन कई मामलों में लगता है कि जाति गठबन्धनों की जगह साम्प्रदायिक भागीदारी ने ले ली है। निःसन्देह प्रशासनिक उद्देश्यों के लिए गाँव और पट्टी की एकता पर सरकार का जोर देना लम्बवत एकता का एक अतिरिक्त अंग बना है, जो गाँव पंचायत की बढ़ती सरकारी मान्यता के साथ-साथ बढ़ रही है। कोई पंजाब के अतीत के बारे में सोच रहा हो या वर्तमान के, पंजाबी गाँव की एकता और गाँव के परे दूसरे गाँवों से सम्बन्ध का आकलन एक साथ किया जाना चाहिए। ग्रामीण जीवन के किसी भी विश्लेषण के लिए लम्बवत और क्षैतिज एकताओं पर एक साथ विचार होना चाहिए।

अनेकता में एकता

इन परिस्थितियों में, वह सीमा जहाँ तक गाँव को एक 'समुदाय' माना जा सकता है, मुझे तो बहुत ही सीमित दिखती है। आर्थिक और सामाजिक विशेषताओं, विवाह, सम्बन्धों और धार्मिक और राजनीतिक संगठन के सन्दर्भों में संरचनात्मक इकाई गाँव से बड़ी है। यह वैसे सम्पर्क नहीं हैं जिन्हें गाँववाला खुद बनाता हो, उसके अस्तित्व ने इन्हें उस पर लादा है। अकेले गाँवों के अध्ययन महत्त्वपूर्ण होते हुए भी—और मैं तो उनके महत्त्व को कभी कम करके नहीं आँक सकती—मुझे नहीं लगता कि सिर्फ उनसे ही पंजाबी जीवन की कोई मुकम्मल तस्वीर सामने आ सकती है। पंजाबी समाज अलग-अलग और आत्म निर्भर गाँवों के टुकड़ों से बनी पच्चीकारी नहीं है, यह किसी कालीन जैसा है जिसका हर हिस्सा हालाँकि अपने आप में गठा हुआ और पहचान में आनेवाला है लेकिन वह अविच्छिन्न रूप से दूसरों से जुड़ा है। इस तरह पंजाब की सामाजिक संरचना ऐसी विभिन्न संरचनाओं के सन्तुलन के रूप में सामने आती है जिनमें से प्रत्येक पर, अगर हम पूरी संरचना के अर्थ को पकड़ पाना चाहें, तो विचार करना होगा।

सुधी पाठक अब तक पहचान चुके होंगे कि हमारे विश्लेषण कई अलग-अलग

स्तरों पर चले हैं। शायद समाज में काम कर रही ताकतों की हमारी जानकारी की मौजूदा स्थिति में यह अवश्यम्भावी है। पंजाबी ग्रामीण जीवन में सक्रिय कई घटकों पर यहाँ बिल्कुल भी विचार नहीं हुआ है। फिर भी अगर हम भविष्य की ओर देख रहे हैं तो यह समझ पाना उत्साहजनक है कि भारतीय और पश्चिमी समाज विज्ञानियों का सहयोग धीरे-धीरे भारत विषयक सूचना का ऐसा विश्वसनीय कोष तैयार कर रहा है जिसका समानान्तर उदाहरण कहीं और मिल पाना असम्भव ही लगता है।

पश्चिमी बंगाल का एक गाँव

ज्योतिर्मयी शर्मा

कलकत्ता शहर से कुछ दूर जाते ही नजारा बदलने लगता है। अलग-अलग आकारों और जनसंख्याओं वाले गाँव और कस्बे दिखाई देने लगते हैं। इन गाँवों के लोग हालाँकि शहर के सम्पर्क में हैं लेकिन यह सम्पर्क सीमित ही है।

जिस गाँव की हम बात करेंगे वह हुगली जिले में, हावड़ा रेलवे स्टेशन से तीस मील की दूरी पर है। यह तारकेश्वर के मन्दिरों से कुछ ही दूरी पर है और छोटी लाइन पर कलकत्ता से चलनेवाली स्थानीय ट्रेनें दो घंटे में यहाँ पहुँचा देती हैं। गाँव में रेलवे स्टेशन होने से यहाँ पहुँचना आसान है। गाँव का क्षेत्रफल करीब दो वर्ग मील होगा। रिहायशी हिस्से का बड़ा भाग रेलवे लाइन के पूरब में है जबकि इसके पश्चिम में खेत और कायस्थ और धोबा जातियों की बस्तियाँ हैं। गाँव के एक हिस्से के बीच से कौशिकी नदी बहती है। सर्दियों में तो यह सूखी पड़ी रहती है लेकिन बरसात में इसमें खासा पानी रहता है। गाँव और उसके खेत यूँ ही बिखरे पड़े हैं। इस क्षेत्र के गाँवों के बीच सीमाएँ हैं। परती भूमि, चौड़ी आलें (खेतों के बीच सीमारेखा का काम करनेवाली उभरी हुई, पतली, भूमि की पट्टियाँ), नदी और मुख्य सड़कें। एक गाँव और दो गाँवों में अन्तर मुख्यतः परम्परा का मामला है। यूनियन बोर्ड ने प्रशासन के उद्देश्य से गाँव को औपचारिक रूप से मौजा के रूप में स्वीकृत किया है—मौजा हमारे गाँव की तरह एक ही गाँव हो सकता है या दो या ज्यादा छोटे गाँवों का समूह भी।

आवास

गाँव में, हर जाति के लोग अपने-अपने मोहल्लों में रहते हैं जिनका नाम उनकी जाति के नाम पर होता है। वैसे यह कोई पक्का नियम भी नहीं है, कभी-कभी एक ही जाति के लोग एक-दूसरे से खासी दूरी पर रहते हैं और कभी-कभी नीची जाति के बँटाईदार अपने ऊँची जाति के भूस्वामियों के पास ही बसे मिलते हैं। मकान और खेत मिले-जुले से हैं, ज्यादातर मकान ऊँची जगह पर हैं।

गाँव में 324 मकान और झोंपड़ियाँ हैं। इनमें से सिर्फ पाँच मकान ईंटों से बने हैं, यह परिवार अतीत में समृद्ध हुआ करते थे। बाकी मकान मिट्टी के हैं जिन पर छप्पर

छाए गए हैं, इनमें से कई के फर्श सीमेंट के हैं और दीवारों पर सफेदी की गई है। मकानों का ढाँचा कुछ ऐसा होता है—एक वर्गाकार दालान के चारों तरफ बने कई कमरे—और कमरों के चारों तरफ एक ऊँची दीवार। संयुक्त परिवारों में, हर विवाहित जोड़ी का एक कमरा होता है। जरूरत पड़ने पर दालान में या, दीवार के बाहर और कमरे बनाए जा सकते हैं। जब किसी घर का, संयुक्त परिवार की इकाइयों के बीच बँटवारा होता है तो सदस्य अपने कमरे, और दालान के एक हिस्से पर दावा करते हैं जहाँ रसोई के लिए अलग कमरा बन सकता है।

गरीब लोगों और नीची जातियों के मकानों में अक्सर दालान छोटे होते हैं और कमरे कम और छोटे भी होते हैं। इन मकानों में अक्सर एक ही व्यक्ति का परिवार रहता है, संयुक्त परिवार नहीं। अक्सर नीची जातियों के मकानों को अलग ही पहचाना जा सकता है।

खेती का क्रम

गाँव के सभी लोग खेती-बाड़ी करते हैं। चावल आधारभूत फसल है और अपनी जरूरत पूरी करने के लिए उगाया जाता है। ज्यादातर लोगों को तो बाहर से भी चावल खरीदना पड़ जाता है। आलू और जूट नकदी फसलें हैं और इनकी खेती बड़े पैमाने पर होती है। कुछ ऊँचाई पर स्थित खेतों में आलू और जूट की खेती अलट-पलट कर होती है जबकि नीचाई पर स्थित खेतों में धान बोया जाता है। भूस्वामी के सभी खेत एक ही जगह पर नहीं होते—कुछ भूमि आलू के खेतों में होगी तो कुछ धान के खेतों में, कुछ गाँव के एक तरफ तो कुछ दूसरी तरफ। गाँव की जरूरत भर के लिए काफी दालें उगाई जाती हैं। सब्जियाँ भी उगाई जाती हैं।

फसलों का क्रम इस प्रकार है—ऊँची जमीन पर अप्रैल मध्य में पटसन बोया जाता है और सितम्बर में काटकर बेच दिया जाता है; अक्तूबर में आलू बोया जाता है और मार्च में खोदकर बेच दिया जाता है। इन्हीं खेतों के छोटे-छोटे हिस्सों में दलहन बोई जाती हैं, कुछ अप्रैल में और कुछ अक्तूबर में। निचली भूमि पर मई में धान बोया जाता है और जून में उसकी रोपाई होती है। दिसम्बर में धान काट लिया जाता है, मार्च में धान को पुआल से अलग किया जाता है। बाद में औरतें धान को कूटकर चावल निकालती हैं।

इस क्षेत्र में पाए जानेवाले सभी फलों के पेड़, जैसे—आम, बेल, जामुन, कुल, अमरूद, केला और पपीता, गाँव में बहुतायत से हैं। नहाने, कपड़े धोने और मछलियाँ पालने के लिए तालाब हैं। बाँस के कुंज कहीं भी दिख जाते हैं, छतें बनाने और मिट्टी की दीवारों को सहारा देने के लिए बाँस जरूरी है और शहर में इसके अच्छे दाम मिल जाते हैं।

ऊँचे समूह अपनी जमीन पर बँटाईदारी पर खेती करवाते हैं। जमीन का मालिक

आधा बीज और आधी खाद या उनकी कीमत देता है, जबकि खेती करनेवाला बाकी आधा बीज, आधी खाद, हल-बैल और अपनी मेहनत उपलब्ध करवाता है, फसल आधी-आधी बाँट ली जाती है। अगर कोई पूरी फसल रखना चाहता है तो वह दिहाड़ी पर मजदूर रखकर खेती करवाता है। इसी तरह, तालाबों के मालिक कुछ अर्से के लिए तालाब पट्टे पर मछुआरों को देते हैं जो तालाब और मछलियों की देखभाल करते हैं। जब भी तालाब के मालिक को मछलियाँ चाहिए होती हैं, मछुआरों को बुलवा लिया जाता है। जाल डालकर मछलियाँ पकड़ी जाती हैं और मालिक और मछुआरे आधी-आधी मछलियाँ बाँट लेते हैं। अगर मालिक सभी मछलियाँ रखना चाहे तो उसे मछुआरे का हिस्सा बाजार-भाव पर खरीदना होगा। गाँव में पैसे का चलन बहुत ही सीमित है, सेवाओं और वस्तुओं का विनिमय आम है।

भूमि की काश्तकारी

किसी भी गृहस्थ के पास लम्बी-चौड़ी जमीनें नहीं हैं। इस गाँव में कोई भी बहुत रईस नहीं है। संयुक्त परिवारों की जमीनें हर पीढ़ी के साथ और छोटे हिस्सों में बँटती चली जाती हैं। यह पता लगाना मुश्किल है कि हर परिवार के पास कितनी जमीन है। मोटे तौर पर भूमि का स्वामित्व तीन तरह का है :

(1) सरकारी सम्पत्ति जैसे कि रेलवे की जमीन

(2) ऐसी जमीन जिसके लिए सरकार को सड़क उपकर चुकाना पड़ता है जैसेकि ब्रह्मोत्तर भूमि जो कभी बर्दवान के महाराजा ने इस क्षेत्र के ब्राह्मणों को भेंट की थीं और कायस्थों की माल भूमियाँ जोकि पहले जमींदारों से पट्टे पर ली गई थीं और जिनका किराया अब नहीं दिया जाता।

(3) प्रजास्वत्त भूमि या ऐसी जमीन जिसका तय किराया गाँव में रहनेवाले भूस्वामी या अनिवासी जमींदार को चुकाया जाता है।

सभी ब्राह्मणों के पास ब्रह्मोत्तर भूमि है, वैसे और जातियों के पास भी ऐसी भूमि है क्योंकि जरूरत पड़ने पर ब्राह्मण अपनी जमीन किसी को भी बेच देता है और पहले तो अक्सर ऐसा होता रहा है। कायस्थों को माल भूमियाँ, पहले जमाने में जमींदारों की नौकरियाँ करते हुए मिलीं। ज्यादातर प्रजास्वत्त भूमि आजकल यंग मैंस जमींदारी को-ऑपरेटिव सोसायटी लिमिटेड के पास है। गाँव के भूतपूर्व जमींदार ने जो मिदनापुर में रहते थे, अपनी जमींदारी इस को-ऑपरेटिव सोसायटी को बेच दी है। को-ऑपरेटिव में कई अनिवासी हैं जिन्होंने इस जमींदारी के प्रबन्धन को अपना प्रमुख पेशा बना लिया है। जमीन के लगातार बँटते चले जाने के कारण ऊँची जाति के भूस्वामियों में से हरेक के पास करीब 15 से 30 बीघा जमीन बची है। नीची जातियों के लोग ज्यादातर प्रजास्वत्त भूमियों के बँटाईदार हैं लेकिन ज्यादातर लोगों ने दो से पाँच बीघा तक अपनी जमीन भी खरीद ली है।

उद्योग

रोजमर्रा की जरूरतों के लिए गाँव आत्मनिर्भर है। हाल ही में रेलवे स्टेशन के पास दवा और मिठाई की कुछ दुकानें खुल गई हैं लेकिन गाँव की सीमा में कोई बाजार नहीं है। डेढ़ मील दूर स्थित पड़ोसी गाँव की सीमा से लगी जमीन पर हफ्ते में दो बार लगनेवाली हाट में उपभोक्ताओं की जरूरत-भर का सब सामान मिल जाता है। दो मील दूर के कस्बे में रोज बाजार लगता है, अचानक जरूरत आ पड़ने पर लोग वहाँ जाते हैं।

इस क्षेत्र का बड़ा कुटीर उद्योग बुनाई है। यह ताँतियों (बुनकरों) का पुश्तैनी पेशा है। यह क्षेत्र नफीस किस्म की सूती साड़ियों और धोतियों के उत्पादन के लिए प्रसिद्ध है। अपने कपड़े की बिक्री और उस पर बुने जानेवाले डिजाइनों के लिए बुनकर हमेशा बाहर के बाजार के सम्पर्क में रहते हैं। इस गाँव और आसपास के क्षेत्र के स्वतन्त्र बुनकर अपने उत्पादन को हावड़ा में हर मंगलवार को लगनेवाली हाट में बेचते हैं (यह बंगाल की प्रसिद्ध साप्ताहिक हाट है) वहाँ वे कपड़ा थोक व्यापारी को बेचते हैं, छिटपुट ग्राहक भी थोक के दामों पर बढ़िया सौदा पा सकते हैं।

आज कपड़ा बुनना फायदे का सौदा नहीं रह गया। सूती धागे के ऊँचे दाम और जीवनयापन के महँगा होते चले जाने से कम ही बुनकर स्वतन्त्र उत्पादक रह गए हैं। इनमें से ज्यादातर महाजनों से धागा और डिजाइन लेकर ऑर्डर पर काम करते हैं। वे दिहाड़ी मजदूरी पर काम करते हैं, या कपड़े के दाम का एक भाग लेते हैं।

इस गाँव के सभी ताँती घरों में एक या दो करघे हैं जिन पर पुरुष काम करते हैं। स्त्रियाँ धागे को माँड लगाकर लपेटती हैं, यह काम कुशलता की माँग करते हैं और कठिन हैं। यहाँ के ताँतियों की अपनी जमीनें हैं और वे अपनी जरूरत का जितना अनाज उगा सकते हैं, उगाते हैं। लेकिन पड़ोस के गाँव के ताँती खेती कम ही करते हैं।

एक और महत्त्वपूर्ण ग्रामोद्योग ग्वालों के हाथ में है। दूध से छेना बनाकर रोज बिक्री के लिए कलकत्ता ले जाया जाता है, इस छेने का दाम रोज बदलता है। हर ग्वाले का बँधा हुआ व्यापारी होता है जो उसे हर हफ्ते छेने के दाम का भुगतान करता है। खास मौकों पर ग्वालों को दही और खीर के ऑर्डर भी मिलते हैं। नकदी फसलों के अलावा कपड़ा और छेना गाँव के महत्त्वपूर्ण निर्यात हैं। कुछ कुम्हार और तेली भी हैं जो बर्तन और तेल गाँव में ही या पास की साप्ताहिक हाट में बेचते हैं।

दैनिक यात्री

शहर का प्रभाव समुदाय के दफ्तरों में काम करनेवाले शिक्षित लोगों द्वारा और भी अनुभव और प्रसारित किया जाता है। कलकत्ता के दफ्तरों में ब्राह्मणों, कायस्थों और अब कुछ ताँतियों का नौकरी करना, गाँव के अर्थतन्त्र का महत्त्वपूर्ण भाग है। जमीन से होनेवाली आय काफी नहीं रहती और यूँ भी लगातार बँटते-बँटते जोतें छोटी होती

जाती हैं, इसलिए और स्रोतों से आय पैदा करना जरूरी है। पढ़े-लिखे ग्रामीण क्लर्क बनने की आकांक्षा रखते हैं। लगभग सभी दफ्तर जानेवाले दैनिक यात्री हैं और उनका ज्यादातर समय यात्रा करते बीतता है। दो पीढ़ियों से दफ्तर जाने का चलन बढ़ा है और इसने समुदाय पर एक खास छाप छोड़ी है। गृहिणियों को तड़के ही उठकर दफ्तर जानेवालों को सुबह साढ़े छह बजे तक पूरा भोजन तैयार करके देना होता है, ऊँची जातियों के घर सोमवार से शनिवार तक, रोज 12 घंटे पुरुषविहीन होते हैं। अनुमान है कि करीब 150 रु. मासिक की आमदनी, गाँव में उगाए गए फल-सब्जी-अनाज के अलावा, एक औसत परिवार के लिए एक आरामदेह जीवन उपलब्ध कराने के लिए काफी है। 400 या अधिक की आमदनीवाला आदमी रईस कहा जा सकता है।

जनसंख्या

1951 की जनगणना के अनुसार हमारे गाँव की कुल जनसंख्या 1603 थी, 752 स्त्रियाँ और 851 पुरुष। यहाँ पूर्वी पाकिस्तान के शरणार्थियों के न आने से यहाँ जनसंख्या में खास परिवर्तन नहीं आया। जनसंख्या 20 जाति समूहों और पाँच गैर-जाति समूहों में बँटी है। गैर-जाति समूह गैर हिन्दू या गैर-बँगाली हैं। गैर-बंगाली अपने क्षेत्र के नाम से जाने जाते हैं जैसे ओड़िया और बिहारी बँगला भाषियों के लिए इसका कोई अर्थ नहीं है कि इन समूहों के बीच भी विभाजन है। शुरू में रेलवे की मजदूरी करने आए मजदूरों ने मिली-जुली जातियों और जन-जातियों का एक समूह बना लिया है जिसे समुदाय कुली कहकर पुकारता है, उनके मूलस्थान में किसी की रुचि नहीं रह गई। इसके अलावा, कभी-कभी इस इलाके में प्रवासी आदिवासी लोग आते हैं, इनमें प्रमुख हैं—पलामू जिले के ओराँव। सन्थाल यहाँ पहले से ही बसे हुए हैं और उन्होंने आदिवासियों के कुछ लक्षण बनाए रखे हैं लेकिन बाकी लोग उन्हें एक नीची जाति के तौर पर देखते हैं। यही स्थिति ओराँवों की है।

इसके अलावा इस गाँव में थोड़े से मुसलमान लोग भी हैं। इन लोगों से हिन्दुओं का व्यवहार वैसा ही है जैसा उन जातियों के साथ रहता है जिनसे उनका बहुत कम सामाजिक व्यवहार रहता है। मुसलमानों को हिन्दू आनुष्ठानिक रूप से अशुद्ध मानते हैं इसलिए उनके स्पर्श से बचा जाता है। लेकिन इन दो धार्मिक समूहों के सदस्यों के बीच सामान्य व्यक्तिगत सम्बन्ध रहते हैं। पुरुष एक-दूसरे से परिचित होते हैं और रास्ते में मिलने पर एक-दूसरे से दुआ-सलाम करते हैं। सामाजिक और राजनीतिक रूप से महत्त्व रखनेवाले मुसलमानों का हिन्दू सम्मान करते हैं, हालाँकि तब भी वे (मुसलमान) आनुष्ठानिक रूप से अशुद्ध ही रहते हैं। यूनियन बोर्ड जैसे आधिकारिक कामकाजों के सिलसिले में हिन्दू और मुसलमान एक-दूसरे के घर आते-जाते हैं। 1946-47 के साम्प्रदायिक दंगों के दौरान इस गाँव में कोई गड़बड़ी नहीं हुई। ज्यादातर मुसलमानों का पुश्तैनी धन्धा सूत कातना, रँगना और बुनाई है। वे खेती भी करते हैं। एक मस्जिद

और एक कब्रिस्तान मुसलमान मोहल्ले की पहचान है।

नीचे तालिका में गाँव की विभिन्न जातियों की सूची दी गई है। जाति के सामने उसके परिवारों की संख्या है :

जाति और गैर-जाति समूहों की संख्या

जाति समूह	*परिवारों की संख्या*
बाग्दी	61
ब्राह्मण	44
माहिष्य	34
ताँती	33
सन्थाल	25
मूची	16
कायस्थ	14
ग्वाला	9
डोम	8
दुले	8
चुनुड़ी	5
धोबा	4
कामर	4
जुगी	3
मोयड़ा	3
गन्धबणिक	2
कुमोर	1
कोलू	1
नापित	1
हाढ़ी	1
कुल जाति	277
गैर-जाति समूह	
मुसलमान	36
कुली	5
बिहारी	2
ओड़िया	2
ओराँव	2
कुल गैर-जाति	47
कुल जाति और गैर-जाति	324

जाति वरिष्ठताक्रम

भारत के बाकी भागों की तरह इस गाँव में भी जातियों का एक वरिष्ठताक्रम है जिसमें सबसे ऊपर ब्राह्मण हैं। सबसे निचले स्तर की जातियों का खानपान और रहन-सहन ऐसा है जो हिन्दू आनुष्ठानिक विचार में अशुद्ध माना जाता है। हिन्दू आदर्शों से सबसे ज्यादा दूरी पर स्थित जातियों को सबसे निचले क्रम पर रखा जाता है, जैसेकि सन्थाल और ओराँव जिन्होंने कई आदिवासी लक्षण बनाए रखे हैं। हाढ़ी, डोम और मूची बंगाल भर में नीची जातियाँ मानी जाती हैं, इनका खानपान और पेशा अशुद्ध माना जाता है।

सबसे निचले स्तरों की जातियाँ ऊपर उठने के प्रयास करती हैं और अपना स्तर सुधारने की उनकी अभिलाषा को शेष समुदाय की स्वीकृति रहती है। इस परिवर्तन की दिशा में पहला कदम होता है, अशुद्ध माने जानेवाले धन्धे को छोड़ देना। उदाहरण के लिए, खाल और चमड़े का काम करनेवाले मूचियों ने दो पीढ़ी पहले यह धन्धा छोड़कर सिर्फ खेती करना शुरू किया। आजकल तो वे मरे हुए जानवर को छूते तक नहीं। उनके पेशा बदलने से गाँव के श्रम विभाजन में एक खालीपन आया क्योंकि किसी गाय या बैल के मरने पर किसी को तो उसे उठाकर ले जाना होगा और सम्भव हो तो उसकी खाल भी उतारनी होगी। आजकल यह काम सन्थाल और ओराँव करते हैं लेकिन वे चमड़े से चप्पलें या और चीजें नहीं बनाते।

गाँव की जातियों का वरिष्ठताक्रम नीचे दिया जा रहा है। लेकिन हम पहले ही साफ कर दें कि बीच की जातियों की वरिष्ठताक्रम अस्पष्ट है।

(1) ब्राह्मण, (2) कायस्थ, (3) ताँती, ग्वाला, (4) कुमोर, कमर, नापित, कोलू, मोयड़ा, (5) गन्धबाणिक, जुगी, (6) माहिष्य, (7) बाग्दी, धोबा, मूची, चुनुड़ी, डोम, ढुले, हाढ़ी, (8) सन्थाल।

यह वरिष्ठताक्रम सिर्फ इस गाँव के सामारोहिक और धर्मनिरपेक्ष मूल्यों के आधार पर बनाया गया है और बाकी गाँवों के वरिष्ठताक्रम से अलग हो सकता है। इसके अलावा भी इसी गाँव में इन स्थितियों पर असहमति हो सकती है और कोई भी जाति वरिष्ठता का दावा कर सकती है। यह भावना खासतौर पर एक ही स्तर की मानी जानेवाली जातियों में दिखाई देती है।

धार्मिक सन्दर्भों में ब्राह्मण जाति का वर्चस्व निर्विवाद है लेकिन रोजमर्रा के जीवन में भी उसका स्तर सबसे ऊँचा हो, यह जरूरी नहीं है। बंगाल में सभी जगहों की तरह यहाँ भी धर्मनिरपेक्ष सन्दर्भों में कायस्थ जाति ऊपर है। गाँव के थोड़े से कायस्थ परिवार पीढ़ियों से बाकी लोगों से सम्पन्न रहे हैं और पढ़ाई-लिखाई में भी आगे रहे हैं। कायस्थ लोग पुराने मुसलमान शासकों के दरबारों में साहित्यिक काम करते थे, धीरे-धीरे इस जाति के कई लोगों ने शासकों से जमीन खरीद ली या पट्टे पर ले ली और खुद शक्तिशाली जमींदार बन बैठे। उन्होंने वाणिज्य-व्यापार से भी पैसा कमाया। जब बंगाल में अंग्रेजी शिक्षा शुरू हुई तो ब्राह्मणों के साथ-साथ कायस्थ भी जल्दी से नई व्यवस्था

में ढल गए और बड़ी संख्या में नए पेशों और सरकारी नौकरियों में आ गए। पिछली सदी के अन्त में इस गाँव की कायस्थ जाति में एक प्रसिद्ध साहित्यिक व्यक्तित्व जन्मा जो उच्च सरकारी अधिकारी भी था। उसका परिवार आज भी गाँव का सबसे समृद्ध परिवार माना जाता है, हालाँकि यह सन्देहास्पद ही है।

इस गाँव में वंश-परम्परा के खाते नहीं रखे जाते। बड़े-बूढ़े तीन-चार पीढ़ी पहले तक के पूर्वजों के नाम ही बता पाते हैं, उनके बारे में वे और कुछ नहीं जानते; हाँ, अगर कोई पूर्वज विलक्षण कुछ कर गया तो बात और है। इस गाँव में बहुत समय से रहनेवाले ब्राह्मण परिवार बाकी ब्राह्मण परिवारों के पुरोहित थे। खुद ब्राह्मणों का वर्गीकरण इस आधार पर होता है कि वे ब्राह्मणों के पुरोहित रहे या गैर-ब्राह्मगों के, ऊँचे दर्जे के ब्राह्मणों को गैर-ब्राह्मणों का पौरोहित्य करने की मनाही थी। लेकिन आजकल तो कई बहुत ऊँचे दर्जे के ब्राह्मण कायस्थों, ताँतियों और ऊँची जातियों के गैर-ब्राह्मणों के पुरोहित हैं। बाग्दियों के अपने ब्राह्मण हैं, बाकी बहुत ही नीची जातियों के भी अपने-अपने ब्राह्मण हैं। नीची जातियों का पौरोहित्य करनेवाले ब्राह्मण ऊँचे ब्राह्मणों से रोटी-बेटी का सम्बन्ध नहीं रख सकते। हमारे गाँव में बाग्दियों के ब्राह्मण नहीं रहते, जब जरूरत पड़ती है तो वे दूसरे गाँव से आते हैं।

ऊँचे वर्ग के ब्राह्मण परिवारों के पूर्वज, पुरोहित कर्म करने के साथ-साथ अपनी विद्वत्ता के लिए भी जाने जाते थे, वे धार्मिक पाठशालाएँ (टोल) चलाते थे जहाँ दूर-दूर से ब्राह्मण बालक संस्कृत व्याकरण, साहित्य और दर्शन पढ़ने आते थे। पुरोहितकर्म कर पाने के लिए इन विषयों की जानकारी जरूरी थी। टोल में गैर-ब्राह्मणों को नहीं पढ़ाया जाता था, लेकिन वे ब्राह्मणों के साथ पाठशाला में पढ़ सकते थे।

ब्राह्मण और कायस्थ (और कुछ क्षेत्रों में वैद्य भी) बंगाल का अभिजात वर्ग या भद्रलोक हैं। हालाँकि ब्राह्मण कायस्थों के साथ व्यवहार में शुचि का ध्यान रखते हैं फिर भी उनके बीच अनौपचारिक सम्बन्ध बने ही रहते हैं। सभी लोकव्यवहारों में समानता का भाव बना रहता है, गहरी दोस्तियाँ हो जाती हैं और अनौपचारिक रूप से घरों में आना-जाना भी होता है। सामाजिक उत्सवों में कायस्थ ब्राह्मणों को भोजन के लिए निमन्त्रित करते हैं जिसमें भात को छोड़कर सभी सामग्रियाँ परोसी जाती हैं क्योंकि भात ब्राह्मणों को अशुद्ध बना देगा।

ताँती और ग्वाले का पेशा शुद्ध है और इस गाँव में कई ताँती और ग्वाले सम्पन्न लोग हैं। ग्वालों की अपेक्षा ताँतियों के बीच साक्षरता का प्रसार ज्यादा है, कई ताँती तो दफ्तरों में काम करने लगे हैं। ब्राह्मण इन दो जातियों के घरों में भी भात के अलावा बाकी चीजें खा लेते हैं। चौथे क्रम पर रखा गया जाति समूह ग्रामीण जीवन की कई आवश्यकताएँ पूरी करता है। कुमोर (कुम्हार), कमर (लोहार), नापित (नाई), कोलू (तेली), मोयरा (हलवाई/भड़भूजा) सभी अपनी जाति का धन्धा करते हैं, लेकिन उनके पास जमीनें भी हैं और वे जितना सम्भव हो, अपनी जरूरत-भर के फल-सब्जी-अनाज खुद उगाते हैं। यह शुद्ध जातियाँ मानी जाती हैं और ब्राह्मण इनके हाथ का पानी पी

लेते हैं। लेकिन उनका जीवन स्तर नीचा है और अभी वे शिक्षा के माध्यम से अपना सुधार करने में नहीं जुटे हैं। ऊँची जातियाँ उनसे नजदीकी सम्बन्ध नहीं रखतीं। यह याद रखना चाहिए कि ताँती और ग्वाला को उनसे ऊपर सिर्फ आर्थिक स्तर बेहतर होने के कारण रखा गया है।

गन्धबणिक (मसालों के व्यापारी) आर्थिक स्तर की दृष्टि से नीचे नहीं हैं लेकिन बंगाल में बाकी जगह बणिकों (व्यापारियों) की स्थिति को देखते हुए उन्हें आनुष्ठानिक दृष्टि से नीचा रखा गया है। ब्राह्मण इन लोगों का छुआ पानी नहीं पीते। जूगी पूर्वी बंगाल में एक मजबूत समूह हैं लेकिन हमारे गाँव में एक साधारण जाति हैं और कपड़ा बुनने और खेती का काम करते हैं। गन्धबणिकों की तरह इनका आनुष्ठानिक स्तर भी नीचा है।

महिष्यों का दावा है कि पहले वही बंगाल के मूल किसान थे, खेती उनका पुश्तैनी पेशा है। इस गाँव में वे बहुत कम संख्या में हैं और चौबीस परगना के महिष्यों जितने पढ़े-लिखे और सम्पन्न भी नहीं हैं। लेकिन यहाँ के सभी महिष्य परिवारों के पास जमीनें हैं जिन पर वे या तो खुद खेती करते हैं या बँटाई पर खेती करवाते हैं, उनकी आमदनी सुरक्षित है। महिष्य आनुष्ठानिक रूप से अशुद्ध तो नहीं हैं लेकिन ऊँची जातियों के सम्पर्क में आने का मौका उन्हें नहीं मिलता और इसलिए उनके महिष्यों के बारे में विचार बहुत स्पष्ट नहीं हैं।

सातवें समूह की जातियाँ अशुद्ध हैं और तथाकथित अछूत जातियाँ हैं। बाग्दी इस क्षेत्र में संख्या की दृष्टि से आगे हैं। इस जाति के पुरुषों की ख्याति शारीरिक बलिष्ठता के लिए हुआ करती थी और उनमें से कई जमींदारों के यहाँ लठैत होते थे। परम्परागत रूप से बाग्दी डकैती से भी जुड़े रहे हैं, इसका अर्थ यह नहीं है कि सभी बाग्दी डकैत ही थे लेकिन कई कुख्यात डाकू इसी जाति के थे। आज बाग्दी खेती करते हैं और कहते हैं कि उनकी जाति का यही पेशा था लेकिन डकैती की परम्परा के अवशेष डकैत काली की पूजा में दिखते हैं। फरवरी में शिव चतुर्दशी (शिवरात्रि) की अगली रात को काली पूजा होती है। ऊँचे वर्ग का ब्राह्मण पुरोहित यह पूजा करवाता है, आसपास के गाँवों से भी लोग पूजा में शामिल होते हैं। इस पूजा का विशेष महत्त्व बाग्दी जाति के लिए है। वे समूह बनाकर पूजा में जाते हैं और समारोह में उन्हें सौंपे गए सब दायित्व पूरे करते हैं और पास ही में मेले का आयोजन करते हैं। इस दिन वे उपवास करते हैं। कहा जाता है कि डकैती अभियानों पर निकलने से पहले बाग्दी काली पूजा किया करते थे। इस गाँव में बाग्दी खुद को अशुद्ध जातियों में सबसे ऊँचा मानते हैं। लेकिन वे ऊँची जाति के लोगों के घरों के भीतरी हिस्से में नहीं जा सकते, शुचि-अशुचि का बहुत विचार करनेवाले लोग बाग्दी से छू जाने पर कपड़े बदलते हैं।

सभी जातियों के लोगों के मैले कपड़े धोने के कारण धोबा जाति भी अशुद्ध मानी जाती है। हालाँकि उनका काम सभी के लिए जरूरी है, लेकिन उनके धोए कपड़े आनुष्ठानिक रूप से अशुद्ध हो जाते हैं। ऊँची जाति की स्त्रियाँ धोबी के धोए कपड़ों

को पहनने से पहले उन्हें धो लेती हैं।

चमड़े का काम छोड़ देने पर भी मूची अशुद्ध ही माने जाते हैं। चुनुड़ी घोंघों को जलाकर चूना बनाते हैं, यह काम भी गन्दा ही माना जाता है। डोम परम्परा से श्मशान के रखवाले हैं, उनकी जाति का एक पेशा बाँस और बेंत की टोकरियाँ बुनना भी है। दूले मछुआरे हैं। हाढ़ी प्रसव के समय स्त्रियों की सेवा करते हैं, उनकी स्त्रियाँ दाई का काम करती हैं, बच्चे की नाल काटना और माँ और बच्चे की देखभाल करते हुए तमाम अशुद्ध माने जानेवाले काम वही करती हैं। यह सभी जातियाँ अपनी जाति के पेशे के साथ-साथ खेती का काम भी करती हैं और कई लोगों ने तो अपनी जाति का पेशा एकदम ही छोड़ दिया है। इनमें से ज्यादातर लोग बँटाईदारी पर या दिहाड़ी पर खेती का काम करते हैं। उनके परम्परागत व्यवसायों से होनेवाली आय काफी नहीं होती इसलिए उन्हें खेती का काम करना ही पड़ता है।

सन्थाल खेतिहर माने जाते हैं। जैसाकि पहले भी बताया गया है उन्होंने अब भी अपनी कई आदिवासी आदतें बनाए रखी हैं और वे ऐसे कई काम करते हैं जिन्हें दूसरी जातियाँ अशुद्ध मानती हैं। सन्थाल स्त्रियाँ पुरुषों के साथ-साथ खेतों में काम करती हैं। ज्यादा काम हो तो कभी-कभी पूरे सन्थाल परिवार को ही काम पर लगा लिया जाता है, इससे सन्थाल परिवारों की आमदनी दोगुना हो जाती है। कबीले के अन्दर और घर में भी, मिलजुलकर काम करने की अपनी आदत की वजह से उसी आर्थिक स्तर के और समूहों की बजाय सन्थाल बँटाईदारी या दिहाड़ी पर काम करके भी अक्सर जमीनें खरीद पाते हैं।

ऊँची जातियों की विधवाएँ चावल के चूड़ा-मुरमुरे बनाकर बेचती हैं जिससे उन्हें कुछ आमदनी हो जाती है। नीची जाति की स्त्रियाँ सम्पन्न घरों में धान कूटकर चावल निकालती हैं। जहाँ परम्परागत पेशे से आमदनी की गुंजायश होती है, विधवाएँ काम कर लेती हैं। इस तरह ताँती स्त्रियाँ सूत को कलफ लगाती हैं और उसे लपेटती हैं, ग्वाला स्त्रियाँ दूध और दूध से बनी चीजें बेचती हैं, धोबा स्त्रियाँ कपड़े धोती हैं और दूले स्त्रियाँ मछली पकड़ती हैं।

अनुष्ठान, शुचि और अशुचि

अशुद्धता के बारे में बहुत लिखा गया है। यहाँ यह याद रखना चाहिए कि 'अस्पृश्यता' सिर्फ नीची जातियों से ही नहीं जुड़ी है बल्कि अलग-अलग स्थितियों में यह सभी मनुष्यों और वस्तुओं पर लागू होती है। इस तरह, अगर नीची जाति के लोग ऊँची जाति के लोगों के घरों में भोजन को छूकर उसे अशुद्ध बना देते हैं तो ऐसे भोजन, खासकर भात को छूना खुद परिवारवालों से कई तरह की शुद्धता की माँग करता है, जैसेकि नहाना और शुद्ध कपड़े या अन्य वस्तु धारण करना और यह भी हर बार उपयोग के बाद धोए जाएँगे। मामला सिर्फ वस्तुनिष्ठ सफाई का ही नहीं है क्योंकि भात के बर्तन से

छू जाने पर किसी पहले से ही साफ वस्तु को फिर से धोना होता है (भात के स्पर्श से होनेवाली अशुद्धता का कारण पता नहीं चल पाया है) इसी तरह, ब्राह्मण जोकि सबसे शुद्ध माना जाता है, बिना नहाए, साफ वस्त्र पहने, उपवास किए, पूजा के कमरे में नहीं जा सकता, न ही धार्मिक कृत्य कर सकता है। मल त्याग की क्रिया से भी लोग आनुष्ठानिक रूप से अशुद्ध माने जाते हैं, इसके बाद नहाना ही नहीं कपड़े धोना भी जरूरी है। ऐसी स्थिति में कपड़े बदले बिना ब्राह्मण भी अपने कमरे में नहीं जा सकता, न ही घरेलू सामानों को छू सकता है, और अगर कोई नीची जाति का मनुष्य उससे छू जाए तो उसे भी कपड़े बदलने होंगे। नहाने और कपड़े बदलने की आनुष्ठानिक शर्तें पूरी न कर पाने के कारण नीची जातियों की अशुचि और भी बढ़ती है, ऐसा माना जाता है।

अशुचि और वस्तुनिष्ठ अशुद्धता में फर्क है : अशुचि संक्रामक है। यह एक मनुष्य से दूसरे मनुष्य को लग जाती है। शुचि और अशुचि सभी जातियों पर लागू होती हैं और ऊँची जातियों में इनका विचार नीची जातियों की तुलना में कुछ ज्यादा होता है।

आनुष्ठानिक शुचि को लेकर स्त्रियाँ बहुत चौकन्नी रहती हैं और उनसे अपेक्षा की जाती है कि वे इसका ध्यान पुरुषों से ज्यादा रखें। इसलिए ब्राह्मण पुरुषों को तो गैर-ब्राह्मण घरों में भोजन करने के लिए बुलाया जाता है लेकिन ब्राह्मण स्त्रियों को नहीं, यहाँ तक्र कि कायस्थ भी ब्राह्मण स्त्रियों को भोजन के लिए निमन्त्रित नहीं करते।

अशुद्धता ऊँची और नीची जातियों के सदस्यों के बीच सम्पर्क की मनाही नहीं करती, सिर्फ सम्पर्क का स्वरूप निश्चित करती है। उदाहरण के लिए, ब्राह्मण परिवार के हाढ़ी या बाग्दी नौकर कपड़े धोकर उन्हें सूखने के लिए डाल सकते हैं लेकिन सूख जाने पर कपड़ों को छू नहीं सकते। वे खाना पकाने के बर्तन माँज सकते हैं लेकिन पीने या नहाने का पानी नहीं छू सकते। बाकी तरह के कामों के लिए ऊँची जाति की स्त्रियों को रखना पड़ता है। इस तरह, कमर या ताँती स्त्रियाँ सिर्फ मसाला पीसने या रसोई साफ करने के लिए आ सकती हैं लेकिन वे पका हुआ भोजन नहीं छू सकतीं, न ही चूल्हे के पास जा सकती हैं। लोगों को मालूम रहता है कि कौन सी जाति कौन सी वस्तु को छू सकती है।

घर-परिवार

घर-परिवार में जाति के नियमों का पालन होता है। ऊँची जातियों में संयुक्त परिवार का चलन आम है। नीची जातियों में एक ही घर में कई पीढ़ियाँ दिखना कठिन है। संयुक्त परिवार में, मकान बनवाने वाले के पुरुष उत्तराधिकारियों की कई पीढ़ियाँ उसी मकान में रह सकती हैं। दो सेदी पुराने मकानों में रह रही एक ही पुरखे की कई पीढ़ियाँ मिलना आम है। जब एक घर में सम्बन्ध बहुत लम्बे खिंचने लगते हैं तो मकान का बँटवारा करके हर परिवार को अलग रसोइयाँ दे दी जाती हैं, इस परिवार में तीन पीढ़ियाँ

तक हो सकती हैं। किसी परिवार के कुछ सदस्य अगर गाँव से बाहर भी रहते हों तब भी मकान में उनका दावा बना रहता है।

दूसरी ओर नीची जाति के लोग पिता के मरने पर या विवाह होने पर, अपने भाइयों से अलग हो जाते हैं। अलग होने का प्राथमिक कारण यह होता है कि घर छोटे-छोटे होते हैं, और हर पुरुष को अपने लिए आय जुटानी होती है। जब तक किसी साझे स्रोत से कुछ आय न होती हो, संयुक्त परिवार का कोई खास फायदा नहीं है।

संयुक्त परिवार के सदस्यों के बीच बहुत सौहार्द न रहे तो मकान और सम्पत्ति का बँटवारा हो जाता है लेकिन औपचारिक कौटुम्बिक सम्बन्ध बनाए रखे जाते हैं। विवाह या मृत्यु जैसे अवसरों पर सहायता की जरूरत पड़ने पर अगर परिवार के सब लोग एक-दूसरे की सहायता न करें तो यह शर्म की बात मानी जाएगी। ऐसे परिवार में बच्चा अपने भाई-बहनों के अलावा भी और बच्चों के साथ पलता-बढ़ता है। चाचा-ताउओं के बच्चों के साथ बहन-भाइयों जैसा व्यवहार रहता है और उनके बीच जितना ही सौहार्द रहेगा, बाद के बरसों में संयुक्त परिवार में उतनी ही शान्ति रहेगी। इसी तरह, बच्चा माता-पिता की पीढ़ी के लोगों, जैसे—चाचा-ताउओं, चाचियों-ताइयों और बुआओं के प्रति वैसा ही सम्मानपूर्ण व्यवहार करना सीखता है जैसा वह अपने माता-पिता से करता है, (और अगर वे उसके पिता से बड़े हों तो और भी सम्मान से) दादा के भाई भी दादा ही कहे जाते हैं और उनका वैसा ही सम्मान भी होता है।

व्यक्तिगत सम्बन्ध

गाँव में जाति और आर्थिक स्तर के भेदभाव को भुलाकर लोगों से कौटुम्बिक नातों के आधार पर सम्पर्क रखा जाता है। आयु का बहुत ध्यान रखा जाता है और बच्चों को खासतौर पर यह आदतें सिखाई जाती हैं। ब्राह्मण या कायस्थ बच्चे, मूची या बाग्दी नौकरानियों को 'बुआ' कहते मिलेंगे, वे भी बच्चों से घर के बड़ों की ही तरह 'तुई' (तू) कहकर बात करती हैं। बच्चे ही नहीं, बड़े-बूढ़े भी नीची जाति के लोगों से नाता लगाकर बात करते हैं।

एक ही जाति और आर्थिक स्तर के परिवारों के बीच व्यवहार में नाते-रिश्तों का पूरा-पूरा ध्यान रखा जाता है, अगर किसी बूढ़े आदमी को दादा कहा जाता है तो उसके बेटे-बेटी को भी चाचा-बुआ कहकर पुकारा जाएगा। इस तरह के परिवारों के बीच अक्सर मैत्री-सम्बन्ध पनपते हैं। एक साथ पढ़े या बड़े हुए लड़के एक-दूसरे को दोस्त मानते हैं और एक-दूसरे को कई सम्बोधनों से पुकारते हैं जो दोस्ती, स्नेह और निष्ठा के प्रतीक हैं। मैत्री संस्थानगत सम्बन्धों से अलग, व्यक्तिगत सम्बन्ध के रूप में पहचानी जाती है और दोनों पक्षों के अपनी-अपनी जातियों के प्रतिबन्धों को मानते हुए भी चलती रह सकती है। लेकिन मैत्री अक्सर एक ही स्तर के लोगों के बीच पनपती है। उदाहरण के लिए, ब्राह्मणों की मैत्रियाँ और जातियों के लोगों के बजाय ब्राह्मणों, कायस्थों और

ताँतियों से ज्यादा होती हैं।

गाँव स्थिर और स्थायी है इसलिए बचपन की दोस्तियाँ बड़ी उम्र तक चलती रहती हैं और हालाँकि और रुचियों के बढ़ने के साथ भावना की प्रबलता कम हो सकती है लेकिन एक-दूसरे को दोस्त कहकर पुकारना बना रहता है। लड़कियों की शादियाँ अक्सर दूसरे समुदायों में होती हैं और उनका आना-जाना सीमित रहता है, इसलिए उनकी बचपन की दोस्तियाँ टूट ही जाती हैं। यूँ भी वे अपनी घर-गृहस्थियों में इतनी डूब जाती हैं कि वे उस समुदाय में भी जहाँ वे शादी होकर गई हैं, नई दोस्तियाँ करने में, कम ही रुचि लेती हैं।

गाँव का प्रशासन

पहले पूरे समुदाय और जाति के अन्दर होनेवाली किसी गड़बड़ी का फैसला करने के लिए हर जाति के वरिष्ठ लोगों की सभा बैठती थी। अब यह पंचायतें पूरी तरह लुप्त हो गई हैं। हर जाति में, नेतृत्व के लिए कुछ प्रभावशाली लोग होते हैं लेकिन उनके फैसले मानने की बाध्यता नहीं रह गई है। समुदाय में कोई विकट स्थिति आ पड़ने पर ऊँची जाति के पढ़े-लिखे लोगों को आगे किया जाता है। अब गाँव का औपचारिक प्रशासन यूनियन बोर्ड के हाथ में है। यूनियन बोर्ड में, हमारे गाँव सहित नौ मौजा हैं। यूनियन बोर्ड के नौ निर्वाचित सदस्य होते हैं जिनमें अध्यक्ष भी होता है। जरूरी नहीं है कि हर चुनाव में हर मौजा को प्रतिनिधित्व मिले। यूनियन बोर्ड एक सचिव और हर मौजा के लिए (जनसंख्या को देखते हुए) एक या दो चौकीदार नियुक्त करता है; इसका दफ्तर अध्यक्ष के घर में ही है। जिला प्रशासन बोर्ड के चार सदस्यों को चुनकर स्थानीय अदालत बनाता है जो नौ मौजों के निवासियों के विवाद सुनती है। दो सौ रुपयों से कम रकम पर हुए विवादों का फैसला इस अदालत में होता है, इसे पन्द्रह दिन तक की कैद और पचास रुपए तक के जुर्माने की सजा सुनाने का अधिकार है।

यूनियन बोर्ड कर वसूलता है, सड़कें बनवाता और उनकी मरम्मत करवाता है, ट्यूबवेल लगवाता है और सरकार की बनवाई मुफ्त प्राथमिक शाला की देखरेख करता है। गाँव में स्थित सम्पत्ति या जमीन से होनेवाली आय के आधार पर कर वसूले जाते हैं। पैसा खर्च करने के लिए यूनियन बोर्ड को जिले के अधिकारियों से अनुमति लेनी पड़ती है। सड़कें इतनी चौड़ी नहीं हैं कि उन पर मोटरें चल सकें लेकिन प्रमुख सड़कें बैलगाड़ियों और साइकिलों के लिए ठीक हैं। गाँव के अलग-अलग हिस्सों में पाँच गहरे ट्यूबवेल हैं।

गाँव की शालाएँ

गाँव में एक निःशुल्क प्राइमरी शाला है जिसमें आसपास के गाँवों के बच्चे भी पढ़ने

के लिए आते हैं क्योंकि पूरे यूनियन बोर्ड क्षेत्र में सिर्फ तीन प्राथमिक शालाएँ हैं। यूँ तो शालाएँ निःशुल्क हैं और सभी जातियों के लिए हैं लेकिन छात्रों की सूची देखने पर समझ में आता है कि ज्यादातर छात्र ऊँची जातियों के हैं।

नीची जातियों के माँ-बाप बच्चों को खेत या घर पर, काम में लगाना ज्यादा पसन्द करते हैं। प्राथमिक शाला चौथी कक्षा तक है, यूनियन बोर्ड क्षेत्र में सिर्फ दो ही हाईस्कूल हैं। हमारे गाँव का हाईस्कूल नौवीं कक्षा तक ही है, स्कूल फाइनल की परीक्षा की तैयारी कर रहे गाँव के चार लड़कों में से दो पड़ोस के गाँव के हाईस्कूल में जाते हैं और दो दस मील की दूरी पर सिंगूर कस्बे के हाईस्कूल में पढ़ने रेलगाड़ी से आते-जाते हैं।

प्राइमरी शाला को छोड़कर लड़कियों के लिए कोई शाला नहीं है। चौथी कक्षा से आगे पढ़ना चाहनेवाली लड़कियों को रेल से या तो सिंगूर जाना होगा या पन्द्रह मील दूर श्रीरामपुर। इसका नतीजा यह है कि आज तक इस गाँव की सिर्फ एक ही लड़की ने स्कूल फाइनल की परीक्षा पास की है।

इस गाँव के कुछ कायस्थ और ब्राह्मण युवक कलकत्ते में कॉलेज की पढ़ाई कर रहे हैं, कमर्शियल कॉलेज खासकर पसन्द किए जाते हैं। कॉलेज शिक्षा का मुख्य उद्देश्य है, दफ्तर में नौकरी की तैयारी। गाँव का सिर्फ एक ही नवयुवक स्नातकोत्तर शिक्षा पा रहा है, एक साहित्यिक परिवार के इस ब्राह्मण युवक ने नौकरी छोड़कर विश्वविद्यालय में दाखिला लिया है। गाँव के लोगों को उसकी यह बात अजीब लगी हालाँकि विद्या के प्रति उसकी रुचि के कारण वे उसका सम्मान करते हैं।

मनोरंजन

युवकों की कोशिशों से गाँव में एक पुस्तकालय की स्थापना हुई है। गाँव के लोगों ने इसके लिए तेरह सौ किताबें दान की हैं। लोग अखबार नहीं पढ़ते। कलकत्ता आने-जाने वाले लोग महत्त्वपूर्ण खबरें ले ही आते हैं। दो ब्राह्मणों और दो कायस्थों के घरों में बैटरी से चलनेवाले रेडियो हैं। उत्सवों के समय नाटक खेले जाते हैं और गीत गाए जाते हैं, लेकिन सिनेमा भी ध्यान आकर्षित करता है और कभी-कभी स्त्रियाँ और पुरुष सिनेमा देखने दस से पन्द्रह मील दूर तक जाते हैं।

वैज्ञानिक दृष्टिकोण

अधिकांश ग्रामीणों की विचार पद्धति वैज्ञानिक नहीं है खासकर दुर्घटनाओं को नियन्त्रित करने के मामले में। उदाहरण के लिए, अगर कोई व्यक्ति बीमार हो जाए या उसके घर में आग लग जाए या उसकी फसल अच्छी न हो तो इसका कारण उसका दुर्भाग्य या उसके द्वारा किसी अनुष्ठान को न किया जाना माना जाता है। वैज्ञानिक विचारधारा की कमी स्त्रियों और ऊँची जातियों की अपेक्षा नीची जातियों में ज्यादा देखी जाती है इसलिए

किसी बच्चे के बीमार पड़ने पर गृहिणियाँ डॉक्टर की बजाय नीची जाति के ओझा को भूत भगाने के लिए बुलाती हैं, और बच्चों की रक्षक षष्ठी देवी को भेंट चढ़ाती हैं। ऐसा माना जाता है कि कई रोगों को डॉक्टरों की बजाय ओझा ज्यादा अच्छी तरह ठीक कर पाते हैं, असल में गाँव में कोई चिकित्सक है ही नहीं। गम्भीर मामलों में दो-तीन मील दूर के कस्बे से दो डॉक्टरों में से किसी को बुलाया जाता है, नीची जाति के लोग गाँव के ही एक नीम-हकीम से इलाज करवाते हैं।

ज्योतिष में लोगों का विश्वास दुर्भाग्य के मामले में ही नहीं, धार्मिक अनुष्ठानों के मामले में भी जबर्दस्त है। बच्चों का अन्नप्राशन, जनेऊ या विवाह के मामले में लोग ज्योतिषी की राय लेते हैं। त्योहारों-पर्वों के दिनों के साथ-साथ और भी ढेरों जानकारी देनेवाले पंचांग का, बंगाल के बाकी गाँवों की तरह यहाँ भी खूब इस्तेमाल होता है।

धार्मिक गतिविधियाँ

ऊँची जाति के कई घरों में पूजा का एक अलग कमरा होता है जिसमें एक देवमूर्ति होती है जिसकी प्रतिष्ठा शायद परिवार के पूर्व पुरुष ने की होती है। यह देवता परिवार में बँटवारा हो जाने के बाद भी, परिवार की शाखाओं की एकता का प्रतीक होता है, इसकी पूजा के लिए परिवार के सभी सदस्य पैसा देते हैं। इस देवता की पूजा करने के लिए परिवार की परम्परा के अनुसार रोज या समय-समय पर पुरोहित आता है। यदि देवता नारायण हों तो ब्राह्मण गृहस्थ खुद पूजा नहीं करता और महत्त्वपूर्ण अवसरों पर उसे दूसरे ब्राह्मण परिवार से पुरोहित बुलवाना पड़ता है। पुरोहित को कुछ परिवारों की पुरोहिताई विरासत में मिलती है। अगर देवपूजा के लिए अलग कमरा न हो तो कमरे के एक कोने में बने चबूतरे पर मूर्तियाँ रखी जाती हैं। धान और धन की देवी लक्ष्मी की पूजा छोटे-बड़े सभी घरों में सितम्बर, जनवरी और मार्च में होती है।

गाँव में सदियों पहले प्रभावशाली जमींदारों का बनवाया एक मन्दिर भी है जो बंगाल के ज्यादातर मन्दिरों जैसा है। इस मन्दिर को कुछ भूमि दी गई है जिससे होनेवाली आय मन्दिर के कोष में जाती है। मन्दिर का पुरोहित और उसका परिवार भी इसी आय पर निर्भर है। मन्दिर की देवी, दुर्गा का ही एक स्वरूप है और उसकी पूजा रोज होती है लेकिन ग्रामीणों का मन्दिर से ज्यादा सम्पर्क नहीं है, वे यहाँ मनौतियाँ पूरी होने पर ही आते हैं।

कुछ बड़े-बड़े पेड़ों के नीचे ऊँची वेदियों पर स्थापित पत्थर की मूर्तियाँ लोकप्रिय ग्राम देवता हैं, गृहिणियाँ उनकी पूजा करती हैं। नीची जातियों की स्त्रियाँ इनके साथ-साथ ऊँची जातियों के देवताओं की भी पूजा करती हैं। इन मूर्तियों में शिव की प्रमुखता है लेकिन बच्चों की रक्षक षष्ठी, चेचक की देवी शीतला और साँपों की अधिष्ठात्री मनसा की मूर्तियाँ भी हैं।

गाँव के पर्व

स्थायी मूर्तियों की पूजा व्यक्तिगत स्तर पर होती है लेकिन पर्वों के दिनों पर धार्मिक समारोह में सामूहिक भागीदारी होती है। यहाँ कुछ पर्वों की बात होगी–शरद में होनेवाली दुर्गा पूजा एक बड़ा पर्व है। पहले ब्राह्मणों और कायस्थों के चार घरों में दुर्गा पूजा होती थी लेकिन पिछले पच्चीस सालों से एक ही पूजा होती है जिसके लिए सभी जातियाँ पैसा देती हैं। बताया जाता है कि अब कोई भी परिवार इतना समृद्ध नहीं रह गया है कि वह अकेला दुर्गा पूजा आयोजित कर सके। पर्व मनाने के लिए सभी जातियाँ जमा होती हैं लेकिन पुष्पांजलि सिर्फ ब्राह्मण, कायस्थ और ताँती अर्पित करते हैं। दो साल पहले बाग्दियों ने भी पुष्पांजलि अर्पित करने की माँग की लेकिन उन्हें अनुमति नहीं दी गई क्योंकि ब्राह्मण पुरोहितों ने बाग्दियों का पौरोहित्य करने से मना कर दिया। ऊँची जातियों ने कहा कि बाग्दी अपने पुरोहितों से अपनी अलग दुर्गा पूजा करवा लें, पूरा गाँव उसके लिए चन्दा देगा। बाग्दी इसके लिए राजी नहीं हुए और उन्होंने पूजा का सामूहिक बहिष्कार किया। जनभावना बाग्दियों के पुष्पांजलि अर्पित करने के विरुद्ध नहीं थी, ब्राह्मण-पुरोहितों द्वारा पौरोहित्य करने की माँग के विरुद्ध थी। ऐतिहासिक रूप से दुर्गा पूजा ऊँची जातियों का समारोह है जिसे पुराने जमाने में राजा और जमींदार आयोजित करते थे। अब हालाँकि सार्वजनिक चन्दे के माध्यम से यह अधिक लोकप्रिय होता जा रहा है लेकिन नीची जातियों को कुछ और पर्व ज्यादा आकर्षित करते हैं। उदाहरण के लिए, सितम्बर में होनेवाली मनसा पूजा हालाँकि सभी जातियाँ करती हैं, लेकिन बाग्दियों और उनके स्तर की दूसरी जातियों के लिए उसका खास महत्त्व है। डकैत काली पूजा की बात पहले ही हो चुकी है।

रथजात्रा या दोलजात्रा (होली) को भारत के और हिस्सों की तरह यहाँ भी सभी जातियाँ मिल-जुलकर मनाती हैं। लेकिन ग्रामीण समुदाय के विशेष लाक्षणिक पर्व हैं–नवान्न और पौष परबना। नवान्न फसल कटाई का पर्व है, दिसम्बर के महीने में गाँव के वरिष्ठ लोग एक शुभ दिन चुनकर नया चावल देवताओं को अर्पित करते हैं, उसके बाद सब लोग उसे खा सकते हैं। हर घर में नए चावल के पकवान बनते हैं। हर गाँव उत्सव का दिन खुद तय करता है। पौष परबना भी फसल कटाई का पर्व है जो पौष महीने के आखिरी दिन (15 जनवरी) को लक्ष्मी के सम्मान में मनाया जाता है। इस दिन चावल के आटे, नारियल और दूध से बना पकवान पीठा हर घर में पकाया जाता है।

गाजन ग्रामीण बंगाल का एक और पर्व है जो बंगाली वर्ष के अन्तिम दिन (13 अप्रैल) को मनाया जाता है। यह शिव का पर्व है जो संसार के विलासों से विरक्त जोगी माने जाते हैं, इसलिए उनकी पूजा में तामझाम की जरूरत नहीं रहती। गाँव के पास स्थित तारकेश्वर के मन्दिर शिव से सम्बद्ध पूजाओं के महत्त्वपूर्ण केन्द्र हैं। गाजन से एक महीना पहले कई पुरुष, मनौतियाँ पूरी हो जाने पर, अस्थायी रूप से जोगी बन

जाते हैं। किसी भी जाति के लोग जोगी बन सकते हैं, इस दौरान जात-पाँत के भेदभाव भुला दिए जाते हैं। तप करते हुए लोग कई तरह की कलाबाजियाँ करते हैं, पहले लोग खुद को कई तरह के शारीरिक कष्ट देते थे, अब यह रिवाज खत्म हो गया है।

निष्कर्ष

यह ग्राम समुदाय हुगली जिले का ही नहीं, कलकत्ता से चालीस मील के दायरे में आनेवाले क्षेत्र का लाक्षणिक गाँव है। इससे आगे जाने पर तस्वीर कुछ बदलती है—ऊँची जाति के नौकरी-पेशा पुरुष रोज कलकत्ता आना-जाना नहीं करते बल्कि गाँव से बाहर ही रहने लगते हैं। अलग-अलग क्षेत्रों में गौण फसलों में भी अन्तर मिल सकते हैं। लेकिन यहाँ दिखनेवाले लक्षण जैसे कि जातियों के बीच श्रम का विभाजन और उनकी अन्तर्निर्भरता, ऊँची जातियों के संयुक्त परिवार, जाति से ऊपर उठकर गाँव के सभी लोगों से मैत्रीपूर्ण सम्बन्ध, यूनियन बोर्ड का औपचारिक प्रशासन; शिक्षा, साफ-सफाई और उपचार का समुचित स्तर पाने में कठिनाई, वैज्ञानिक सोच-विचार की कमी और घर-परिवार के साथ-साथ पूरे गाँव को एकात्म बनानेवाले धार्मिक अनुष्ठानों का आयोजन, पूरे बंगाल के ग्राम समुदायों में पाए जाते हैं।

दक्कन का एक गाँव

एस.सी. दुबे

पूरे भारतीय उप-महाद्वीप के गाँवों में कुछ लक्षण साझे हैं। सामाजिक संगठन की इकाई के तौर पर गाँव एक ऐसी एकजुटता का प्रतिनिधित्व करता है जो कुटुम्ब, जाति और वर्ग की एकजुटता से अलग है और जिसकी समाजीकरण और सामाजिक नियन्त्रण की शक्ति के रूप में एक महत्त्वपूर्ण भूमिका है। हर गाँव एक स्पष्ट सत्ता है, उसके कुछ व्यष्टिगत लोकाचार और उपयोग होते हैं और उसकी एक सांस्थानिक एकता होती है। गाँव में रहनेवाली अलग-अलग जातियाँ और समुदाय सर्वस्वीकृत परम्पराओं द्वारा स्वीकृत और पोषित पारस्परिक दायित्वों के बन्धनों से उसके आर्थिक, सामाजिक और आनुष्ठानिक प्रारूप में एकात्म होती हैं। गाँव के अन्दर सामुदायिक जीवन अलग-अलग जातियों के बीच आर्थिक, सामाजिक और आनुष्ठानिक सहयोग से अभिलक्षित होता है। महत्त्वपूर्ण प्रशासनिक काम गाँव की पंचायत करती है जिसमें गाँव के वरिष्ठ और अधिकारी होते हैं। बस्ती के अन्दर के गुटों और दलों के बावजूद गाँव के लोग बाहर की दुनिया का सामना एक ठोस, संगठित सत्ता के रूप में कर सकते हैं और करते हैं। फिर भी इन मूलभूत समानताओं से हमें यह नहीं मान लेना चाहिए कि पूरे देश-भर में भारतीय गाँवों का ढर्रा यही है। कई किस्म के घटकों के कारण उनके ढाँचे और संगठन में, उनकी प्रकृति और संसार की उनकी दृष्टि, उनके विचारक्रम और जीवनक्रम में, बहुत अन्तर होते हैं। उनके ढाँचों की विभिन्नता के लिए बड़ी हद तक जिम्मेदार घटक हैं—आकार, जनसंख्या, क्षेत्रफल, प्रारूप, अधिकार और सत्ता-वरीयताक्रम का ढाँचा, शहरी क्षेत्रों से विलगाव या सम्पर्क की सीमा, और स्थानीय परम्परा।

दक्कन पठार के शहज़ादे पर

इस पर्चे में मैं हैदराबाद रियासत के आदिवासी बहुल क्षेत्र आदिलाबाद के एक मिले-जुले गाँव देवारा का सामाजिक ढाँचा दिखाऊँगा। आदिलाबाद जिला तेलंगाना और मराठवाड़ा सांस्कृतिक क्षेत्रों का संगम है, और देवारा दक्कन के पठार के उत्तरी छोर पर है। प्रोफेसर क्रिस्टॉफ वॉन फ्यूरेर-हैमेनडॉर्फ का आदिलाबाद गोंड क्षेत्र का वर्णन इस गाँव पर एकदम खरा उतरता है, इसके आसपास 'चौड़े, जुते हुए मैदान जिनमें कहीं-कहीं छितरे किसी

गाँव के होने के गवाह आम या इमली के पेड़ो को छोड़कर ना के बराबर पेड़ हैं; ऊपर को जाते हुए जहाँ खेतों की शतरंज बिछी चौड़ी घाटियाँ और पेड़ों से ढँकी निचली मँगरियाँ हैं,' भारतीय गाँवों को देखते हुए देवारा को आकार, क्षेत्रफल और जनसंख्या की दृष्टि से खासा बड़ा गाँव माना जा सकता है। इसकी जनसंख्या 1090 है। जिसे मानवजातीय संघटन और जाति संघटन की दृष्टि से चार स्पष्ट समूहों में बाँटा जा सकता है—आदिवासी समूह, तेलुगुभाषी हिन्दू, मराठीभाषी हिन्दू और मुसलमान। संख्या की दृष्टि से पहले दो समूह लगभग बराबर हैं, बाद के दो समूह छोटे हैं लेकिन दोनों ठोस, गठी हुई इकाइयाँ हैं। देवारा की अधिकांश भूमि हैदराबाद शहर में रहनेवाली एक मुस्लिम स्त्री के स्वामित्व में है। गाँव में उसकी अनुपस्थिति का महत्त्वपूर्ण प्रभाव गाँव की पंचायत के गठन पर पड़ा है क्योंकि पंचायत विचार-विमर्श और फैसलों को वह सीधे प्रभावित नहीं कर सकती। इस समय (1950 में) मालिकाना अधिकारोंवाले बँटाईदारों की संख्या बहुत कम है, लेकिन हाल के भूमि सुधारों और आदिवासी कल्याण योजनाओं से इनकी संख्या काफी बढ़ने की आशा है, क्योंकि जमींदार और ठीक-ठाक हैसियतवाले सरकारी अधिकारी, दोनों ही गाँव में नहीं रहते इसलिए आन्तरिक मामलों में समुदाय की स्वायत्तता काफी हद तक बनी हुई है और वह बाहरी प्रभावों और तनावों से अपेक्षाकृत मुक्त है। बड़े शहरी और औद्योगिक केन्द्रों से काफी दूरी पर अपेक्षाकृत दूरस्थ इलाके में स्थित होने के कारण देवारा के ज्यादातर लोग शहराती तौर-तरीकों से अछूते ही हैं। लेकिन दो सब डिविजनल प्रशासनिक मुख्यालयों को जहाँ रेलवे स्टेशन हैं, जोड़नेवाली सड़क से सिर्फ डेढ़ मील की दूरी पर और एक बस सड़क पर स्थित होने के कारण गाँव को शहराती सम्पर्कों और प्रभावों से पूरी तरह मुक्त भी नहीं माना जा सकता। इसका आंशिक आदिवासी, आंशिक तेलुगु और अंशतः मराठी चरित्र गाँव को विशिष्ट बनाता है। इसने अन्तर्समूह तालमेल के एक विशेष प्रारूप को आवश्यक बनाया है।

देवारा का सामाजिक ढाँचा

उसके सामाजिक ढाँचे को समझ पाने के लिए देवारा के जाति संघटन का विश्लेषण जरूरी है। हम पहले ही बता चुके हैं कि गाँव की जनसंख्या के चार स्पष्ट तत्त्व हैं। तकनीकी रूप से तीन जनजातियाँ (राज गोंड, कोलम और परधान) और मुसलमान जाति नहीं हैं क्योंकि हिन्दू समाज की वर्णव्यवस्था में जनजातियाँ कहीं नहीं आतीं और मुसलमान तो साफतौर पर अ-हिन्दू हैं; लेकिन गाँव के अन्दर के कार्यव्यापारों में वे स्वतन्त्र जातियों की तरह ही काम करते हैं, उनके अपने जाति जैसे संगठन हैं और वे जाति जैसी ही एकजुटता प्रदर्शित करते हैं। हालाँकि गाँव के ज्यादातर लोग द्वि-भाषी या त्रिभाषी हैं, तो भी जनसंख्या के हिन्दू अंश को उसकी मातृभाषा के आधार पर दो अलग समूहों में बाँटा जा सकता है। हिन्दू समाज के पाँच मोटे विभाग ब्राह्मण, क्षत्रिय,

वैश्य, शिल्पकार और अछूत, सामाजिक वरीयताक्रम में जातियों के वर्गीकरण और पदक्रम के लिए एक अखिल भारतीय ढाँचा ही उपलब्ध कराते हैं : 'जाति' या 'उप-जाति' की प्रभावी इकाई का एक सीमित, क्षेत्रीय विस्तार है। अलग-अलग संस्कृति और उप-संस्कृति क्षेत्रों में जाति और उपजातियाँ अक्सर अन्तर्गामी होती हैं और दूसरे संस्कृति क्षेत्रों की अपनी जाति-उपजाति से उनका सामाजिक व्यवहार कम रहता है। यह प्रवृत्ति देवारा जैसे गाँव में तेलुगु और मराठी-भाषी हिन्दुओं को दो अलग धड़ों में बाँटती है। एक तेलुगुं-भाषी बढ़ई (बडला) और मराठी-भाषी बढ़ई (सुतार) का सामाजिक स्तर एक ही है, लेकिन वे आपस में शादी-ब्याह नहीं करेंगे। भाषा, पहनावा, रीति-रिवाज और विश्वास उन्हें एक-दूसरे से और भी दूर करते हैं। इसलिए जातियों के संगठन पर विचार करते हुए हमें दोनों धड़ों को अलग-अलग देखना होगा।

आदिवासी समूह

आदिवासी समूह में तीन जनजातियाँ हैं : राज गोंड, कोलम और परधान, सारणी-1 इन जनजातियों के परिवारों और सदस्यों की संख्या दिखाती है :

सारणी-1 : आदिवासी समूह

जनजाति का नाम	*परिवारों की संख्या*	*लोगों की संख्या*
राजगोंड	58	330
कोलम	6	39
परधान	7	36
कुल योग	71	405

इस समूह के शीर्ष पर समृद्ध, जमीनों के मालिक राजगोंड हैं। वे इस क्षेत्र का सबसे प्रभावशाली आदिवासी समूह हैं। कोलम उनके 'गरीब भाई बिरादर' हैं। हालाँकि ग्राम-समुदाय के जादुई-धार्मिक जीवन में उनका महत्त्वपूर्ण स्थान है फिर भी वे लगभग भूमिहीन हैं, छोटी-छोटी झोंपड़ियों में रहते हैं और उनके समृद्ध आदिवासी बिरादर भी उन्हें गन्दे, जाहिल और जंगली मानते हैं। तीसरा आदिवासी समूह, परधान, बहुत ही अलग स्थिति में है। कोलमों की तरह वे राजगोंडों के लगभग बराबरी के स्तर पर दावा नहीं कर सकते। वे राजगोंडों के चारण और भाट हैं और उन्हें अपना मालिक मानते हैं। आदिवासी समूह में एक प्रबल आदिवासी भावना है और उनका एक विशिष्ट और ऊर्जस्वी आनुष्ठानिक जीवन है। सवर्ण हिन्दुओं के लिए वर्जित गोबलि और गोमांस खाना उन्हें उनके हिन्दू पड़ोसियों से अलग करते हैं।

जाति वरीयताक्रम

सारणी-2 तेलुगुभाषी हिन्दुओं का जाति वरीयताक्रम दिखाती है।

तेलुगुभाषी जातियों के 80 परिवार और 446 लोग हैं। महत्त्वपूर्ण यह है कि इनमें पहले तीन वर्णों की कोई जाति नहीं है। अछूत मडिगाओं और एक मिले-जुले समूह बिच्चेपोल्लु को छोड़कर सभी जातियाँ 'शुद्ध जातियाँ' हैं। वे शिल्पकारों, कृषीय और पेशेवर जातियों के चौथे वर्ण की हैं। मन्नेवर (किसान) और पद्मशाली (बुनकर) इस समूह के शीर्ष पर हैं। मेड़ (दर्जी), गाँओदला (ताड़ी निकालनेवाले) और गोल्ला (गड़रिए) उसके बाद आते हैं, और तीनों का स्तर लगभग बराबर है। उनसे नीचे हैं—मंगली (नाई) और सकली (धोबी)। माडिगा इस समूह की सबसे नीची जाति है। वडल (बढ़ई), कम्मरी (लोहार) और औसुल (सुनार) की स्थिति कुछ विचित्र है। भारत के इस हिस्से में वे अलग, अन्तर्गामी जातियाँ नहीं हैं बल्कि दो और समूहों के साथ मिलकर एक सम्मिश्र जाति बनाते हैं जिसका पाँच शिल्पों पर एकाधिकार है। पाँचों खंड एक-दूसरे से विवाह कर लेते हैं और शिल्प भी बदल सकते हैं।

सारणी-2 : तेलुगुभाषी हिन्दू

मन्नेवर		*पद्मशाली*
		10 परिवार—59 लोग
17 परिवार—83 लोग	पंचब्रह्म समूह	वडल
		1 परिवार—7 लोग
		कम्मरी
		2 परिवार—9 लोग
		औसुल
		2 परिवार—23 लोग
मेड़	**गाओंदल**	**गोल्ल**
3 परिवार—22 लोग	1 परिवार—2 लोग	19 परिवार—110 लोग
मंगली		**सकली**
2 परिवार—14 लोग		2 परिवार—8 लोग
	माडिगा (अछूत खेतिहर मजदूर और चमार)	
	15 परिवार—79 लोग	
	बिच्चेपोल्लु (भिखारी)	
	5 परिवार—20 लोग	

उनकी पुराकथाएँ उनके मिथक उन्हें बाकी हिन्दुओं से अलग करते हैं; वे किसी हिन्दू जाति का छुआ नहीं खाते न ही हिन्दू जातियाँ उनका छुआ खाती हैं (सिवाय नाई, धोबी और माडिग के जो हाल से ही उनका छुआ खाने लगे हैं) अपने शादी-ब्याहों या कर्मक़ांडों में वे ब्राह्मणों को नहीं बुलाते, उनकी अपनी जाति के ही पुरोहित होते हैं। फिर भी, वे शुद्ध जातियाँ हैं और जाति वरीयताक्रम में वे मन्नेवर-पद्मशाली से नीचे और मेड़-गाओंदल-गोल्ल से ऊपर हैं।

मराठी-भाषी हिन्दू जातियों का वर्गीकरण इस प्रकार किया जा सकता है :

सारणी-3 : मराठीभाषी हिन्दू जातियाँ

ब्राह्मण	1 परिवार	5 लोग
मरड़ (खेतिहर-बागवान)	12 परिवार	69 लोग
सुतार (बढ़ई)	1 परिवार	10 लोग
तेली		
महार (अछूत मजदूर खेत)	1 परिवार	14 लोग

इस समूह में 22 परिवार और 132 लोग हैं। ब्राह्मण परिवार का मुखिया स्कूल-टीचर है और बाहर से गाँव में आया है। बाकी जातियाँ या तो खेती करती हैं या कोई परम्परागत पेशा या दोनों ही। महार तेलुगुभाषी माडिगाओं से ऊँचे माने जाते हैं।

इस गाँव में मुसलमानों के 22 परिवार हैं और 107 लोग हैं। इस समूह में फकीरों की स्थिति कुछ नीची है। मुसलमान हिन्दुओं से एक अलग धर्म के अनुयायी हैं, गोमांस खाते हैं और नीची हिन्दू जातियों से धर्मान्तरित हुआ एक मिला-जुला समूह हैं। आश्चर्य की बात नहीं कि हिन्दू उन्हें नीचा मानते हैं। लेकिन हाल तक हैदराबाद रियासत का शासकवर्ग मुस्लिम था, इस वजह से मुसलमानों का गाँव के जीवन पर एक विशेष प्रभाव हुआ करता था।

2

गाँव में परिवार संगठन की मूल इकाई है। संयुक्त परिवार को आदर्श माना जाता है लेकिन असल में तो तीन पीढ़ियों के लोगों के एकसाथ रहने से बने बड़े संयुक्त परिवार भी आसानी से नहीं मिलते। प्राथमिक परिवार बढ़कर संयुक्त परिवार बनते हैं और फिर टूटकर प्राथमिक परिवार बन जाते हैं। बहुपत्नीत्व से बने यौगिक परिवार भी दिखते हैं। सारणी-4 विभिन्न प्रकार के परिवारों की संख्या दिखाती है।

सारणी-4 : परिवारों के प्रकार

1. (अ)	प्राथमिक परिवार	77	43.1%
(ब)	प्राथमिक परिवार (आश्रितों सहित)	7	
2. (अ)	कई पत्नियोंवाले यौगिक परिवार	18	11.8%
(ब)	कई पत्नियोंवाले यौगिक परिवार (आश्रितों सहित)	5	
3.	संयुक्त परिवार	80	41%
4.	विभिन्न	529	

जुड़े हुए परिवार

अगली इकाई 'जुड़े हुए परिवार' कही जा सकती है। बस्ती में रहनेवाले एक कुटुम्ब के लोग जो एक ही घर में नहीं रहते, और उनके निकटस्थ लोगों से मिलकर जुड़े हुए परिवार बनते हैं। जुड़े हुए परिवारों का वर्णन संयुक्त परिवारों, वैवाहिक सम्बन्धों और उनसे जुड़े परिवारों के समूह के रूप में किया जा सकता है। एक ही पुरखे की औलादों में एकजुटता की एक विशेष भावना रहती है, लेकिन जीवन के कई क्षेत्रों में इसके सदस्यों को वैवाहिक सम्बन्धों से जुड़े परिवारों का साथ निभाना होता है। उनसे घनिष्ठ सामाजिक और आनुष्ठानिक सम्बन्ध रखने और संकट के समय एक-दूसरे की सहायता करने की आशा की जाती है।

गुडा या मोहल्ला गाँव का एक विशिष्ट खंड होता है और जुड़े हुए परिवारों के बाद जाति या जनजाति या बाकी सामुदायिक इकाई वृहत्तर समूह होते हैं।

देवारा में पाँच गुडा हैं। इनमें से पेरसा गुडा सबसे बड़ा है जिसमें 133 परिवार (735 लोग) रहते हैं। यह जनसंख्या मिली-जुली है, इसमें जनजातियाँ—269 राजगोंड, 11 कोलम, 21 परधान; तेलुगुभाषी हिन्दू—19 सुनार, 22 दर्जी, 20 मन्नेवर खेतिहर, 59 पद्मशाली, 79 माडिग अछूत और 20 भिखारी; मराठीभाषी हिन्दू—7 तेली, 5 ब्राह्मण, 10 बढ़ई, 32 मरड़, 14 महार अछूत और 107 मुसलमान रहते हैं। बाकी चार मोहल्ले आकार और जनसंख्या में छोटे हैं। मंडली गुडा में 20 परिवार रहते हैं, इसकी जनसंख्या 106 है। इनमें से 16 मन्नेवर (तेलुगुभाषी खेतिहर) और 15 परधान और 28 कोलम हैं। तेली गुडा में मराठीभाषी तेलियों के 12 परिवारों (कुल जनसंख्या 66) के साथ-साथ 34 मराठीभाषी मरड़ और 5 तेलुगुभाषी गोल्ल भी रहते हैं। चौथे मोहल्ले चिक्कड गुडा में 12 परिवार (68 लोग) हैं, इनमें से 61 राजगोंड, 4 तेलुगुभाषी सुनार और 3 मराठीभाषी मरड़ हैं। गोल्ल गुडा में सिर्फ तेलुगुभाषी गड़रियों के 18 परिवार रहते हैं, कुल जनसंख्या है 115। विभिन्न मोहल्लों के गठनं के इस विश्लेषण से स्पष्ट होता है कि एक गुडा (गोल्ल गुडा) को छोड़कर जिसमें सिर्फ एक ही जाति रहती है, बाकी सभी

मोहल्लों की जनसंख्या मिली-जुली है। हर गुडा की एक पहचान है उसके अपने बन्धन होते हैं जो लोगों में एकजुटता की भावना बढ़ाते हैं। जैसाकि हम बाद में देखेंगे, हर मोहल्ले में वरिष्ठ लोगों की एक पंचायत होती है जो कई मामलों में महत्त्वपूर्ण नियन्त्रण रखती है। गुडा का नाम और इज्जत बनाए रखने की कोशिशें होती हैं। दो गुडों के झगड़े में लोगों से अपने गुडा में रहनेवाले पड़ोसियों का साथ देने की आशा की जाती है।

लेकिन गुडा से ज्यादा महत्त्वपूर्ण और प्रभावी है—जाति की इकाई। गाँव में रहनेवाले एक ही जाति के लोगों के बीच घनिष्ठ सम्बन्ध होते हैं। अधिकांश जातियों को अन्तर्गामी उप-जातियों में बाँटा जा सकता है। इनका एक साझा जातिनाम और पेशा होता है, साझे मिथक होते हैं और यह अपनी जाति के बाकी खंडों के साथ कमोबेश बराबरी के स्तर पर खाते-पीते हैं। लेकिन अलग-अलग उपसमूहों के बीच विवाह सम्बन्ध प्रतिबन्धित होने के कारण हर उपसमूह को पड़ोस के गाँवों में बसे अपने उपसमूह से क्षैतिज एकजुटता रखनी पड़ती है। स्थान की सीमा के कारण हम अन्तर्जाति सम्बन्धों के जटिल संजाल की विस्तृत विवेचना नहीं कर रहे। लेकिन इसके प्रमुख लक्षण सुपरिचित हैं। आनुष्ठानिक अशुचि की अवधारणा पर आधारित एक जटिल पद्धति, छूने, तम्बाकू पीने, खाने-पीने, विवाह और सामान्य सामाजिक सम्बन्धों के सन्दर्भ में विभिन्न समूहों के बीच सम्पर्कों की प्रकृति को निश्चित करती है। गाँव के जीवन में कम महत्त्व की लेकिन व्यक्ति के सामाजिक-धार्मिक जीवन में खासा महत्त्व रखनेवाली अन्य संरचनात्मक इकाइयाँ हैं, आदिवासी समूहों की बिरादरी और गोत्र और हिन्दुओं के गोत्र और वंश। आदिवासी समूहों के बीच इन इकाइयों का विशिष्ट महत्त्व है क्योंकि उनके यहाँ गोत्र देवताओं के लम्बे-चौड़े पन्थ और अनुष्ठान हैं। इन समारोहों के कारण समय-समय पर संगोत्रियों का मिलना और साझी-पूजाओं और बलियों में भागीदारी जरूरी हो जाती है। बाह्यगामी इकाइयों के रूप में वे जनजाति के अन्दर वैवाहिक सम्बन्धों को नियन्त्रित करती हैं। बाकी हिन्दू जातियों में यह इकाइयाँ सिर्फ विवाहों को नियन्त्रित करती हैं क्योंकि विवाह अपने गोत्र और वंश के बाहर ही करने का नियम है। उनके यहाँ गोत्र या वंश के सदस्यों तक ही सीमित समारोह या अनुष्ठान नहीं ही हैं।

चारों सांस्कृतिक समूहों में से हर एक की अपनी अलग पहचान है, हालाँकि उनके अपने औपचारिक संगठन नहीं हैं। लेकिन उनके अपने समारोह और अनुष्ठान हैं और इनमें वे सुगठित खण्डों की तरह कार्य करते हैं।

3

अब हम संक्षेप में, गाँव में सत्ता की संरचना का विश्लेषण करेंगे। हम पहले बता चुके हैं कि कोई महत्त्वपूर्ण सरकारी अधिकारी गाँव में नहीं रहता, न ही जमींदार गाँव में रहती है। इससे गाँव बाहरी दबावों और दखलन्दाजी से अपेक्षाकृत मुक्त रहता है। इस क्षेत्र के और गाँवों में जमींदार और छोटे-मोटे सरकारी कारिन्दे गाँव के मामलों में सबसे

प्रभावी लोग होते हैं। हर परिवार का एक स्वीकृत मुखिया होता है जो पूरे परिवार का प्रवक्ता होता है और जो अपने परिवार के किसी भी सदस्य के हर काम के लिए ग्राम समुदाय के प्रति उत्तरदायी होता है। हर जाति (इसमें जनजातियाँ और मुस्लिम समुदाय भी शामिल हैं) का गाँव में एक चौधरी होता है; और हर गुडा का भी। यह पेद्दमनशी (यानी बड़े आदमी) अपने-अपने समूह या मोहल्ले के स्वीकृत मुखिया होते हैं। गाँव के रीति-रिवाज उनके कुछ अधिकार और दायित्व तय करते हैं, लेकिन उनकी प्रभावशालिता उनके अपने व्यक्तित्व से नियत होती है। जाति के अन्दर के विवाद, गाँव में जाति के चौधरी के पास लाए जाते हैं जो जाति के गण्यमान्य लोगों से राय मशविरा करके, जाति के रीति-रिवाजों को ध्यान में रखते हुए, उन्हें सुलझाता है। इसी तरह अलग-अलग जातियों के साधारण विवादों को गुडा का चौधरी अपने गुडा के गण्यमान्य लोगों की राय लेकर सुलझाता है। मोहल्ले और जातियों की अपनी-अपनी पंचायतें होती हैं। जाति की पंचायत का अध्यक्ष जाति का चौधरी होता है और उसके सदस्य जाति के गण्यमान्य लोग होते हैं। मोहल्ले की पंचायत के सदस्य मोहल्ले के गण्यमान्य लोग होते हैं और उसका अध्यक्ष मोहल्ले का चौधरी होता है। पूरे गाँव की पंचायत में सभी जातियों और मोहल्लों के चौधरी होते हैं, उसके विचार-विमर्श में गाँव के और प्रभावशाली लोग भी शामिल हो जाते हैं। इस पंचायत में कुछ गम्भीर किस्म के स्थानीय और अन्तर्जाति और अन्तर्मोहल्ला विवादों पर फैसले होते हैं। गुडा और जाति पंचायतों के फैसलों पर अपील भी यहाँ सुनी जाती है। इस पंचायत में ज्यादातर चल और अचल सम्पत्ति के बँटवारे के विवाद उधार लिये पैसे या अन्न न लौटाने के मामले और घरेलू झगड़े लाए जाते हैं। लेकिन असल में तो गाँव की पंचायत के ज्यादा मुखर और दबंग लोग ही गाँव की असली पंचायत साबित होते हैं। हमारे निरीक्षण के समय गाँव की असली पंचायत में चार राजगोंड, एक गोल्ल, दो बुनकर (उनमें से एक जमींदार का मुंशी था) और एक मुसलमान थे। यहाँ हम यह भी बता दें कि गम्भीर किस्म के अन्तर्जाति और जाति के अन्दर के विवादों की सुनवाई आसपास के गाँवों की बड़ी जाति पंचायत में होती है। कुछ मामलों की सुनवाई गाँव की पंचायत के साथ-साथ जाति की पंचायत में भी होती है। देवारा में गाँव की पंचायत अब भी महत्त्वपूर्ण और प्रभावी है और हैदराबाद क्षेत्र की कुछ और पंचायतों की तरह इसमें लोगों पर पकड़ न रह जाने या गिरावट के लक्षण नहीं दिखते। हमने ऐसा कोई मामला नहीं देखा जहाँ लोगों ने पंचायत के फैसले का खुला विरोध किया हो। यह सच है कि गाँव के कुछ भूमि सम्बन्धी विवाद जिला अदालत में पहुँचे और राजगोंडों में कम-से-कम दो मामलों में तलाक के नोटिस वकीलों के जरिए भेजे गए, लेकिन इन्हें पंचायत संगठन के कमजोर हो जाने का संकेत नहीं माना जा सकता। किसी भी मामले में लोगों ने पंचायत का फैसला मानने से इनकार नहीं किया है, न ही पंचायत के फैसले की अनदेखी करके कोई मामलों को अदालत में ले गया है। गाँव की पंचायत की इस मजबूती और एकजुटता का कारण शायद यह है कि गाँव में सक्रिय धड़ेबन्दी नहीं है। जुर्माना, सामाजिक बहिष्कार, जातिबाहर कर देना

और जगहँसाई अब भी पंचायत के वे सशक्त अस्त्र हैं जिनसे वह अपनी बात लागू करवा पाती है।

तीन छोटे सरकारी कारिन्दों का गाँव में कुछ प्रभाव रहता है, यह हैं—पटेल, कोतवाल और हवलदार। पटेल राजस्व वसूलता है, कानून के उल्लंघन की खबर पुलिस को देता है और दौरे पर आए सरकारी अमले के ठहरने के इन्तजाम करता है। वह गाँव की महत्त्वपूर्ण घटनाओं, जन्म-मृत्यु-विवाह और पशुओं की बिक्री का रेकार्ड रखता है। पटेल राज्य के राजस्व विभाग द्वारा नियुक्त होता है और अपने काम के बदले में उसे गाँव से जमा कुल राजस्व का पाँच प्रतिशत मिलता है। पटेल का सहायक कोतवाल अछूत माडिग जाति का होता है वह गम्भीर अपराधों की सूचना और पटेल की साप्ताहिक रपट पुलिस थाने में पहुँचाता है। वह रात को गाँव में गश्त लगाता है, सरकारी और गाँव की घोषणाओं की मुनादी ढोल बजाकर करता है और दौरे पर आए सरकारी अमले के लिए ठहरने का इन्तजाम देखता है। हवलदार भी पटेल का सहायक ही होता है। थोड़ी सी राजस्वमुक्त जमीन के अलावा कोतवाल और हवलदार दोनों को ही तीन रुपए महीने तनख्वाह मिलती है। फसल कटने के समय पर किसान उन्हें कुछ अन्न भी देते हैं।[1]

गाँव में संगठित स्वैच्छिक समितियाँ नहीं हैं। पुरुषों की गप्प गोष्ठियाँ और लड़कों के खेल-दलों का गाँव के मामलों में महत्त्वपूर्ण स्थान है। बूढ़ियों की अनौपचारिक बैठकों की जगह भी तय है। स्त्रियों और पुरुषों की गप्प-गोष्ठियों में गाँव की रोजमर्रा की घटनाओं पर चर्चा होती है, विचार प्रकट किए जाते हैं और कार्रवाई की योजनाएँ बनती हैं। देखा गया है कि यह गोष्ठियाँ जाति और गुडा की सीमाओं से नहीं बँधी हैं। एक या एक से ज्यादा प्रभावशाली व्यक्ति इसके केन्द्र होते हैं और इनके कुछ स्थायी और निष्ठावान सदस्य होते हैं। इसके अलावा कुछ 'कभी-कभी आनेवाले' और कुछ 'सन्देहास्पद' सदस्य भी होते हैं। हमारे निरीक्षण के दौरान देवारा में प्रौढ़ पुरुषों की करीब आठ सुनिश्चित गप्प गोष्ठियाँ थीं। इनमें से तीन गाँव के मामलों में साफ दखल रखती दिखती थीं। और हालाँकि यह सभी समूह अक्सर गाँव के मामलों में अपनी राय जोर देकर रखते हैं और कुछ मामलों में एक धड़े की तरह काम करते हैं, इनके अगुवा पर्दे के पीछे ही रहने की कोशिश करते हैं और अपने मतभेदों को जाहिर नहीं होने देते। अब तक तो ग्राम समुदाय की धड़ेबन्दी में ऐसा उग्र रूप लेने की प्रवृत्ति नहीं दिखती जो उसके केन्द्रीय तन्त्र को ठप्प कर दे।

---

1. ऐसे परम्परागत इन्तजामों, अन्तर्जाति सम्बन्धों के जालों और कुछ अलग किस्म के सामाजिक ढाँचे के विश्लेषण के लिए लेखक की आगामी पुस्तक 'इंडियन विलेज' (लंडन; रटलेज एंड केगन पॉल) देखें।

4

गाँव में मिलनेवाले सामाजिक सहजीवन ने एक खास किस्म के अन्तर्समूह तालमेल को जन्म दिया है। आदिवासी समूह ने अपने विशिष्ट सामाजिक-आनुष्ठानिक प्रारूप को बनाए रखा है लेकिन आर्थिक और आनुष्ठानिक क्षेत्रों में सहकारी श्रम के परम्परागत इन्तजामों को स्वीकार किया है। अपने सामाजिक-आनुष्ठानिक जीवन में वे ब्राह्मण को कोई स्थान नहीं देते लेकिन नाई, धोबी, बढ़ई, लोहार, सुनार और माडिग की उनके सामाजिक-धार्मिक कर्मकांडों और समारोहों में महत्त्वपूर्ण भूमिका रहती है। उनकी कृषि पद्धति में, पेशेवर जातियाँ गाँव के तयशुदा रीति-रिवाजों के आधार पर समाहित हैं। मुसलमान भी ऐसा ही करते हैं। गाँव के देवताओं की पूजा और गाँव के साझे अनुष्ठानों और समारोहों में सभी जातियाँ, आदिवासी और यहाँ तक कि मुसलमान भी भाग लेते हैं, वे वरीयता के एक निश्चित क्रम का पालन करते हैं। और उनकी भूमिकाएँ नियत होती हैं। संस्कृति-समूह एक-दूसरे के विशिष्ट समारोहों में भाग लेते हैं। सामाजिकता का निर्वाह करने के लिए हिन्दू कुछ देर के लिए राजगोंड और आदिवासी समारोहों में शामिल होते हैं लेकिन गोबलि से पहले वहाँ से चले जाते हैं। दो महत्त्वपूर्ण मुस्लिम पर्वों में हिन्दुओं और आदिवासियों की उपस्थिति जरूरी मानी जाती है। हिन्दुओं के कुछ महत्त्वपूर्ण पर्वों में मुसलमान नाममात्र को शामिल होते हैं, लेकिन भूत-प्रेतों और रोगबाधाओं से रक्षा के लिए किए जानेवाले उपायों में अपने हिन्दू और आदिवासी पड़ोसियों के साथ तत्परता से सहयोग करते हैं। दुख-मुसीबतों के समय आदिवासी, हिन्दू, मुसलमान सभी कोलम ओझाओं को बुलवाते हैं। चारों समूहों की पहचान और उनके अलग-अलग होने को स्वीकार किया जाता है और विवाद सुलझाते हुए गाँव की पंचायत जाति के रिवाजों और सांस्कृतिक अन्तरों का ध्यान रखती है। स्थानीय स्थिति की जरूरतों को देखते हुए कोई भी हिन्दू राजगोंडों या गोबलि करनेवाली और गोमांस खानेवाली किसी भी जनजाति को दलित या अछूत नहीं मानता। दरअसल ब्राह्मणों और कुछ बुनकरों को छोड़कर दूसरी जातियों के लोग उनका छुआ पानी पी लेते हैं, नीची जातियों के लोग तो उनका छुआ भी खा लेते हैं। गाँव के मामलों में अगुवाई ज्यादातर राजगोंडों के हाथों में है और इस तथ्य को सभी स्वीकार करते हैं।

इसका स्पष्टीकरण ऐतिहासिक और आर्थिक तथ्यों से दिया जा सकता है। आदिलाबाद का ज्यादातर क्षेत्र 'आदिवासी क्षेत्र' के रूप में जाना जाता है और अक्सर इसका वर्णन 'गोंडों के देश' के रूप में होता है, गोंडों का इस क्षेत्र पर वर्चस्व रहा है, वे संख्या में ही अधिक नहीं थे, उनके पास राजनीतिक शक्ति और प्रभाव भी था। कभी यहाँ के शासक रहे गोंड सरदारों के मुसलमान शासकों के अधीनस्थ होकर अपनी रियासतें गँवा देने के बाद भी, उन्होंने अपने कई सामन्ती विशेषाधिकार बनाए रखे। अपनी आदिवासी संस्कृति के विशिष्ट लक्षणों को उन्होंने बहुत चौकन्ना होकर बनाए रखा और सवर्ण हिन्दुओं के प्रभावों से बचते रहे। मुसलमानी शासन होने के कारण हैदराबाद रियासत में हिन्दूकरण की ताकतें कमजोर थीं, असल में तो सवर्ण हिन्दू,

राजगोंडों को अ-हिन्दू रीति-रिवाजों का न तो प्रभावी विरोध कर पाए और न ही उन पर नियन्त्रण कर पाए क्योंकि अगर उन्होंने ऐसा किया होता तो रियासत के शासकों ने जनजातियों का पक्ष लिया होता। ऊपर से इस क्षेत्र में आदिवासियों की संख्या इतनी बड़ी है कि वे हिन्दुओं द्वारा लगाए गए प्रतिबन्धों को आसानी से नजरन्दाज कर सकते थे। इस तथ्य के बाद भी कि हाल के सालों से आदिवासियों की जमीनें हिन्दुओं और अन्य खेतिहर जातियों के हाथों में जा रही है, इस जिले की कृषि-भूमि का अच्छा-खासा हिस्सा अब भी राजगोंडों के पास है। उनकी आंशिक आर्थिक स्वतन्त्रता ने उन्हें खासी सांस्कृतिक सुरक्षा दी है। हैदराबाद रियासत के भारतीय संघ में विलय से रियासत में सत्ता समीकरण में महत्त्वपूर्ण परिवर्तन आए हैं। हिन्दुओं को पता है कि मुसलमान अब रियासत के शासक नहीं रह गए; बल्कि उनमें एक अस्पष्ट सी भावना यह है कि अब वे खुद शासक हैं। आदिवासियों के अ-हिन्दू आचार के विरुद्ध कुछ आवाजें उठी हैं लेकिन अब तक उनके विरुद्ध कोई नियन्त्रण लागू नहीं किए गए हैं, यह भी नहीं कहा जा सकता कि इस विरोध को हिन्दुओं के खासे बड़े वर्ग का समर्थन प्राप्त है। उदाहरण के लिए, एक रात नागण्णा ने (वह जाति का बुनकर है) जोकि जमींदार का कारिन्दा होने के साथ-साथ एक छोटा व्यापारी भी है और जिस पर शहरी तौर-तरीकों का बहुत असर है, हिन्दू धर्म पर एक लम्बा भाषण दिया और शास्त्रों से उद्धरण देते हुए यह साबित करने का प्रयास किया कि आदिवासी लोग बर्बर हैं और शुद्ध जाति के हिन्दुओं से सामाजिक सम्बन्ध रखने के योग्य नहीं हैं। गोबलि और राजगोंडों के कुछ वैवाहिक चलन उसकी आलोचना का खास निशाना थे। नागण्णा की यह सब भाषणबाजी शराब पीने का परिणाम थी और यह देखकर कि कोई भी उसके समर्थन में आगे नहीं आया, उसे बहुत सदमा लगा। गाँव के कुछ बड़े-बूढ़ों ने उसे समझा-बुझाकर घर भेजने की कोशिश की और बोले, "तुम जो कह रहे हो शायद सच ही हो। धर्मग्रन्थों में तो बहुत कुछ लिखा है लेकिन हम वह सब मानते कहाँ हैं ? हम इतने अर्से से गोंडों के भाइयों की तरह रहे हैं और आगे भी हमें ऐसे ही रहना चाहिए। इस गाँव में हमारे धर्मग्रन्थ तो हमारी परम्पराएँ हैं।" अगली सुबह जब नागण्णा होश में आया तो उसने अपने अपमानजनक शब्दों के लिए राजगोंडों के मुखिया और गाँव के गण्यमान्य बूढ़े लच्छू पटेल से माफी माँगी।

कुटुम्ब समूह, जाति और जनजाति की तरह गाँव एक विशिष्ट संरचनात्मक सत्ता है। यह सब सत्ताएँ व्यक्ति के आचरण को नियन्त्रित करती हैं। कई गाँव, स्थायी और अस्थायी रूप से मिलकर, एक अधिक व्यापक संरचना बनाते हैं। देवारा सोलह गाँवों के एक समूह का नेता है।

●●●